恒南书院 编

恒南书院讲演录

第一辑

人民东方出版传媒
东方出版社

出版说明

恒南书院奉行南怀瑾先生遗教，以"身心性命，内修外用"为践行宗旨，矢志弘扬中华传统文化于世界，期能淑世利人而略尽绵力。

自二〇一三年以来，每逢阴历二月初春之日，恒南书院都聚集南怀瑾老师的亲属、乡亲、学生子弟以及来自海内外关心中华文化慧命、奉行怀师思想教化的朋友，一道纪念怀师诞辰，并举行思想文化性的讲座，迄今已届五年。

怀师生于戊午年（一九一八年）二月初六。尝言，生日就是"母难日"，所以从不过生日，但每逢是日，部分亲近的学生弟子往往都会围绕师尊，同进晚餐，亲炙教诲。如今怀师诞辰已成恒南书院每年开春的重要仪式；不仅为追思怀师的言行教化，更为踵武怀师终生为复兴中华传统文化以开创人类新文明的大道，继续弘扬传承怀师遗教，回向大千世界。

秉承此一意旨，这些年来书院通过大众讲座、研讨会、研读班、参访接待等多种方式或与"南怀瑾文教基金会""南怀瑾学术研究会"等非营利团体的专项合作，结合现代科学，奠定播种中华传统文化的基石，成就中华传统文化薪火相传的火种，形成社会文化建设的合力。

迩来，不论识与不识，都有越来越多的呼声，要求书院尽早将恒南书院网站（www.hengnanshuyuan.com）上的纪念讲座视频或书院其他相关讲演的讲稿结集出版，以广流传。经征得主讲当事人首肯，书院出版部门决定编印"恒南书院讲演录"，每结集一册就公开出版一册，一则响应社会大众的呼声，再则借此平台为弘扬中华传统文化、传承怀师思想教化践行体系，同海内外读者对话。

必须说明的是，讲演集辑录的讲稿都经由各主讲人亲自修订，相比于讲演时受制于时间而难予畅言，此番增补的讲稿益增其锦绣华章，谠言嘉论，值得拜读。此外，讲演集收录各篇讲稿的讲演时程虽跨越年度，但讲题仍聚焦于中华传统文化"身心性命，内修外用"的践行体系，且各位主讲人在各自领域俱为硕学俊彦、弘道修行的具体实践者，他们几乎都长期亲炙怀师的教诲，颇能深刻弘扬传承怀师的思想教化。

讲演集的编印出版，当然离不开书院各方友朋和同学的支持、奉献。书院的义工团队平日为书院活动尽心尽力，今次在讲演集的策划、构思方面，出力尤多，特别是在集稿、整理、校对流程，有赖他们带领一群年轻、热忱的同学与伙伴，不避辛劳、繁琐，圆满完成工作，不负所托，令人感佩。书院对以下列位的辛劳和贡献，谨致上深深的敬意和谢忱：方放、刘影、徐令瑶、方科琦、廉世俊、鲍蕾、孔军、徐昀、王云、吴梦佳、陈洵、卢秋红、朱永博、郑子愚、许春燕、宗艳飞、咸蓓华、陈剑英、顾丽红、宋小婷、王青、陈军、温小林、王涛、郑雅文。

恒南书院 出版部 谨记

目　录

一、文化篇

书艺中的生命意味……………………………………杜忠诰　003

生命的学问……………………………………………薛仁明　053

孔子思想是当代西方文明提升的方向…………………吴琼恩　075

思维的陷阱……………………………………………马宏达　092

　　附录　对"国学热""书院热"的冷思考………马宏达　185

二、教育篇

南怀瑾先生教育思想之探索…………………………古国治　205

践行南师思想，做乡村教育的传灯人…………………樊　英　223

教育的目的与实践……………………………………李慈雄　235

南老师教育思想未成年人养成教育的实践报告………萧永瑞　253

　　附一　国学润童心……………………………………高　雄　267

　　附二　国学助成长　润物细无声……………………刘　惠　275

三、生命篇

唯识佛法与因果 ………………………………… 宗性法师　285
遗传学与生老病死 ……………………………… 林德深　320

一、文化篇

书艺中的生命意味

生命的学问

孔子思想是当代西方文明提升的方向

思维的陷阱

附录　对「国学热」「书院热」的冷思考

书艺中的生命意味

杜忠诰

（书法家、教授）

这一次，虽然我有一场报告，但我是抱着学习的心情来的，因为总共有四场，我才讲一场嘛，另外三场，我都在学习，所以我今天真是非常感恩，带着欢喜的心来报告这最后一场。

关于报告题目，刚刚慈雄兄说是书道，我是中华书道学会理事长没错，但是我这一次是取名《书艺中的生命意味》。因为书法首先是一门艺术，等一下通过看图说话，向各位介绍书法这一传统艺术。

书法即心法

书法，它的表现媒材是汉字。汉字是汉文化的基本源头，如果没有汉字的创造，我们祖先的思想与精神结晶，将无法得到记录，都会变成口传，口传就会受到时间、空间等因素的影响。所以这个汉字，就是汉文化的真正的基础。人类学家也把文字的创造，列为人类脱离洪荒而进入文明时期的一个起点。

因为书法是以文字的书写作为表现的形式，现在大家都在使用文字，但可以说大家都在从事书法创作吗？答案当然是否定的。从清末以来，文字的毛笔书写就被硬笔书写、被计算机的击键取代了，是很可惜的。中国古代读书人，每一个人几乎都要修的一门有益的课，就是书法，因为他们都需要写字啊。而现在的读书人已经跟书法脱离，或者说，书法的实用性，在这个时代已经降到很低很低了。到了今天，书法的存在价值，主要是就艺术而言，但毛笔书法还不只是一般的艺术，它还是一个跟生命修养有关的问题。艺术，对于人类来说，它是让科学谦卑的，就是让科学家了解，对于生命的问题，不是只有科学来诠释，科学是把你要研究的对象对象化，成为纯客观的物象。但是在书法、艺术这里呢，它是将内在的主观和外在的客观结合为一体的，你内在的一种主体认识，透过某一种物质手段，如书法这门艺术的物质手段，就是借由笔墨纸砚来加以表现的。书法作品看起来是客观的，但是，它其实是一种内在主观心灵活动的完全记录。

　　汉代的扬雄曾说过"书，心画也"这样的话。这个书法呀，事实上记录的就是随着时间推移，你内在心灵活动的一个完整的呈现。俗话说，行家一出手，便知有没有。只要有嘴巴，你就可以讲得天花乱坠，但是书法这个艺术，你要写出来才算数。你一看碑帖，觉得自己懂了；看人家写，你也懂了；但是拿起毛笔，你又不行了。这个就像佛道，我们讲"佛学"，跟"学佛"，是不一样的。佛学讲述的是一种逻辑思维，是理论性的，但是，学佛是实践性的。学佛，必须把你所知道的道理落实在这个身心，然后再把内在的这个主体所含摄的身心，跟外在的客体（不管是其他的人，还是整个自然环境的物等）相对应而产生实践的智慧，这个存在的智慧，在佛法里就叫作"般若"。

书法的"不归路"

同样地,书法也是一种存在智慧,它是一种妙慧的哲学之体现。譬如你写字落笔、拿笔,你要怎么拿?处处都需要你去用心拿捏把握,并且往往失之毫厘而差之千里。我看很多学习书法的人,大部分都死在门口,什么叫"死在门口"呢?他拿笔就不会,他拿笔都抓得很紧,你抓得越紧,笔端就越僵化,各位回去可以试试看。像这些都不是嘴巴讲的,都要你自己亲身体验的。我是台湾彰化县埤头乡人,父母不识字,六代祖先没人读书,而我误打误撞,撞进这个书法世界里。虽然我是台湾人,但是我所有的老师都是中原人。一九四九年国民党政府的失败,反而成就了台湾文化的一个新的转折。因为一九四九年后中原许多省的精英,很多来到弹丸之地的台湾,让台湾人,像我们这样、像慈雄兄这样,在座还有很多台湾的朋友,都有机缘可以深度认识中华文化。所以我就这么误打误撞撞进了书法的世界里,等于是让我接触并走上学习中华文化的不归路。怎么叫"不归路"呢?因为书法是一门艺术,艺术是奇异的花朵,生长这朵花的土壤,就是中华文化啊。中华文化很广泛,她涵盖了诸子百家,其中当然还有最重要的儒、佛、道三家。所以你要从这个丰富的土壤中成长,那真的是一条没完没了的"不归路"。

成德和成艺

书法是靠汉字来表现,汉字粗分有篆、隶、楷、行、草等书体,从甲骨文到金文到小篆,然后隶书、草书(章草、今草、狂草),再到行书、楷书，这是非常庞大的一个知识系统，也是一个技法的系统。你如何能够入乎其中？光入乎其中，你就要有"三头六臂"的功夫。当然，你如果只要学一种字体，要有一点成就也不难；但是你如果要各体兼写，甚至还要融会贯通，那就好像成道一样艰难。所谓"成道"，佛家最高就是成佛，道家就是成真人、神人、至人，儒家就是成圣人。那么，艺术也有"圣"，我们书法就有草圣、书圣，西方音乐也有乐圣。整个宇宙人生就是一个"道"的原理，谁最先把握到这个"道"，往后的时间你就可以利用所领悟到的天地人这个阴阳法则，阴阳相生相成的道理，来开创你的人生。所以，人生一世有两个重点必须把握：一个是心灵对心灵的、心灵对事物的那种"存心"的问题，这是属于德性的一面；另外一个，是专业知识技能，包括我们做学问、搞书法、画画、摄影等，这都是一种才艺，包括你在经营企业，或是当领导，那都是一种技艺。那么"德性"是存心，能耐是一种技艺。所以，真正讲就是成德和成艺两个重点。成德与成艺，分开说是为了陈述的方便，其实它们并非对立的存在，而是可以在正心诚意的含摄下融合为一的。《礼记》就讲"德成而上，艺成而下"。这里只是强调"德成"重于"艺成"，并没有否定"艺成"的意思。但"艺成"偏属于"有为法"，"德成"则偏属于"无为法"。一个人在德性方面的成就，就是人格品德的自我实现，这才是真正的成就。至于艺术上、才华上，或者说你有势有财，有地位、有学问、有技能，都一样，都是佛法中所说的"有为法"。"有为法"让你可以坚实地站起来，但也不免会助长骄吝之气，成为增上慢；而"无为法"则能让你的境界更高明、更圆融。

学习书法是认识中华文化的方便法门

我前面讲过学习书法，既是研修一门技术、艺术，也是进德入道的法门，它是认识中华文化的方便平台。所以大家听到"书法"可能都会感到亲切，因为它和我们的文化内涵息息相关；但是又有一点陌生，因为现代书法跟生活脱离关系了，除非你特别去学习，要不然，你对书法的认识，可能就是一知半解。哪怕你真正学习了，你也难逃"一知半解"，包括我。所以我今天就用我这个对书法"一知半解"的认识，来跟各位报告我是怎么看待书法艺术的。

接下来就是看图说话，各位在下面是用耳朵听我说，可是重要的不是听我说，重要的是你用眼睛看。因为书法是视觉艺术，你一定要发挥你的视觉，所以你在这里如果闭起眼睛，你今天得到的可能不到一半。我在这里放的图片，几乎都是我几十年的积累。在书法上我是贪多务得的人，我太贪，我很惭愧，认识南老师那么久，道业成就很浅，这真的很惭愧。因为贪，几乎就像一个贪玩的小孩儿啊，我几十年看了也学了各种字体、各种碑帖，所以看得不少。看得多以后，人家说"不怕不识货，只怕货比货"，我就透过对比方式来为大家作报告，不管在座的对书法、书艺、书道的成就或认识有多少，在我报告结束后，希望你会感觉到对于书法这门艺术又增进了一层认识，如果能够这样，今天我推销书法就算得上成功，而推销书法的成功，就是推销中华文化的成功。

好，下面就开始，各位可以看到这个字，大家看哦，要发挥你的视觉功能。等一下我就要问你哦，要互动的，不是只有你们在那里干听，看着我耍什么花枪，不能如此，我为大家卖力，你们不能

不管我的死活呀。(众笑)

下面这几张(图1—图4),是我以前在台湾师范大学给"国文系"一年级上书法必修课时学生的作品,是他们在第二学期初缴交的寒假作业。他们修这门课的基础,大部分是零,从零开始。如果学过,那就是零下,方法不对,教起来更痛苦。你从零开始我最欢迎,你没有被别人"污染",开始来接受我的"污染"。(众笑)学了一学期以后,他们虽然懂方法,但还是不太行。你看,这个结构松松垮垮,用笔瘫软无力。尽管方法已经知道,"理"无碍,"事"未必无碍,所以书法的实践性很强。

再看右边的部分,大家看一看,完全都一样的,寒假大概只有一个月,我要他们写两百张书法作业。寒假要过年,这些学生都哇哇叫:啊……不行。我说:好啦,那就减个十张。(众笑)学生好像觉得老师太小气。我说:那就不要减好了!大家又叫。我

图1	图2
图3	图4

说：那要不要减呢？学生赶紧说：好了，十张也好。这些就是经过一百九十张寒假练习的作业。

　　各位看看，左边部分是不是都糊成一团，作品上方乌烟瘴气，一股浊气；右边是不是感觉一股清气，是不是有由浊变清的感觉？好，我想各位应该都有看出来，所以由浊变清，这个就是气质的改变。下了一个月的功夫，每一个学生基本上都有了变化。我不能全部在这里放映，要不然往下还有很多幻灯，我不能多讲了。但是呢，一班四十多个学生，只有极少数，大概那少数几个不认命的学生，可能一边写还一边骂（笑）。既不能令又不受命，那就是浪费生命。你有种就退选，不要修我的课嘛；你既然想要学分，在矮檐下你就低个头，不就没事了吗！要不然，开学的第一堂课，我就要检查寒假作业，那很凶悍的（笑）。书法课不练字，那还像话吗？所以我的学生都不敢太过随便。不过呢，轻松的时候也很轻松，不可以放松的地方，是绝对不能放水的。那么，一个月就有这样的进步，如果他们能够连续写上一年，甚至三年、五年、十年、二十年，可能个个都是书法家了。可惜呀，这个世界很多人都不能坚持到底。

学习书法是向自己的习气挑战

　　尽管他们拥有我的药方，这可以让他们把书法学好，可是他们只是修学一学年嘛，为了学分，功利得很哪。像我们是拿起毛笔就欢喜，打开书本就欢喜，就忘了时间，那真是享受过程啊！可是现在大部分学生都是学习过了，就将毛笔啊、碑帖啊，束之高阁。好，这个是我首先跟各位报告的，学书法，是向自己习气挑战的一个最好的对治法门。在我本身来说，我过去性格很急啊，当然也很粗野。我们住的地方是很偏远的乡下，所有农人该做的，包括什么挑大粪啊，我都做过，所以这个世间很少有难得倒我的事情，只要我愿意做，只要用心、用力，那事情一定不会烂到哪里，每一个人都一样。所以，大部分的学生，你看到他们有这么样很清楚的进步，可是他们大概等课程一结束，基本就不再写字了。少部分可能还会继续写，因为尝到了甜头。可是久了呢，后来谈恋爱了，或者有什么学业啊，反正有种种的理由，都可以让你停止、转向。所以，我们才能够当书法家。（众笑）

下面这一张（图5），各位看看，哪一边的线条结实？右边比较结实吧，左边比较虚脱。初学者一定是像左边，你要想写篆，这个就是篆书线条的基本笔画，就好像学太极，一定要站桩。早期台湾最厉害的太极拳高手就是郑曼青先生，任何人来跟他学太极，他就要你站桩，今天站桩、明天站桩，这个礼拜站桩，下个月，甚至半年后还在站桩。很多人说"你把我当傻子啊，这样做老师还不简单吗？好像在骗钱"，可是啊，太聪明的人就没有上当的勇气（笑）。现在台湾第二代、第三代的太极拳师父，十之八九，都是郑曼青先生的徒弟，我是他的徒孙哪。我太极拳打得不好，可是我把太极拳的原理，用到我的书法里面，也包括武当、少林、截拳道。依照太极的原理，书写时笔毫和纸面的两相抵拒状态，就是一种推手。你那个蘸了墨的毛笔，它的弹性就更强，至于纸张，那是客体嘛，主客体相碰触的那个就是所谓"当下"。那你学了书法，就增加你参懂佛

图5

法的机会，《金刚经》说"一切法皆是佛法"，书法也是一切法中的一法呀！你说"无为"，道家都讲"无为"，无为而无不为，那个是损嘛，"为学日益，为道日损，损之又损，以至于无为，无为而无不为"，天下哪有这么便宜的事？可是啊，就有这么便宜的事，你要懂得无为，一般人看老子、庄子，那个好玄奥啊，可是呢，透过书法，全部清清楚楚地体现出来。无为，是要在"为"的"当下"，能把握到那个恰到好处的能量释放诀窍啊！

书法与儒释道相印证

所以在佛法里，在禅道里，在儒家里面，有不清楚的，我就透过书法帮我印证。我在书法里面不懂的，就从儒释道三家的经典来帮我印证。哎呀，写得真是欢喜。所以，每一个线条开始一定是虚脱的。如何能够充实？第一步，充实当然是儒家美学，儒家教人要刚健充实，道家教人要谦虚退让。可是呢，若没有充实的本事，你根本没有资格谈谦虚。你要谈"无为"，先要有"有为"的本钱，要不然，"无为"就成了空谈。所以呢，像左边这个虚脱，初学必然如此。很多人说"我不行、不行"，哪一个人是生下来就行呢？你不够谦卑不知请教当然不行！可是，像我年轻的时候有不知道的，就到处遍访"书"林高手。因为我不是只要学一种字体，我贪玩嘛，我把碑帖当玩具，每一种字体都想玩玩，不能解决就去请教。这个老师不行，就找另外的请益，所以台湾那些大书法家，那些中年从中原去台湾的，那些真正厉害的人，当然，我也不能说全部啦，但是大部分我需要请教的书法家，我都找到了。

要拿自己有办法

当然，右边是我写的，如果你能够把它由左边变成右边这样，那你的篆书啊，三百六十度全部有了。当然，我把这个叫作"弹簧线"；那有直线、横线，我把它叫作"篱笆线"。你写篆书，只要懂得这两种线条的写法，它涵盖篆字各式笔画的行笔路线与角度，所有的篆书，你都能写了。就好像开车，如果你连三百六十度的大转弯路都能开，车子都很安全，那个普通的斜坡、弯路就没问题，这是一样的意思。好，这个就是书法的修行，就是拿自己要有办法。所以，艺术家就是解决问题的专家。解决什么问题？解决你画面的问题，摆在你前面的问题。还有，它是一个因果，你方法不对，因不对，果就不对。方法不对，像这个地方就是虚脱（指左边曲线），你看哦。它不对在哪里呢？你看，这个转弯处加上地心引力，它"咻——！"就快速趴下去，一趴下去，便成平面而缺乏立体感。然后呢，笔锋一转过来，就像爬坡，好像是会减速。所以啊，搞艺术、搞书法，事实上就是"逆则成仙，顺则成人"。"顺"，就变成左边这样虚脱的庸俗相，只是个凡人。要改变你的虚脱、不扎实，想要脱胎换骨而成"仙"，就像你在下坡的时候要减速，不但不能踩油门，而且还要踩住那个刹车板。这个道理，会开车的都懂，你只要会开车，那么在书法中就会写这个转弯了，这个叫求生的本能。这个不能教的，艺术不能教，但是也需要教，教的只是方法原则，我现在可以说已经讲完了。书法让你的毛笔在纸上好像在跳芭蕾，右边就是跳芭蕾的舞步，留下的轨迹就是有生命的、立体感的，具有动人的力量。所以一个人有感动人的力量，是因为生命的坚韧。人经过这一生精神的努力奋斗,就可能有所成就,像南老师一样,那都是真枪实弹的用功实证啊,那不是耍嘴皮而已呀。

你看这个虚脱,提起来虚,然后趴下去,就等于是"按中无提",在重的地方按得多,你没有适度的提,笔画就趴下去,就呆滞;然后再上来以后,又"提中无按",就虚脱,它是线质的两个极端。所以,儒释道全部在讲"中道"。生命之难、道之难学、成道之难,就是不多不少、不即不离、不快不慢的那个"中道"理想境界的把握。在书写里头,全都是自我生命情况的真实体现,太棒了。

美在"不即不离"

刚刚是讲用笔,一点一画的书写,是篆书的用笔。这个是儒家美学,先学充实,现在讲结构,各位看看这个字如何(图6)?好不好看?不会太好看啦,为什么呢?心脏衰弱(笑)。两个部分虽然在一块儿,可是没有向心力,中间好像有墙壁隔开。每一个人,有价值的生命,就是你让自己变成别人跟别人的桥梁,这个世界因为你的存在,大家关系变得更好,那个就是有价值的生命形态。你不要让自己变成墙壁,墙壁就是本来他们很好,结果因为你一进来,哇,他们好像离间了,这个你就失败了。所以我们讲中华文化,全都是真枪实弹实践出来的,中华文化的精粹,就是一种存在的智慧啊。

像这个呢(图7)?矫枉过正,看到吧!太"离",太疏远了不好;太"即",太亲热了也不好。这好像男女谈恋爱,太疏离那还像是在谈恋爱吗?但若矫枉过正,天天拥抱在一块儿,哈哈,抱

图6 　　　图7 　　　图8

得像这个字例这样紧，那就缺乏美感，还能做事吗？那天天就抱着在一起好啦，kiss 就 kiss 死了，叫作"死吻"，把你吻死，把你鼻子也顶住，嘴巴也顶住，没呼吸就死定了。饭不用煮了，地也不用扫了，作业也不用做了，什么都不管，就死在这里。像这个就是太"即"，前面是太"离"。像这个字我写的（图8），我不能说它好，但是比起前面的那两个字是好多了，它是"不即不离"，对不对？它比前面那个太"即"啊，它是"离"一点；比前面的太"离"，它是"即"一点，所以它是"不即不离"，"离"中有"即"，"即"中有"离"，亦"即"亦"离"，不"即"不"离"。这个"不即不离"的中道灵智和美感，不就是佛法《圆觉经》里头所讲的吗？只要懂得这个原理，什么辩证、因明，你都不一定要学了，学书法就够你参个透了。而且，它是落实为书写的实践行动，不是只在那里空讲理论。

"好"字不好写

"百年好合"，这几张图片，是我为晚辈证婚时在台北写的，证婚礼上用幻灯，大概绝无仅有吧！我就专门讲这个"好"字，用五分钟左右时间讲完。现在再解说一次。这个"女"字旁像女孩子不错吧（图9），我写的，我既然说她不错，的确是不错啊。人固然不宜姿态太高，但也不能完全自我否定，如果自己表现不错，为什么不能给自己鼓一下掌呢？这个女孩子确实不错。（众鼓掌）那么这个右边的"子"就像男孩子（图10），好像也有看头。好了，两个很杰出、很优秀的年轻男女，他们一结合能不能保证一定幸福？不见得。各位看看（图11），哈哈，他虽然已经到了生理成熟年龄，已经可以结婚生孩子，培育后代了，但是人格发展还很幼稚，他还只是以自己为中心，他在还没有结婚以前以自己为中心，那还勉强可说，他把自己做好就行了。可是，已经结了婚，还依然只是以自己为中心，那是不行的。你看！还吵架，手打脚踢的。那个"退一步"可以"海阔天空"的境界，他们都看不到，智慧不够啊。智慧为什么不够呢？因为修炼不够，苦头吃得不够。所有的自信，都来自吃苦。我常说，一个人为什么快乐？因为他吃过苦头。苦头吃得越透，他发现乐趣的机会就越多。所以啊，"常乐我净"和"苦空无我"，原是相对性的存在，我们修习佛法，只不过是在转这两个境界而已。世界是一样的，但是你的心境不同了。

图9　　　图10　　　图11

我们来看看（图12），一样吗？还是在那里打，你看左边这女孩好像还很凶悍呢。人家男孩已经退让到这里，她却欺到胸前来了，很凶悍。我看这小两口大概都没有学书法吧！我曾经在台湾的一个公共电视台,出席一个"大师系列"电视节目的新闻发布会,主办方要我上台讲话,我就说现在离婚率太高,就因为大家都不学书法。当然,也不见得学了书法,婚姻就必然幸福,你还要来听我讲书法里面有这个学问,你才会去注意写毛笔字还跟生命的安顿有关。要不然,你以为写字只是拿着笔蘸墨在书写而已,那就成了单纯的技术操练,成了平面的生命形态。真正的生命修炼,像南老师那种生命形态,就是一份时间都当两三份用的。那眼、耳、鼻、舌、身、意,六根常是同时并用的,就是立体的生命形态。他二十岁就名震大江南北,后面的几十年,你看他都那么分秒必争在用功,自己好学不倦,也诲人不倦,毫不吝惜地分享给别人。你看他这个立体生命形态随时在精进,一直到晚年。你别看他经年累月接待那么多人,其实也在向各方的来者学习,短处长处优点缺点,对他都有用,他在教学相长呢!我就看出南老师的这个立体生命形态是很厉害的。一般人要活九十岁以上都不容易,即便活到九十岁,充其量也不过就是九十年的成就。甚至那些虚掷光阴的人,生命价值打了多少折扣都不晓得,生命内涵是苍白的。可南老师却不同,虽然他老人家只活了九十五岁,其实他的生命含金量极高,等于是活了人家的百倍,活了九百岁甚至九千岁呢!

各位,看看这个字(图13),譬如这左旁的女孩跟右旁的男孩结合的话,你觉得哪一边比较有忍让的情怀啊?女孩子哦。根据我个人的观察体验,大概夫妻吵架或是两个朋友吵架,先向对方道歉,先表示歉意的那一方,智慧比较高。

我们说,这个女孩智慧比较高,因为她知道退让。她知道吵架到最后,除非离婚,但你总不能一吵架就闹着要离婚吧!如果你过

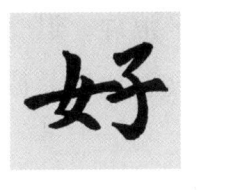

图12 　　　图13 　　　图14

于以自我为中心，而不懂得修正调整自己的心理行为的话，不论你跟谁结婚，恐怕对方都会受不了你的。对不对啊！所以你还是得自我调整，在哪里调整啊？像这张嘛，你看这个女孩子都是在退，可是退也有个限度啊！那就看看这个男孩有没有相对地呼应，要不然一直退到最后，她或许会想：你是谁啊！你何德何能让我不断地为你退？到最后真受不了了，只好离他而去。你看这一张是双方都有所节制，关系稍有改善了（图14）。女孩的这只脚稍往上缩是好的，同时，这男孩向左上方钩踢的脚也相应做了微调。彼此都有一个"不得不然"，如此才能互相调和而相安无事，这个也是一种安心法门啊！

　　有时候我们晚上写字，写了好几次，自己觉得写得不错啦，嘿，隔天一觉醒来，看看又觉得不行，还得再写，就是心不安！从事艺术创作跟学佛修行都一样，就是安心法门。最后像这个"好"字，好像这对男女的百年好合不成问题。这些有关偏旁部首之间的搭配组合，讲的就是书法的结构问题，我常说，写毛笔字就是替字的一笔一画做人啊！年轻人若能多学书法，从中体会隐藏在字里行间的种种生命意味，一定有助于将来婚姻的和谐。至少你先把"好"字写好，其实"好"字并不好写，可是经过我这么一说，你就知道，要怎么"乘虚抵隙"而不要打成一团。对方在生气，你就稍微忍让他一下嘛，对不对。"忍片时，风平浪静；退一步，海阔天空。"他在生气，你还跟他斗气，那就会火上加油，彼此都没好日子过了。

真人郑板桥的《润例表》

好，下面开始进入实际作品的讲解。我就利用几个单元，不管你对书法美学认识是多是少，希望透过我今天的报告，将来你看到任何一件书法作品，不论是传统形式还是现代形式，你都有话可说。而且你说出来的，应该会比较懂行。这是郑板桥的一幅《润例表》（图15），所谓润例表，是艺术家出售作品价格的规约。我在这里为大家读一遍，这是一篇千古至文、妙文。"大幅六两；中幅四两；小幅二两；书条对联一两；扇子斗方五钱。"他大概是按尺寸收费，如同现在我们台湾艺术家，一尺见方叫作一裁，一裁多少钱，那么现在油画家，是以一张明信片的大小叫作一号，一号多少钱，就这样算的啊。以大小论，清朝也是如此。不过，他当时那个

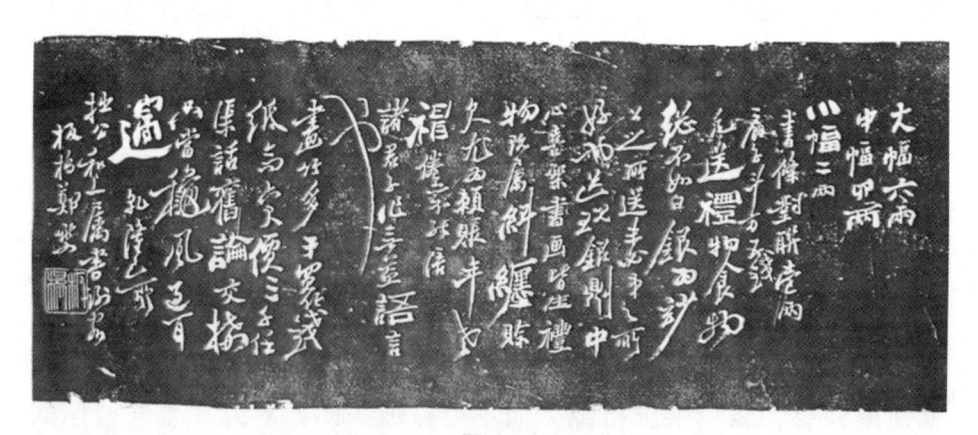

图 15

大幅、中幅、小幅，没有我们现在这么精准。到底是不是那时候的纸张，比如说那个纸厂造出来的规格，大幅、中幅大概他们有一个规定，我没去考证，有兴趣的人，可以去考证考证。但是啊，基本上还是以尺幅的大小论价。他的《润例表》，其实只有这五行字。可妙的是，他后面说明的这个文字啊，那简直是替所有艺术家发声了，因为艺术家都不好意思谈钱，可是艺术家不谈钱，那你艺术家就没有妻儿，都喝西北风吗？所以艺术家不谈钱，那是假道学，你想要就花钱买，除非你能感动我。我在台师大时，学生问：老师啊，除了钞票以外，还有什么办法可以拿到你的作品？我说：很简单，想办法感动我吧。（众笑）像我到太湖大学堂，南老师叫我写什么我就写什么，因为南老师感动我啊，我就做牛做马。那你看哦，"凡送礼物食物，总不如白银为妙"。（众笑）多少艺术家心里就是这个想头，却又不好意思说出来。郑板桥，他不但说出来，而且说得漂亮极了，真是深得我心。（大笑）你看，不要说我们艺术家有同感，连各位不也是有同感吗？你不是靠艺术、卖字卖画为生的，大家却都一起会心地一笑嘛。

然后，下面他还针对这两句话作了解释："公之所送，未必弟之所好也。"意思是：你送火腿，我又不吃火腿。连我们搞书法的，如果书写的题材内容不小心，对方也会以为我那个内容是在教训他，我就曾经碰到过。人好难做啊！所以，"公之所送，未必弟之所好也。送现银，则中心喜乐，书画皆佳"。（众笑）艺术家心里爽，他出好作品的概率就高啊。所以很难让艺术家爽，但是也很好让艺术家爽，你要知道他的罩门。所以，"中心喜乐，书画皆佳"。然后，"礼物既属纠缠"，今天不是讲"量子纠缠"吗？礼物也是量子的纠缠，也是一种能量的送来送去，有时候你送我水果，我隔几天再送出去，对方拿到都烂了。"礼物既属纠缠，赊欠尤为赖账。"没有一句话是没有它的陈述背景的，他为什么讲这个"赊欠尤为赖账"呢？这必然是他经常被赊欠的惨痛教训之言。所以最好是一手交钱一手交货，那是公平交易。但是，可以想象他很多时候吃了亏。就如来客说：我今天不方便，先拿走，改天再来送润笔。但是作品一拿走，大概就不再出现了。这个叫作赖账。那么，他讲这个话一定是吃了很多赖账的闷亏。所以，他就公开宣示，那等于是艺术家明定的法条嘛。不同的艺术家，各有不同的润笔条例。

然后看下面，"年老神倦，不能陪诸君子作无益语言也"，意思是：你说啊那我来陪你聊聊天。对不起，艺术家要用功读书，平时还要修养做功夫，哪有时间陪你聊天！当然，艺术家也不能不做人，碰到好朋友，还是要把先前那一套放下。有真正的好朋友要来，提前问："有没有时间呐？"我自然说："你要来我就有时间。"那不是也要做人嘛，对不对啊。好，下面还有一首诗，你看这个妙文，"画竹多于买竹钱，纸高六尺价三千。任渠话旧论交接，只当秋风过耳边。"郑板桥说"画竹多于买竹钱"。艺术家花费投资很高的，而且艺术家的投资是不见得有报酬率的。有人搞艺术，搞了一辈子，就是没办法只靠艺术来维持生活。所以，很多家长都不愿意，甚至于反对子女学艺术。因为你搞这个艺术，不全心投入，是不可能会有成就的。即便你全身心投入了，也不保证一定会有所成就。故真正搞艺术的人，大部分是"明知山有虎，偏向虎山行"的，那是意志力很顽强的人。

好，那么"画竹多于买竹钱"，所以他耗费了很多，比如说他画竹子，或者是画兰花，那个宣纸都要钱买的，若是书法，那纸杀得更快，写坏画坏了，就好比是在撕钞票啊！普通一张宣纸，依材质和制作工法优劣，价格不等。如果是二十块人民币，或者是五十块人民币，甚至于说便宜三四块人民币，那也撕得很快啊。在修炼过程中的作品，大部分是失败的。要等到人家愿意掏钱来跟你换作品，那真是不可预期的。就以我个人来说，当时初学书画，根本没有想到要靠这个来维生。我以前是靠教小学、当老师等固定职业维持生活，一有空闲时间，我就去临习碑帖练字，把那个零碎时间兜拢过来而已。后来又去读台湾师范大学，后来又教高中，然后就不教了，经过二十年没有饿死，后来二十年后，再跳进台湾师范大学担任教职。所以学艺术是很艰难的。同样身为艺术家，我来解读郑板桥的这个《润例表》啊，特别能够生发共鸣，也容易理解他的心曲。

"画竹多于买竹钱"，就是他学习画竹子所投资耗费的钱，远多于人家来跟他买竹作品的钱，所以这亏钱。"纸高六尺价三千"，我是这样解释的，他不是说画竹多于买竹钱嘛，那画竹子的时候耗费的失败宣纸，叠起来都有六尺高，呵呵，这就已经耗费我三千两，你要用这每幅六两的大幅算的话，也要五百件呢！大幅要用六两，在那个时候，可能大户人家才买得起。一般人大概就是买扇子或斗方，过过瘾就好了。就因为他所耗费的成本太高了，难怪他有一种很惨痛的"成如容易却艰辛"的感觉。在他过去穷困还没成学之前，还在苦练阶段，那时候活不下去，有谁来关心你啊？没有死掉就算好运。等到活过来以后，哇，这个婆婆、三叔公、四婶婆的什么人，都来了。这种情况大概郑板桥也应付多了，才会有最后"任渠话旧论交接，只当秋风过耳边"的两句看似冷峻，却是极通透的结语。

"乾隆己卯年，拙公和尚属书谢客，板桥郑燮。"，拙公和尚是郑板桥的方外朋友。大概板桥老人不管是碰到赖账的，还是内心有什么郁闷，经常会跟那个拙公和尚倾吐。拙公和尚才会教他这么一招，你干脆把这《润例表》写出来，然后可以明白谢客，并过滤掉许多闲杂人等。当然这应是他成名以后的麻烦。这个《润例表》，所用的字体，是郑板桥的"六分半书"。他的书法以隶书为主，号称八分，他把这个字体叫作"六分半书"，扣掉"一分半"。那"一分半"是什么？就是八分书以外的部分，其中就有篆书，还有行书、楷书和草书。你看这个"也"字，不但是草书而且是狂草；这个"神"也是篆书的结体；这从鼎构形的"则"字，原则的"则"也是篆书，左边从鼎，才是原则的"则"的本尊，才是正体字。啊，这些都算是他所扣掉一分半内的东西，叫作六分半书。

当然你说，他如果不叫六分半书，叫五分半书可以吗？那当然可以啊，随他高兴，因为孩子是他生的嘛，名字由他取。好，我放这一张的主要目的，不在跟大家介绍这些笔润，而在于说他这个形式内容，你看，通幅各行字，上面是齐头，下面是参差不齐，字体又是大小错落。我常说，一个艺术家就如同一个企业体的领导人，不管公司内部有多少人，黑种人白种人，年轻的年长的，他都要把他们统理到一团和气，真的是太厉害了。所以呀，这一件作品，我把它叫作"和谐"的代表，变化中的和谐。像我们台师大学生写的字，一个萝卜一个坑嘛，只要能够把字放在格子正中央，彼此关系还差不多，那就算和谐了吧，就是规矩的和谐。郑板桥这件作品是变化的和谐，变化中还要和谐，那是高难度啊，所以这是杰作。你是规矩的，就在规矩中和谐；你是变化的，就在变化中和谐。不和谐就不算成功。我们现实人生，不也是一样吗？不管你地位啊、身份啊、财富啊、学问啊种种，你要不和谐啊，你的生命就不算真成功。

刚与柔

好，下面一个单元。各位看看，有没有人知道这一张是谁的（图16），你们说错我就当作没听到，所以知道的要赶快讲，不要让我感觉到是全军覆没。（有人答，文徵明的吧）文徵明，好，这正是明朝（文徵明）的书法。这个是《过庭复语》，原作在台北的"故宫"。各位看看这个字的感觉意象如何？下面再看另外一个对比的，对比组，于右任的（图17），于右任大家都知道。今天海峡两岸的书家如云，大陆不管是启功、沙孟海、林散之，有多少书家，有人点头有人摇头；台湾的书家，不管是什么台静农、王壮为，还是溥心畬、张大千，也是有人点头有人摇头。可是，一提到于右任，两岸的人，没有人敢摇头，你就知道于右任的厉害。不是因为他官做得大，而是因为他字真的好。若把写字比作拳术，于右任打的是太极拳，前面那个文徵明就是外家拳，有一点像截拳道、咏春拳。那么各位看看这两种书体，有什么差别，前面是不是比较刚，于右任是不是比较柔？这就是刚跟柔的对比。

书法艺术，不像绘画、音乐能够表现模仿具体感情，书法艺术所表现的感情是抽象的，因为书法本身就是抽象的。你看这个，前

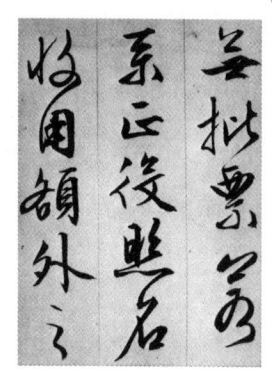

图 16    图 17 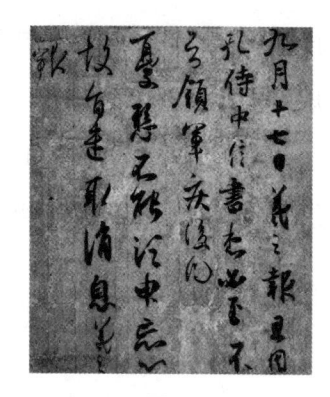   图 18

面是刚的,这个是柔的。这张是谁的?王羲之的尺牍(图18)。王羲之的这个字是不刚不柔,亦刚亦柔,他是介于刚与柔之间。他的刚,不及文徵明那么刚;他的柔,又不像于右任那么柔。好,现在有三种风格,但是各位可别误解,大家知道王羲之是书圣,大家可不要以为说,这样是不是亦刚亦柔、不刚不柔才最好呢?那不见得。就好像你吃料理,你喜欢什么北京料理啊或者温州料理啊,川菜、湘菜,都不一样。

对于不喜欢辣的人,他碰到辣的,再好他都不能欣赏。所以艺术这个东西啊,辣的就在辣的那里达到一个高度,如果达到那个真正高度,那个辣的就是最好的。所以刚的在那个刚里面,达到一个最高的境界,那就是好的,所以这三个,风格本身并无高下的分别。不是说写实画就比较低级,抽象画就比较高级,不是这样分的。而是你画得高明,所以高级;画得不高明,所以低级。画的种类,写实画里面也有拙笨的,也有厉害的;有低级的,也有高级的。抽象画也有厉害的,高级的,也有普通的。就像这三个风格,不能只凭画风论高下,应以作品本身的优劣来论。

瘦与肥

再来这个是以隶书为例（图19），《礼器碑》，答案就写在题目上面。各位看看《礼器碑》，感觉很瘦；另外这件是唐玄宗的《石台孝经》（图20），他是肥的典型，一肥一瘦，你喜欢哪一种啊？喜欢这一种的请举手，喜欢那一种的请举手。好，其他的好像……还不知道自己喜欢什么，这是一个原因，第二个原因是不敢表态，怕表错情。要是不敢秀出，不敢表情，不敢抒情，就别学艺术，不会有成就的。艺术是人间创造性的最高集中体现，所以你从艺术里面，可以照见自我。现在那么多人不敢表态，或者是不知道怎么表态啊，那就表示有很多人需要接触艺术。

这是瘦的（图19），这是肥的（图20）。就我的经验，就是越富贵人家，越喜欢这种肥的。有时候一些企业界朋友找我写作品，他说：能不能写肥一点？几乎无一例外，越有钱的，越有福泽相，他的审美趣味就越趋向肥的一类。但是，杜甫却唱反调，他说是"书贵瘦硬方通神"。但是，唐玄宗字写得这么肥，他满脑子都是肥胖美学啊，我这样讲，大家都可以联想了吧！（笑）他不但字写得肥，连选妃子也选肥的，他当时流行的仕女画都肥哦。还有，当时画鞍马画的，比如韩干，画的那个马好像不是跑，不是在野外赛马的。我几年前到内蒙古去，看那个第一届赛马比赛，我看到那个跑得最快的，全都是瘦马，像我们这样的……（众笑）跑得快，那个越肥胖啊，它行动越迟缓。所以人，到最后还是要想办法，不要让自己变得太胖。多练字也可以帮助你减肥。

好，这个汉朝的《乙瑛碑》（图21）是介于两者之间。各位看

图 19 　　　　　　　图 20 　　　　　　　图 21

看《乙瑛碑》，它有骨，但是那个骨头不会像《礼器碑》那样瘦骨嶙峋；它有肉，可是又没有肥到唐玄宗那样，它是骨肉停匀。所以初学者千万不能学唐玄宗那个《石台孝经》，一学就会趴下去。你说那《礼器碑》可不可以学？可以。那就如同跳芭蕾舞，芭蕾虽然是踮起脚尖，还是要有提有按的呀，还是要有粗细的变化，妙就妙在抵拒状态中还具有弹性，这个是高难度。但只要用心体会，其实也没那么难。各位如果有意学写隶书，我建议不妨先临习《乙瑛碑》，它骨肉停匀，笔法比较容易掌握上手。

秀与雄

再来，这个是《雁塔圣教序》（图22），唐朝的褚遂良写的，很秀气，对不对？另外这一件是颜鲁公颜真卿写的《离堆记》（图23）。可惜时间不够，要不然我们应该可以互动，问问你们，逼着你们要用眼睛来审视。各位看看，像这一条腿，这一捺笔多么矫健！民国早期，有一个足球健将、国脚，名叫李惠堂，听说他有一场比赛，那个

图 22 　　　　图 23 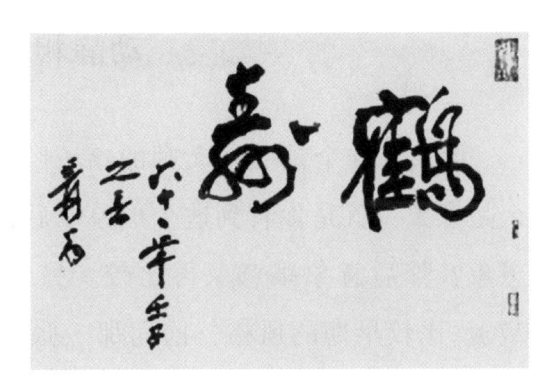　　　　　　　图 25

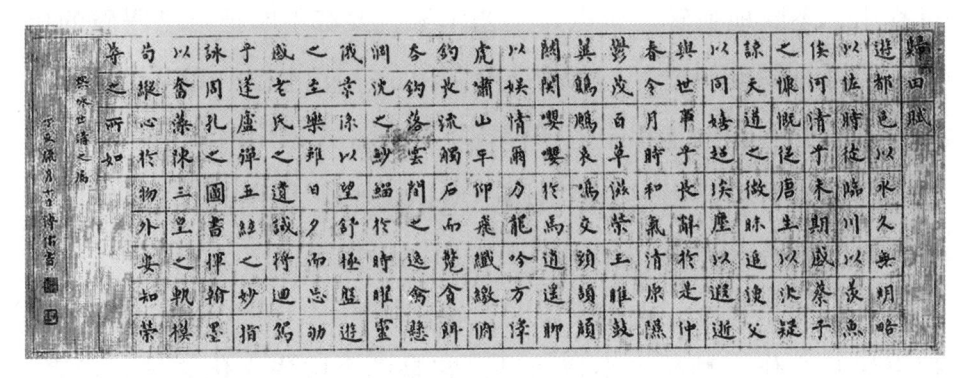

图 24

足球被他一踢，"咻——砰——"旋转，正巧射中某一球员的心脏部位，结果对方闷哼一声，应声倒地，倒下去后从此没站起来，那个脚劲之强，很是了得。我每回看到颜真卿的这一笔，就自然联想到李惠堂的那一脚。下面这一件是民国时代"南张北溥"的溥心畬楷书（图24），很灵秀。他一辈子秀气，年老了还秀气，因为性格如此，跟年老年少无关。书法最容易表现、抒发一个人的性格。好，这件是张大千（图25），一看就很海派，很有豪迈气度。这两人风格截然不同。如果他们两个人的画，要让互相题字的话，一雄一秀，谁会被谁吃掉？秀气的是不是会被雄豪的压掉？好了，你们慢慢去想象！

动静相生

再来,这个是弘一大师的字(图 26),各位看看他的意象。什么是意象?就是你看到这个形象以后,在你的脑海里产生什么样的想象?然后意象跟意象再比较。另外这件还是弘一大师的字(图 27),比较早期的风格,前面那一张是弘一大师比较晚期,也是最成熟,最后比较定型的,变成他的代表性风格。像这个都是在学习过程中,不断地换转。所以一个艺术家,要有不断把自己踢破的勇气,但是在踢破的过程,那是要有很大的自信才行。要不然,你踢破了还没有再建立起新的来,青黄不接时,人家给的不是掌声而是嘘声,你能面对,能"无闷"吗?所以,一个艺术家,最后的成就关键是生命问题啊。

今天我讲书法,其实是在讲生命,跟生命科学相关。各位不要把书法只当作一种雕虫小技而已,它是整个中华文化的核心代表。有一位熊秉明先生,他是二十几岁就到法国留学,是有名的雕塑

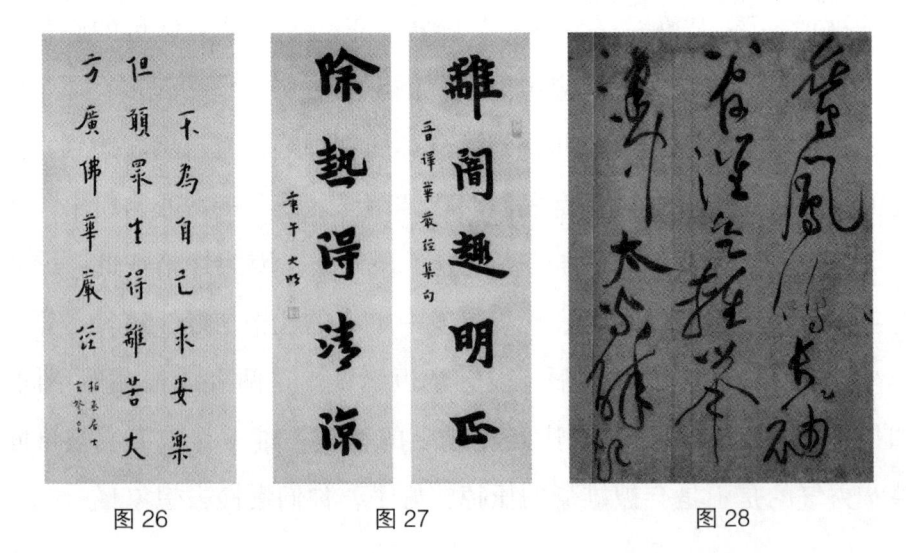

图 26　　　　图 27　　　　图 28

家，也是一位书法理论家，他写了一本书法理论的书，叫作《中国书法理论体系》，在两岸很有影响力，甚至在日本都有学者把它翻译成日文。熊秉明就曾经讲过这样一句话，他说，"书法是中华文化核心中的核心"，书法这门传统艺术，很值得大家重新认识它。

我们刚刚看的那两张，都是弘一大师的作品，虽然早晚风格不太一样，但其中有一个很统一的，是属于他个性的部分，是什么？看起来很安闲、很宁静。好，这一张是北宋黄庭坚黄山谷的草书（图28）。各位，前面弘一的作品如果代表的是"静"，山谷老人这一件是不是代表"动"？行草书比较有动态感。凡是好的作品，动，不能动到过度，过动就成躁动，难免虚脱或轻滑。黄山谷那个线条，还是很沉着，但动态感很强，叫作"形动而意静"，他的行笔非常安闲。我们年轻的时候临习他的字，都学不像，以为那龙飞凤舞的笔势，书写速度一定很快，也就跟着写快，写出来味道都不对。黄山谷的线质很沉，很有咬劲的感觉，像吃那个手工馒头的感觉。那个机器馒头，咬下去像咬纸浆一样，没有什么味道嘛。但是手工馒头吃起来就是比较有那个咬劲儿嘛，有弹性的感觉。人的生命也要这样，线条代表生命，就是要耐看，有看头。他看起来外形是动的，可是笔意却很祥静，是形动而意静。前面弘一的作品，看起来是偏静态的，可是静中也有动，是形静而意动。凡是杰出的书法作品，基本上都符合动静相生的理趣，很有美感。

古典与浪漫

往下，这一张是赵孟頫的行书作品后面的题款（图29），写的是杜甫《秋兴》诗。你看哦,"右少陵秋兴八首,盖古今绝唱也","沈君以此纸求书",有一个姓沈的朋友,拿着这张纸来请他写字;"因为书此",我于是就为他写了这件作品;"纸短,仅得其四耳",可惜啊,纸张太短,《秋兴》有八首,他才

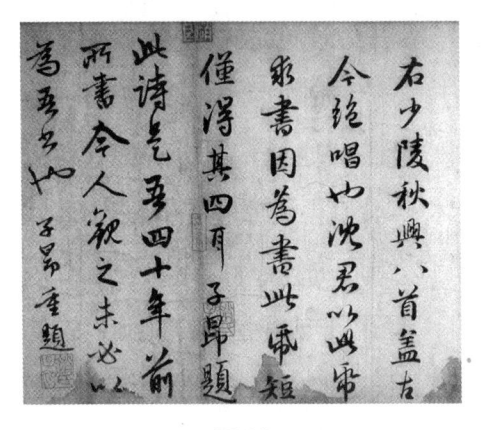

图29

写了四首,纸就快没有了。这话固然是实况描述,不过,其中也有春秋之笔,多少有点嫌这个姓沈的朋友太小气的味道。以我来说,如果有人找我写一幅字,我会说,普通的纸张我自己有,若是要用特别的纸张,我说你不能只送一张,至少要准备两三张,要不然我没把握啊。书法的瞬间一次性要求度很高,成功固然是一挥而成,有时候一笔或一字失败,就整幅失败,写字的失败率太高了。可知失败也是一挥而败的啊!写不好,我也不愿意交件,你若多送几张,就可以让我不怕失败,我可以有恃无恐地写。艺术这玩意儿,你越是想成功,往往越不成功。有时候你随便写,反而容易成功。像这种事情啊,在艺术的创作里面,特别容易见证。

后面这一段,"此诗是吾四十年前所书,今人观之,未必以为吾书也。子昂重题"。前面那一件是赵孟𫖯二十八岁那一年写的,这一件是六十八岁写的,正好是他在世的最后一年。他要走的那一年,大概有个机会,看到自己青年时期写的作品,心头有所感触,因而写下这后面三行的题跋。这左右两件有什么差别?里面正好有好多同样的字,今天的"今",还有为什么的"为",书法的"书",

因此的"此",以为的"以"。各位看看,前面的"少作",好像是嫩芽比较脆,后面一件好像比较成熟,比较坚韧。

除了这种"老嫩"之别以外,各位看看他的造型,有什么改变吗?基本并没什么改变。换句话说,他到晚年,艺术生命走完了,他的风格,他的造型,是老早在二十八岁时就已经定了型,后面整整四十年在结体造型上并没有什么长进。他有他自己的风格,你看赵孟頫的作品,一看就是赵孟頫的,不管是二十八岁还是六十八岁。可是呢,他不重复别人,不重复古人,却重复了他自己。这是典型的"古典派",浪漫性格不会是这个样子的。

再看另外这一张(图30),同样是元朝的,这是杨维桢的作品,很浪漫哦,他才不管你什么法度精美不精美呢,他高兴,"哗~"就是,你看这个杀锋杀得很痛快啊!按照常理说,这里一条腿,再来一条腿,在创作上便犯雷同之病。但是他也不管,反正高兴我自为之,所以艺术魅力的引人之处,就是"只要我高兴,有什么不可以"!这一句话是后现代的典型。在现实人生里,这话是容不得你,只要别人

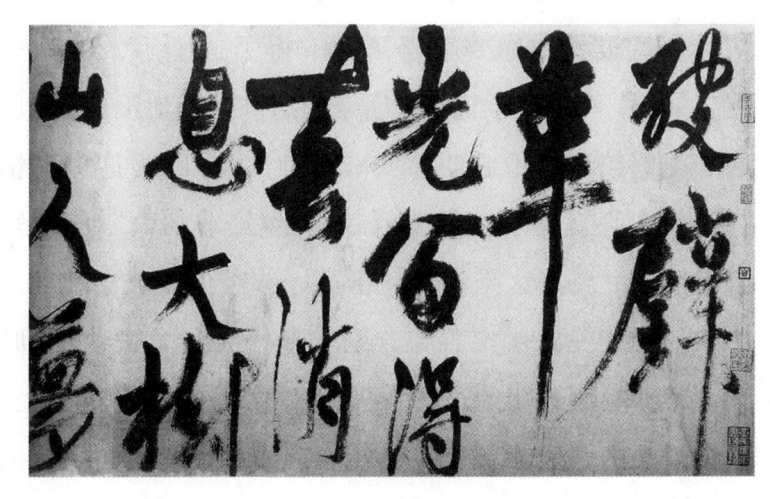

图30

不高兴，恐怕你也高兴不起来。但是呢，在艺术的天地里，这句话不但可以做，而且要贯彻到底你才真正成功。所以"古典"跟"浪漫"两种情怀，要相互补济才好。当然，每个人的思想理念都不尽相同，比如说喜欢浪漫风格作品的人，也许性格会是浪漫的，但也有可能不是浪漫的，也有可能是对治性的。也许他是古典，但他可能不喜欢自己只是一味偏重古典，他想要警惕自己，那么他就可能会选择一幅浪漫的。所以艺术就如同现实的人生，也有两种生命形态：一种是追求对治自己，注重互补性；一种是追求顺适，注重协同性。天地间，在艺术实践里，你就有机会可以快速了悟生命的机趣。

矜持与率真

再来呢，你看这一件（图31），在座如果有人写字啊，而你临写的碑帖是放大修复本，原本是黑底白字，却被反白而变成了白底黑字，并且字下还加印九宫格，像右边这种碑帖的，有没有啊？哦好，只有一位吗？在此我要奉劝这位朋友，你回去以后，把这种碑帖丢到垃圾桶。你要丢得了，下得了这个手，最好是"拉砸摧烧之"。你若下得了这个手，你今天这一趟路就没有白跑。为什么呢？这一类碑帖，我把它叫"安非他命"，你临写这类碑帖，便如同在"吸毒"，临得越多，中毒就越深。"安非他命"我不知道大陆这边怎么讲啊，反正这是毒粉、毒药，你吸下去就会神魂颠倒，然后就活在一个幻觉之中。各位你看这个《张猛龙碑》，他原来是这个样子，其他笔画都没有太大问题，这个"依"字右旁上方的那一点，原帖笔画已有残缺剥落，已经血肉模糊了。可是你看右边这个（图

图 31　　　　　　　　　　　图 32

32），被修描成这个样子，竟然变成这么清楚，而且好像很笃定，这简直是自我杜撰，简直是"强不知以为知"嘛！假如你临的是正常的碑拓本，你碰到血肉模糊的这一点，你是不是可以发挥你的想象推理能力呢？可是，当你所临的是这种已经胡乱描补确定的形体时，你将不仅已经没有想象余地，甚至还很可能会不疑有他，以为原本就是这样的。那不是当了冤大头了吗？那碑帖本来是用毛笔写的，写成经双钩后，再去刻，刻完以后再去拓，若笔画有所破损，拓片也会如实反映。破损处一旦被修描而变成这样，除非你像我们一样有不被假相迷惑的免疫力，看到什么再毒的碑帖，我们都不会受它毒化。你有这种免疫力，才能运用这个东西。不然的话，你一学这个东西啊，你看不到那个笔画真正的神韵。所以真正学书法，最好能够先学墨迹本。实际上同样是用毛笔书写的墨迹，你拿来用毛笔临摹，用"笔"来追"笔"（墨迹本），比用"笔"来追"刀"（刻拓本），还更容易真正把握到前人的精髓。

好，这是赵之谦的作品（图33、34）。你看，像他这种字，是很自然的，用魏碑体写的，所以你学书法，要多看这一类上品墨

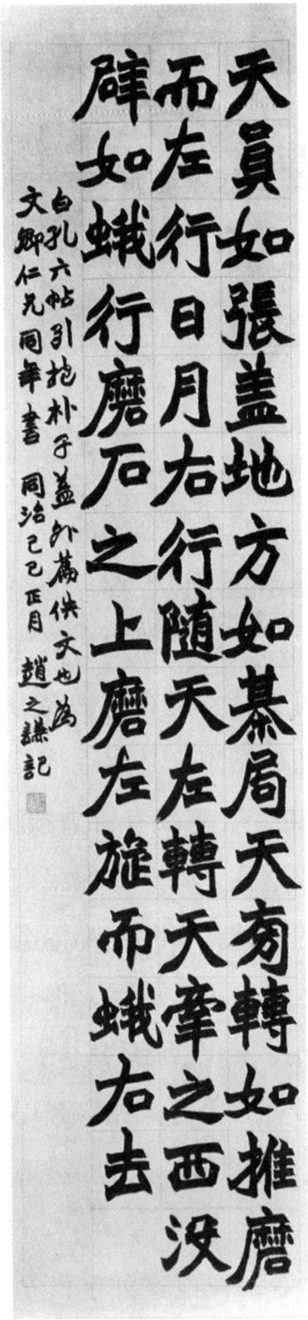

图34

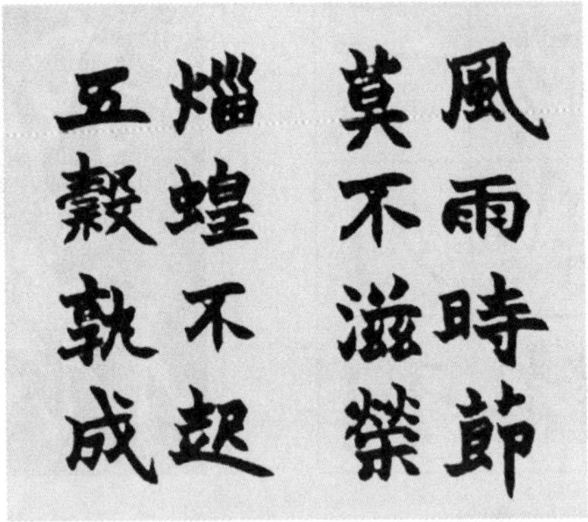

图33

迹，自然的，才是美的。你要是矫揉造作，装腔作势，那都是不美的。所以自然的最美，人要回归自然。但是追求"自然"，一定要经过一个"不自然"的修炼过程。只有人为的东西，才会是艺术的。你去查看那个英文字典，那个Article，或解作"人为的""得当的"，又叫作"艺术的"，三个语意是相通的。因为艺术一定是"人为的"，不是"人为的"就不叫作"艺术"。比如，你可以说那一棵树"很美"，你不能说，那一棵树"很艺术"。可能大家还未必转得过来，我现在如果说，你要形容一个小姐、一个女性，你说她很美，不成问题；要是你说"你长得好艺术"，对方不知道要哭还是要笑呢！因为这个"艺术"含有两个层面：一个是美，艺术美；一个是不美，不美就是丑，所以有唯丑美学，艺术也可以是丑的。像很多晚明的浪漫派书家，他们都是在创作这个变形艺术，变形就是变成丑书。回到正题，"艺术"既然一定是人类之所为，只要是"人为的"，就必然会经过一个不自然的学习阶段。但凡高明的艺术品，一定要由"不自然"修炼到"自然"，这是就创作技巧上说的。

那如果在心法上呢，要由障碍、"不自由"而进入无碍的"自由"境地，这个是透过艺术实践可以完全证成的。现实人生也一样，佛法也一样。就是到最后一定要达到自然、自由，那才是真正的解脱。自由必须是在"有"中自由，所以你要"空"，"空"，是在"有"了以后，你才有谈"空"的本钱。你没有"有"以前，你赶快想办法去"有"了再去学"空"吧！你还没有"有"，自己还不能站起来以前，你就去学"空"，你空来空去的结果，到最后就什么都"空空"，什么都没有了。现在很多的学校教人家艺术创作啊，都一味在讲创作啊创新，很多年轻人都知道要创变创新。可是他凭什么创新呢？连基本功都没有，"平正"都达不到，却急着去追求"险绝"，那就不免"逐奇而失正"，成了生命的虚耗。可惜啊！禅宗有一句话，"宁可执有如须弥山，不可执空如芥子许"，这跟艺术告诉你的一样，你长久不进步，你就要怀疑了，你就要设法去解决，要反问说："我在干什么？""要向哪里去？""这样对吗？有没有更好的方法？"要能自寻转路啊！

赵之谦的字，我认为是清朝魏碑写得最好的。可是，我们的康有为"康大炮"，却说后来的书家把魏碑写成了"靡靡之音"，是"撝叔赵之谦之过也"，他这个批判大有问题，后人把字写坏了，竟

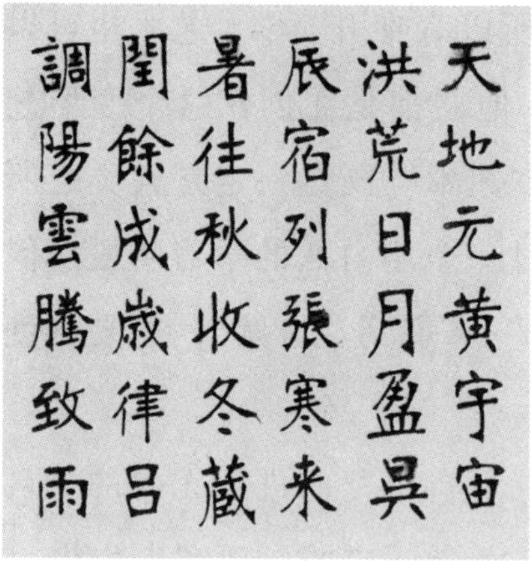

图 35

然把罪，把那个账都记到这个祖师爷头上，这个太不公平了。在康有为的心目中，张裕钊的魏碑写得最好，所以我特别把张裕钊的作品放出来（图35），各位看看，这样的作品，跟前面赵之谦的作品相比，究竟谁的品位高呢？赵之谦的是不是比较气机畅旺，比较自然，比较雄浑？赵之谦是既自然又自由，张裕钊却是既不自由又欠自然。

这个张裕钊，你看那个转弯处，他是用接的，而且接得又不高明，就不自然。这是我前天要离开台北来上海之前，特别补进去的。过去我没有把他们对比，这是遗憾。有时候，在讲这个系统的时候，我随时增减，我这一次也增减了不少。下面还有一张，也是张裕钊的（图36），你看看，总感觉到那个气象不及赵之谦。总之，我不赞同康有为的看法，把赵之谦评成这样子，实在是诬枉前辈。

再来这件是索靖的《急就章》（图37），左边楷书是后人所写的释文，前面的章草当然是后人根据索靖《急就章》原本所临的。这种草书是章草，右边这种章草是规规整整，被规整化了的草书。你可知道，汉魏、晋之间的草书，是长得怎么样吗？这个是后汉在西域武威地区挖出来的一个医生的处方（图38）。各位看看，"暮，吞十一丸"，黄昏的时候，晚上，吞服十一颗药丸；"服药十日，知"，吃了我这个药丸十天就见效。"知"，知道，知道医疗效果；"小便"，这下一个字看不清楚，不过，依理应是利尿之类，人有病，

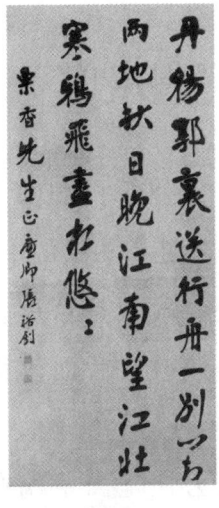

图36 　　　　　　图37 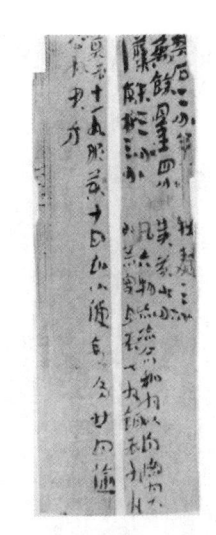　　　　　　图38

如果大小便畅通了，那气血就通，病况就会好转，就表示医生看病有效。

好，再来呢，"多"，小便什么多了。然后，"廿日愈"，二十天后就会康复痊愈。你看，古代的医生多么有担当，有气魄！现在的医生哦，在你要动手术以前，先要让你画押，说万一手术失败了，他拙劣的手术把你弄死了，你不追究他，这是人心不古吧。你看当时的这种医生，他不但给你开药方，他还对他自己药方的功效、进程，都清清楚楚。你看看，这章草写得多自然！可被规整化后变成这个样子。各位看看，这样的规整化，好像穿着西装笔挺的，我不是说穿西装就不好啦。前面那个医方墨迹，本来是很自然、很直率、很自在的。所以如果你写草书，学那个章草，初学要先学哪个？你还不能听我这么说，以为这个药方写得潇洒真率，就先学这个高级的。你还得先学这个规整了的《急就章》，否则你就无端倪可寻，不容易抓到要领。但你学了那个规整的刻拓本以后，一定要

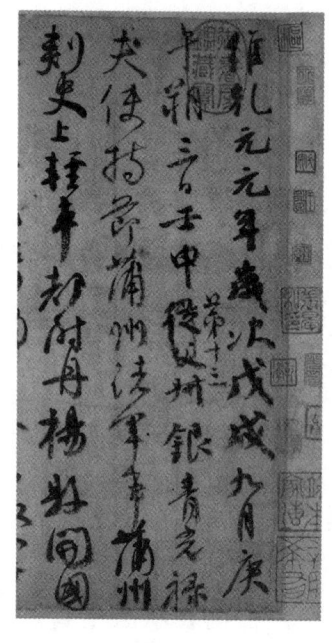

图39

再来看这些鲜活的墨迹,才有"解黏去缚"的机会。这个又跟佛法中"知时知量"的理趣相通契了。

接下来这件是颜鲁公颜真卿的《祭侄稿》(图39),颜鲁公是有功夫的书家,他写祭文时打的草稿。既然是草稿,发现不满意的,还圈圈改改,后面改得更严重。这张幻灯片取的是开头的一段,他还改得不多。就因为他是当草稿在书写,心里没有压力,就轻松自在写,写得很率真,是一件可遇不可求的杰作。元朝有一个大书家鲜于枢,曾经收藏过这件作品,他说颜真卿的这一件作品是"天下行书第二"。那天下第一行书是哪一件啊?是王羲之的《兰亭序》,这是大家都知道的。这一件作品既是真迹,又是如此精妙,所以真正要学写行书,有了《雁塔圣教序》的临习基础的,应该再好好地来学这个墨迹本的《祭侄稿》,就会进步神速。

墨色与气韵

好,再来就讲一点关于墨色的变化(图40)。这个是宋代"苏(轼)、黄(庭坚)、米、蔡(襄)"的"米",米芾写的《吴江舟中诗》卷。有人读作"米芾(音 féi 二声)"是不对的;又有人读作"米芾(音 shì 四声)",也不对。因为他原来的名字,四十岁以前,是"黼黻文章"的"黻"（音 fú 二声），后来才改换成这个笔画较为简省的草头字"芾"（读同芙蓉的芙）。此字下面的声符"市"，本来是指围在胸腹前面的围巾，中间一竖通贯上下才对。后人把这个

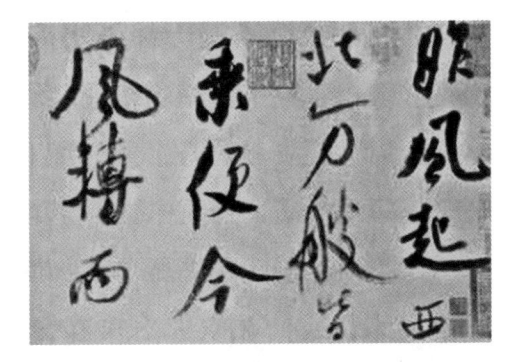

图 40

草头下的"市"，写成像市场的"市"，中竖断为横上一点和横下一竖，就严格的学术讲，那是写了错字，连米芾本人都写错了。也不晓得他是缺乏考证，还是纯粹只是为了美观考虑。米芾这个作品，他用的墨，是磨出来的，而且不是很浓，所以墨色有多层次的变化。你如果用一般墨汁，墨色就会显得呆滞而缺乏神采。所以平常临帖练字，可以用墨汁，方便嘛！但是真正讲究的创作表现，为了追求墨韵的生动，还是磨墨来写的好。不过磨墨很花时间，这是一个麻烦问题。台湾现在可以买到磨墨机，韩国人发明的，只要设定好时间，它就一直磨，磨到你认可为止，随时可以开磨或关掉，现代科技还真是方便。

一气呵成

因为米芾那个墨磨得不是很浓，你看他蘸一次墨，写了几个字啊！从这里，一二三四五六，写到这里，已经没有墨了，还继续写。你看哦，"昨风起西北，万艘皆乘便，今风转而东"，"万艘"，一艘船两艘船万艘船，后面还有很长的一大段，是一件极精彩的手

卷，目前收藏在美国大都会博物馆，曾经漂洋到台湾"故宫"展出，好像也曾在上海博物馆展过。你看，蘸一次墨可以连着写八个字。所以你如果学写行书或行草书，想要进步快些，你千万不能每写一笔蘸一次墨，否则你蘸一次墨，就断一次气。

我们早上不就在讲那个投胎嘛！我们的生命啊，从父母的一念恩爱而来，我们在空中不知道哪里啊，不甘寂寞就来轧上那么一角，"咻——"了一下，三合一，那个神识跟精血一结合啊，附在那个子宫壁里开始，那一口气，一直到十月怀胎出来，诞生而放声一哭啊，就这么一哭，气脉才能够打通。然后到了晚年，有些人也不一定有晚年啦！从生到死，不过就是那么一口气哦。学书法很容易让你领悟这个"生命一气"和"天地一气"的道理。

凡是高明的书法作品，必定是"一气呵成"的，中间不能断气，就是那么"一口气"。他现在蘸一次墨，写了八个字，那他停笔去蘸墨，再度回来写，你说他的气是不是断了呢？没有断，那要懂得"接气法"才行。懂得接气，就是你蘸了墨回来，再往下写之前，务必要照顾到前后笔势之间的连接，上气要接下气，前气接后气，左右、内外那个气脉，都要能接续起来，才会具有连贯和谐的美感。所以写书法，要懂得气机的运转和掌控，才算真正上了路。懂得气，你就懂得东方文化的哲学精粹，你要懂得气化的哲学原理，对于所有的东方哲学，不管是《易经系传》，还是什么儒释道各家经典，你一看就很容易懂进去，很多深奥义理也可以迎刃而解。

学书法最容易让人体会到"气"感，毛笔书写本身，就是一种微能量的释放。所以我常说，练习毛笔书法就是在练轻功，而且是

图 41 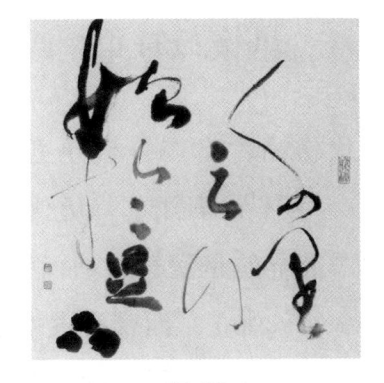　　　　　　　图 42 　　　　　　　图 43

一种轻功中的轻功。每一件成功的书法作品，就如同一个有机的生命体。从第一个字的第一笔开始，直到最后一笔，其实就像同一条生命线的开展，它是点的连续，点画部件之间，不可有断气的现象，必须是整体气脉通贯为一才行。在我们现实人生里，上气不接下气，有时就会断气死亡，你这一期生命就结束了。可是，初学写毛笔字的人经常断气，有时光是一个字，就断成好几口气，等于死了好几次。可是一般人不知道。所以你先懂得气，你的字就容易写好。

这是日本的三浦白鸥的一件作品（图 41），这个是甲骨文的"车"字，有车的那个轮子啊。

这件（图 42）的作者是台湾一个女性书法家董阳孜，她喜欢写大字，气派也很大，比我们男生写的还雄伟，这个也有浓淡墨的讲究。好，这个是我写的《雾霁》（图 43），整张四尺半宣纸写两个字，一个字大概有两尺见方，字径大约六十厘米吧！好，这也是浓淡墨的运用。

风格与特色

往下挑选一些历代作品,略作解析导览。首先,这件是怀素的《自叙帖》(图44),字体属于狂草。历代草书大略可以分为章草、今草和狂草三类,最早的是章草,前面看过的那个《急就章》就是章草,一个字、一个字独立,而带有隶书笔尾,那个笔势向右上方翘起的那种草体字。王羲之父子写的那种草体,还有唐朝孙过庭《书谱》上的草体,都是今草。今草的笔势,字跟字之间是偶有连带,而章草则是字字独立。今草比章草更解放更有现代感,所以才被称为"今草"。发展到唐代的张旭和怀素的大草书,便是狂草。这一件作品《苦笋帖》(图45),也是怀素草书的妙品。前面那件《自叙帖》,像是踮着脚尖跳芭蕾舞,提按少,粗细比较没变化;现在这一件,同是踮着脚尖跳舞而细部变化丰富,是怀素草书墨迹的极精品。

接下来,这个是于右任帮人家题签的东西(图46),你看哦,这原本是丢弃不要的,被他的家人从垃圾桶把它抢救而保存下来,现在变成宝贝。但是你看这个《重洋酬唱集》,他前后写了一二三四五六七八张,完整不完整的,光丢掉的就有八张哦,他最后必挑选了一张比较满意的送出去嘛。各位啊,于右任是七十一岁才到的台湾,他已经进入晚年成熟阶段啦,这只不过是一本书的题签,他都要这么认真,精诚可佩啊!很多人不明白,以为书家写字都是一挥而就,对方的电话一放下去,书家的烦恼才开始呢!你就是十挥百挥,累得要死,等到挑出一件交给对方,他还以为你天生神力,只不过"大笔一挥"而已。这对书家说来,不免太受委屈

一、文化篇 —— 043

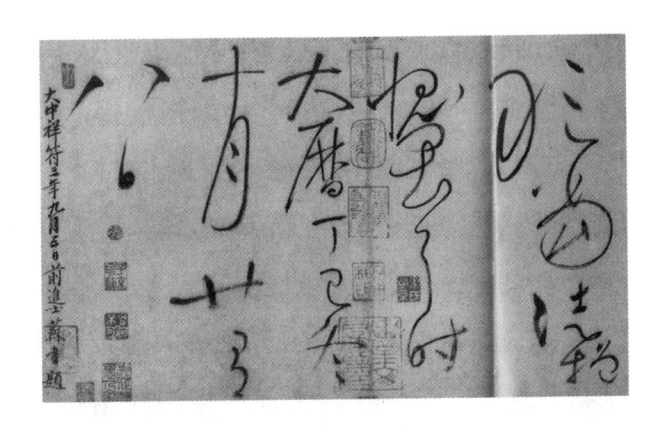

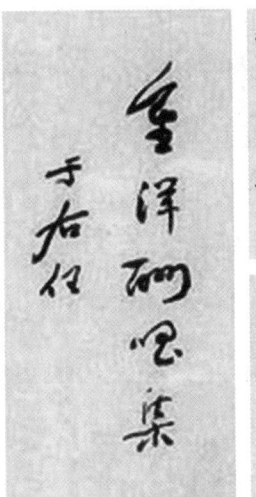

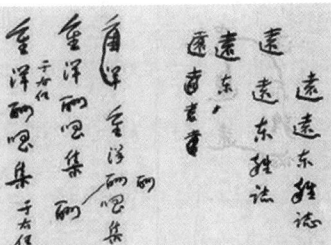

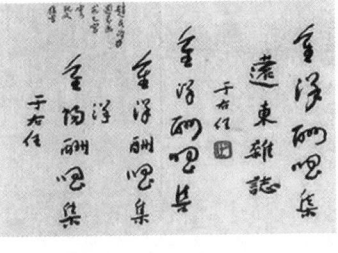

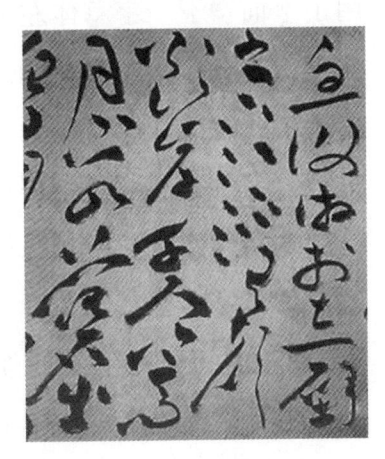

图 44
图 46
图 45 图 47

了。所以我只要听到有人用这种语气，要我"大笔一挥"，我心里就不服气，很想跟他说：你回家慢慢自己挥吧！（大笑）

这个是明朝祝枝山祝允明的作品（图47），狂草《赤壁赋》。"于是携酒与鱼，复游于赤壁之下。江流有声，断岸千尺。"你看！这个"之下"，这三个点怎么是"下"呢？草书的起源，是为了"趋急赴速"，为了时间，为了争取时效，往往把很长的笔画缩短为点状，这个"下"字，上面一横渐写渐短，最后变为一点；中间一竖也缩写成点，右下方那一笔原本就像点。所以看起来就像数学里面"因为""所以"代用符号的"所以""∴"。你说"所以∴"是"下"，那"因为∴"难道就是"上"吗？我说：正是正是。上面两点，左边第一点，是"上"的中竖变成的；右方第二点，是右上方那一短横变成的；而下面那第三点，则是"上"字下面那一长横变成的。所以啊，"因为∴"是"上"，"所以∴"是"下"。今天，我所报告的，不管其他你听懂了多少，但至少认得"上""下"这两个草书啊，"因为∴"是"上"，"所以∴"是"下"。哈哈！妙的还有呢！下面"江流"的"江"两字，左边三点水的第一点，是借用了上面"下"字草体左下方的一点，两字共享相邻的一个点，书法学上称为"借笔"。下面的"流"字，左边三点是水旁，大家容易理解；右边依序写作上一点、下一点、左一点、右一点，这原是"要不要"的"不"字草写，三点水加右边"要不要"的"不"，这是什么字啊？这个字在现代通行楷书里是没有的，但在汉碑的隶书中是常见字，是"河流"的"流"，汉字在由古篆字形转换成符号化隶书的隶变过程中，这个"流"字右半，在东汉碑刻中都衍化成跟"不"字的隶书写法同形。后来的草书，基本上根据隶书的率意省笔快写而成。这个"流"字的草法形体来源，有这样一个错综复杂的衍化经过，若不加解释，一般读者恐怕不容易理解。回到作品本身，字形结构极尽离合变动所显现的高度情趣，是它最殊胜的地方。

烂漫自在见真情

好，往下看。这个是明朝徐渭的《草书卷》（图48），徐渭，字文长，青藤老人、天池道人，都是他的别号。在科举考试方面并不顺利，一生都不得志。他才华出众，是一个有多方面成就的杰出人物，他的诗文、戏曲创作和书画艺术，连清朝"扬州八怪"的第一号人物郑板桥都非常赞叹。郑板桥曾有一方自用图章，自称"青藤门下走狗"，意思是说，即使像"走狗"般地替徐渭看门，他都愿意，可谓由衷佩服。我常说，一个艺术工作者，你得先能被感动，才能创作出可以感动人的东西来。郑板桥就有这种气派！所谓理到之言，不得不服，正因为他真有"服善之勇"，真正的具备"择法眼"啊！你看徐渭这件作品，完全打破了规整的字距和行距，虚实相生，一片天机，自在流动，像是一幅抽象画。即使你看不懂他写的是什么文字内容，但是任何人一照见这样的画面，大概都会生起一种宛如天女散花的喜乐，这个妙得很。

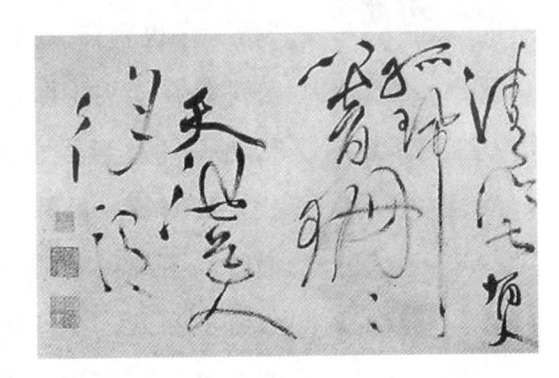

图48

反常之道

这个是傅山的一件连绵草（图49），也是狂草的变貌。古来书论家，几乎一面倒地认为，草书最忌讳的是缭绕一团，明末的傅山，却故意写成缭绕一团。可表现效果好不好呢？好得很呢！一件好的书法艺术作品，必须具备两个条件，一个是必要条件，一个是充分条件。这个"必要条件"又可分成点画、结体、气脉、谋篇布局四个层面，相应于这四个作品的基本构成元素，分别可用"涩""衡""贯""和"四字来加以检视要求。第一要"涩"，涩劲，就是一点一画具有"涩劲"的生命力，你说他涩不涩呢？答案是肯定的。看！他的线条结实、充实、饱满，绝对符合"涩"的要求。第二要"衡"，保持重心平衡的"衡"，平衡，是一种力感的和谐与安定，整个字，不管是端静的，还是变动的，都要保持重力的平衡，才有美感。各位看看，他每个字乍看像似七颠八倒，可是重心都很平稳，所以"衡"字也合格。第三气脉要"贯"，它的整个笔势都是在连绵不断运动之中，进行空间的切割和构筑，气脉当然没话说。第四要"和"，是在变化中须有统一的和谐感，各位且看看，这整个画面统一不统一啊？和谐不和谐啊？依我看来，不仅统一和谐，并且是高度的统一和谐。所以"必要条件"是可以过关的。还有一个"充分条件"

图49

叫作"新","新"就是跟别人不一样。那么,各位看看,他这个风格,有没有跟古往今来的哪位书家一样?没有。他是特异成功的自创品牌,这就是"新"。所以它虽然缭绕一团,还是成功的好作品,何止成功,更是千古不朽的杰作,这个是只此一家,傅山的。所以真正的艺术家,就是真正把握了艺术的本质性要素,同时融入了自己个性的人。傅山的这一件条幅,完全符合作为杰出艺术品的条件。

扬州八怪里面,最怪的有两位,一个郑板桥,一个金农金冬心,我选择金农,是因为他是很有个人特色的书画家(图50)。过去长期以来,写隶书,往往是横画比较细,竖画比较粗,符合一般的人体科学。我们看看所有的动物,像我们人是站起来的嘛,直式(立)的脊椎骨一定比较粗,那个横的排骨一定比较细,所以我们写的字也是一样。在金农之前,王羲之曾说:"横贵乎纤,竖贵乎粗。"横画要写得纤细些,竖画要写得粗,这几乎已成书家写字的通则。可是到了金冬心,他也是不盲从,他就来个"反常合道",推翻过去的常情,却合乎美的规律,所以他成功了,风格非常清楚,非常明显,自创品牌成功。

接下来,是台湾的一些书家,这件是丁念先所临的《礼器碑》的碑阴(图51)。丁念先是早期大陆渡台书家中,隶书写得最具特色的。此人富于收藏,曾创办《新艺林》杂志,选登碑版与文章,都是绝佳上品,可惜才出没几期就停刊了。碑阳是碑文的正面,碑阴就是碑刻的背面,谁捐的多少钱,如某某五百,某某二百五,就是直接刻在碑上,等同后世的征信。可见当时这个碑的建立,还是运用民间的劝募方式完成的。

图 50　　　　　　　　　　图 51

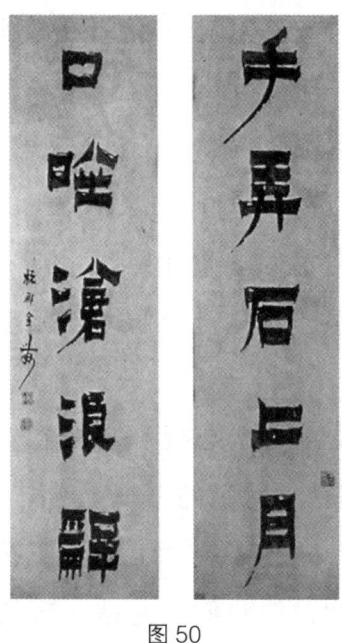

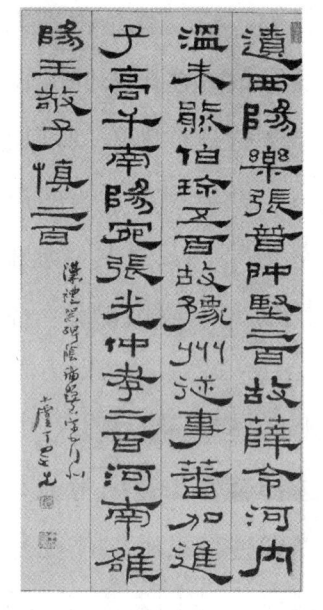

好，这个是洛夫自书新诗联语（图 52），因为用红宣纸写，图版效果不是很好。"秋深时，伊曾托染霜的落叶寄意；春醒后，我将以融雪的速度奔回。"洛夫是一个新诗大作家，他对书法也下过很大功夫，造诣不凡。我常说，在各种专业上已经有成就的，特别是读书人，有机会最好能够拿起毛笔，恢复古代读书人的那种"游于艺"的美感享受。因为写书法是文人最方便的休闲活动，你要是晚上睡不着，你可以起来写书法。你如果喜欢下棋，需要找个对手才能玩；你如果喜欢弹钢琴，你不能三更半夜去敲琴键，否则人家会说你发神经。你要是没有宣纸，可以用旧报纸替代，包装纸也可以练。再说，写书法很轻巧，用的是巧劲，不需要你太费力气。如果家里有老人，想让他多活几岁，要孝敬他，与其拿补药给他吃，倒不如把他连拐带骗来写毛笔字，他一写了毛笔字啊，我跟你讲，

图 52　　　　　图 53　　　　　图 54

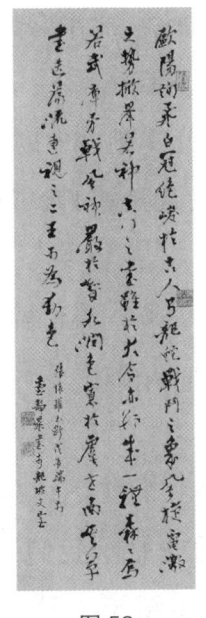

时间很好"杀",整个注意力都在笔毫尖端,一会儿中午,一会儿晚上,吃饭时间叫他,他就:"哎哟,怎么时间又到了?"不知不觉,他就可以多活好几年。总而言之,学习书法的好处说不尽,不去行动,永远不会明白其中的奥妙。

这是台静农的作品(图53)。台先生跟沈尹默、鲁迅等人,五四运动时期曾在一起,以前曾写过小说。你看他这个字,很有顿挫的笔趣。他到台湾去啊,大概总是被国民党人监视,有这些经历,他那郁闷的心情,都在点画线条中宣泄无遗。还好他写了书法,要不然哦,那一股郁闷之气没有地方出,那会闷死人的,他还活了八十几岁。所以啊,书法除了抒发你的才情以外,还可以帮助你排毒呢!

这是谢宗安先生自传自写的《隶书五言联》(图54),他是当代两岸碑学健将，字势雄强豪迈。你看，"作书无特色"，他总不能说自己作书有特色吧，重要的是凸显后面那一句"饮酒有豪情"。谢先生也是我的老师，他活到九十几岁哦，他既抽烟，又打牌，又喜欢饮酒，所有的什么老人养生法都不搭理，纯求适志，称得上是"不养生而寿"的典型人物。

壮丽河川体

接下来，快速通关吧！这是我的作品，也许有人内心里会嘀咕：你嘴巴讲得那么多，你也秀几张给我们看看嘛！所以我这就秀几张，表示我也还能写一点。（图55）这件是用"古隶"体写的。那是一九九四年，正好二十年前，我在台中省立美术馆办展览，现在叫作"国立"台湾美术馆。当时的省主席宋楚瑜先生莅临参观，后面跟着一大群记者。宋先生看到这一件，就问我说：这种字体不曾见过，有一点像篆书又有一点像隶书，这是什么字体？我说这是汉字从春秋战国以后慢慢地由篆书，带有象形性的篆书意味，向符号化的隶书转换的一种中间过渡性书体，它有篆的成分，也有隶的成分，半篆半隶，不篆不隶，亦篆亦隶，我把它叫作"篆隶合参体"，学界称为"古隶"。结果隔天，有某个大报纸，竟然赫然出现杜忠诰最近开发一种叫"壮丽河川体"的报道，雄壮美丽的河川，（众笑）逗得连我乍看那个标头，自己都搞不清楚"壮丽河川体"是什么意思，连续读了几遍，那个谐音就出来了，方才回神过来，原来是"篆隶合参体"的误译。知我者谓我心忧，不知我者谓我何求，搞不好还不免有人会误以为杜某人在那儿装神弄鬼呢！

不过，那位记者也够偷懒了，讲话的人就在他面前，他应该来问：你刚刚讲的"壮丽河川体"是不是这样？我马上就可以帮他订正，可他也没来问我，大概我一讲出来，他就被我那个新名词吓死了，就以为说："哇！你这个名家讲的，那雄壮美丽的河川哪，那还了得！"就不疑有他了。难怪孟子教人家要"说大人，则藐之，勿视其巍巍然"，我想那位记者一定不曾读过《孟子》，要不然，他应该会来问我的。不过，读而未通的人，大概也不知道要来问的。

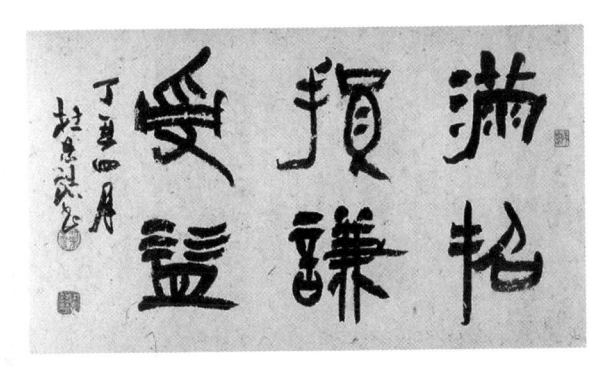

图 55

无意于佳乃佳

这件写的是《眉寿》（图 56）。这一张原本只当是草稿图，用来打草稿的，所以我率意地随便写，可等我正式书写的时候，连写了二三十张，更换了不少不同种类的毛笔和纸张，都没有一件能比这件草稿图的效果好，最后只好以草稿图上场，变成我可遇而不可求的私房精品。你看，这里是不是有一点，因为这是草稿图，原来呀那个墨汁不小心滴到纸上，也不管它。可当我决定要用它上场的时候，我就考虑该怎么处理落款问题。哎呀！这左边已经太满了，那名款就落在右边吧！但掉落的这一点怎么办呢？哦，灵机一动，那一年正好是二〇〇八年，是戊子年，就让它变"戊"字右上方的那

图 56　　　　　　　　　图 57

一点吧！朋友问说：怎么会这么恰恰好呢？我说：笔、墨、纸都是无情之物，它们没有主宰能力，是我让它们恰恰好的。所以艺术家就是解决问题的专家，就是让你所面对的烦恼问题，不要停留太久。换句话说，从事艺术创作的学习，其实就是一连串进行"转烦恼为菩提"的心智游戏训练。

好，这一张也是我写的《山鸣谷应》（图57），这一张现在在波士顿，是美国一位博物学家汉斯·古根汉姆（Dr. Hans Guggenheim）带来的一个朋友，好像是土耳其某美物馆的馆长来买走的。我脱手以后很后悔，因为再也写不出来了，山鸣谷应。好，这种创作形式是比较有现代感的，跟传统的作品不一样。因为时间已经过了，我不能多发挥。就讲到这里。很对不起，没有控制好时间，无法让大家提问题，非常地抱歉。（鼓掌）就到此为止，谢谢。

（二〇一三年三月十七日南怀瑾先生纪念活动讲稿）

生命的学问

薛仁明

（作家、学者）

开场白

早先我看了一下贵院的网站，发现以前所有的讲者都是站着讲，这让我心里有点犯嘀咕。为什么？四年之前，有一回我在台北的阳明大学站着讲之后，就发现这问题太大了。从此，我走到哪里，都有这么一个小小的"不情之请"。基本上，我还算是一个随和的人，可是，这好像变成我唯一一个小小的偏执，就是我一定得坐着讲。不是我站不了、不良于行，而是，第一个，我谈的是生命的学问；第二个，更核心，也更重要的，我谈的是中国的学问。如果谈的是中国学问的话，不管怎么样，讲者总该坐着讲。是吧？！

一开始，我先帮上一场林苍生先生（按：台湾统一企业前总裁）的讲座做些注脚。第一，我觉得林先生刚刚提了很重要的一个点，这个点在台湾较少被讨论，即使讨论了，这样的声音也会被淹没，就是所谓民主的问题。我觉得林先生说得非常清楚，五四运动以来，"民主"变成了中华民族的一个紧箍咒，一个极大的纠结；事实上，我们因民主所得之利，是远远低于因民主所受之弊的。台湾这二十年做了一个民主的试验,让岛内之人深蒙其害、深受其苦。刚刚林先生所说的,未必中听,却是实话。按理说,这样的话由我这种人来说,是无所谓的,但林先生在台湾是个台面人物,讲这种话,是会万箭穿心的。

在台湾,没几个人知道我。这不是谦虚,是事实。我在大陆最常遇到的一个尴尬,就是不少人误以为我很有名。常常会问:"哎呀,薛老师,你跟李敖很熟吗?你跟某某人很熟吗?"我只好告诉他们,我半个都不认识。我说,首先是因为我出道非常晚,六年前我才写了第一本书、发表第一篇文章。在那之前,我干吗呢?讲得好听,我是个隐者;说白了,我就是一个乡下人。我在乡下,过的又是什么生活?无非就是养家活口,再寻常不过的居家生活。我生了三个小孩,结果苦不堪言,但同时也乐不可支,除此之外,大概也就是跟老婆偶尔斗个嘴、冷个战,其实就是平常日子。我二十五岁时,只身跑去台湾的台东池上的乡下,后来娶妻生子,就一直过活到现在。我在乡下的生活状态,准确地讲,叫作"往来无鸿儒,谈笑皆白丁"。但也恰恰因为这样的状态,我今天才会有机会跟大家在这边见面。能在这边和大家结缘,大概就是因为我写的那篇文章——《南怀瑾的学问与修行》。刚刚南国熙先生(按:南怀瑾先生之子)提到我那篇文章,其中的视角,真说关键,可能就是因为我在乡下住久了。乡下住久了,有个好处,就是林先生刚才所说的,我是一个跟自然比较接近的人。老子说"为学日益,为道日损",我在乡下过了二十几年的生活,最大的受益,可能是我丢了比较多该丢的东西。正因为丢了比较多该丢的东西,所以比较容易看到事物的真正核心。

中国文化的主脉

刚刚林先生说得很清楚，中国自古以来有一个很重要的"民本"的政统，今天我们要好好地恢复。我们应该要想办法把"民本"这工作做好，我觉得现在做得还远远不够。这是第一点。

至于第二点，林先生又提了一件非常有意思的事，就是中国南北的问题。去年我在北京讲课，我跟学生特别提到，你们虽然住在北京，却未必意识到，在整个中国近代史上有一个很重要的特殊点，不知是巧合，或是刚好接上中国历史的气脉，反正，除去袁世凯不算，现任领导人是百年来整个中国第一个北方出身的领导人。这个北方出身，又重要在哪里？其实林先生刚刚已经说得差不多了。如果我们不从这个角度，而是纯粹就历史文化来讲，这样一个转变，其实是有某种的历史必然性。百年以来，中国最大的课题是什么？是救亡图存。在救亡图存之时，最迫切需要的，是南方的那种灵巧、权变与活泼，这是南方的长项。所以，从孙文到蒋介石，再从毛泽东到邓小平，一直都是南方人。这条南方的脉络，并不是偶然的。可是，到了今天这个节骨眼，中国最大的课题已不再是救亡图存，我们已经跨过那个阶段了。现在中国最大的课题又是什么？是我们要找到自己。

在眼下这个时间点，我们更迫切的，其实是要搞清楚自己，看到真正的自己。相较起来，北方纵使比起南方有种种的不如，无论物质条件、客观经济，确实都不如，可再怎么讲，北方永远是中国文化的根源，中国文化是从那边开始的。尤其北方人的那种质朴与大气，是中华民族真正的根基。今天我们要在这个时间点找回中国文化的主脉，恰恰这样一个北方人出现，就某种程度而言，还真不完全只是个巧合。

我曾在《南方周末》提过,这一波的国学热,最核心的原因是什么?其实是中华民族经过了一百多年的苦难,到了这十几年,已然确定站稳脚跟,找到了民族自信之后,最麻烦,也最重要的问题就蹦了出来。什么问题?"自信、自信",那么,你的"自",到底在哪儿?你口中的自己,又到底是谁?如果你连自己都搞不清楚,所谓自信,当然是假的。所以,国学热最核心的原因,其实是当我们整个民族有了自信之后,每个人或多或少,或自觉或不自觉,心理上都有着这个需求。

在这股国学热之下,目前有很多人在读书,许多人在学习,但同时,也出现了非常多的问题与误区。正因为这种种的问题与误区,所以,才会有我们今天这个题目——《生命的学问》。

中国人生命状态之学

昨天之前,我连续五天待在深圳,在民间一所华德福学校帮该校的老师与家长上了一星期的《论语》跟《史记》。一开始,他们学校的校长跟我说:她一直很困惑,国学到底是什么?难道只有四书五经才叫国学吗?昆曲、京剧算不算国学?书法算不算国学?她觉得,按理说,四书五经最有资格算国学,可是她每次听那些谈四书五经的学者说得口沫横飞、冠冕堂皇,却总是一边听一边打盹,几次下来,就不禁怀疑:如果国学都这么没生命力、没真实感,那么,我们真是不要也罢!这些学者口中的四书五经,都只是一些概念、一些名词,甚至只是一些教条,跟我们的生命几乎没啥关系。

但如果这不是国学，那么，我们要的，到底又是什么？

结果，我第一堂《论语》课上完之后，她兴奋地告诉我，她终于知道什么是国学了。讲了半天，国学就是中国人的学问嘛！那么，中国人的学问又是什么？就是让人能清楚知道中国人的生命状态，那就叫国学。

整个中国传统的学问，说到底，其实都是这样的生命的学问。可不幸的是，今天这样的学问，由于太多不必要的条条与框框，却搞到充斥着各种误区。尤其在大学里面讲中国学问，不管是中文系、历史系、哲学系，都被学院里的学问体制异化了。

去年三月，我第一次来恒南书院，隔天，去了市区，接受一位记者的采访，采访时，记者提到以前在复旦读研究生时，只有一门课真正受了益。这一门课是什么？是有位老师带着他们读经典，没啥讲解，也没啥分析，尤其从头到尾没任何学术名词，读罢，只是直接问研究生：你们的感受是什么？你们有什么体会？课上得很慢，没有任何形式的争辩与讨论。记者讲这事时，我问她：这位老师开这样子的课，学校答应吗？她说：老师似乎跟学校博弈了好一会儿，学校基本不太赞成。接着我又问：这个老师升等怎么办？毕竟，这是最实际的问题。结果，答案是：这个老师已经放弃升等的念头了。我当下的反应是：这个老师怎么这么特殊？结果，记者说道：这个老师是南怀瑾先生的学生。

国学与大学体制扞格

这件事最大的症结，是我们目前的大学体制与整个中国生命的学问有着最本质的扞格。同样是今天这个题目，去年四月我在北大讲了一次，后来因澎湃新闻网整理了出来，反响较大。反响之所以大，其实也是因为这场讲座触碰到目前中国大学的一个病灶，就是今天大学的构想，根本是建立在西方学问的思维之下。如果用刚刚林先生的说法，大学基本是逻辑思维的产物。可是，中国学问的本质并非如此。这使得中国学问只要摆在大学里面，就必然会被扭曲，必然会找不到着力点。所以，为什么在大学里面谈中国学问的老师都很苦？因为他们找不到真正的着力点；他们平常做的事，多半不是他们真正想干的事。可是，整个学院体制却逼得他们只能往那边走。最后的结果，就是在这种地方学问做得越久，离真正的中国学问反而越远。所以，我那篇《南怀瑾的学问与修行》有段话说，南先生跟学院里那些批评他的学者，"本是迥然有别的两种人；所做的学问，更压根儿不是同一回事"。今天最大的麻烦是，学院的学问毕竟仍是社会的主流，已被认可，在这样的体制之下，中国学问就很难有存活的空间。做中国学问的人在里面，最后就会变成（讲得很难听的话）"求生不得，求死不能"，处境很难堪。如果真要在那个体制里被认可，就一定得做某种程度的扭曲；扭曲到最后，便免不了产生根本的异化。

台湾这几十年来谈中国学问，除了像南先生在民间谈之外，在学院里面，影响力最大的，可能是牟宗三先生。牟先生的新儒家系统在学院里影响力很大，但问题是什么？他们出了学院，几乎完全没有影响力。所有牟宗三的弟子里，只有一个人有影响力，叫王财贵。因为他推广读经。可是，王先生推广的读经运动，说实话，跟牟先生的道德形而上学还真是没啥关联。牟先生的道德形而上学符合学院的体制，逻辑极度严密，他把康德的哲学跟中国的儒释道三家做了糅合。结果呢？新儒家学派不仅在学院里立稳了脚跟，甚至还取得了空前的学术成就，可以跟西方哲学相抗衡。这当然没错，可问题是，牟先生所谈的儒释道后面真正的生命能量却从此也慢慢不见了。牟先生的徒子徒孙，只能一个个困守在学院里面，写写论文，开开讨论会；他们所谓的"坐而论道"，说白了，不过就是一小撮人的空谈罢了！一旦走出学院，基本上没几个人理会他们。更麻烦的是，他们一出学院，几乎也不太有办法跟一般人说话，因为没有几个人听得懂康德的哲学语言。所谓儒家，竟然没办法跟一般人讲话，对于社会也几乎零贡献，真不知这叫哪门子的儒家？可在概念上，他们却有办法说得天罗地网、严严实实，啥问题都没有。这样子的学问，牟先生也觉得自己的学问是生命的学问，因为谈的都是儒释道，可实际上，真正落实到生命里去，就未必是那回事了。

真正生命的学问与圣贤的学问，又是什么？记得上回十一月的时候，我在北京见了中华博学院的王院长。王院长提到他创的中华博学院招收的条件，不管是本科、硕士还是博士，只要到中华博学院，最少要读七年的书。不管以前在外面怎么牛，反正到了那儿，一切归零。王院长说道：我们中华博学院的毕业生，将来要有能耐到菜市场去跟市井之徒将圣贤之道说得清清楚楚。他这话说得非常好。隔天，我给北京辛庄师范的学生上课，转述了王院长的话，说道：王院长这话说得极好，大家要谨记在心；不过，我们辛庄师范还要有个不太一样的地方：我们除了有办法对菜市场的市井小民把圣贤之道给说清楚之外，还要有能耐在这些市井小民的身上直接读到圣贤之道。这个是另外一种生命的大学问。但是，不论是中华博学院，或者是我所说的辛庄师范，共同的前提是，读圣贤书也好，儒释道也罢，都要有能耐跟一般人讲得上话。如果没有能耐跟一般人讲话，这学问多半是假的。可是，你看看现在我们大学里面那些"做中国学问"的博导，又有几个人有办法到街上跟一般人把圣贤的生命状态传递出去呢？很少吧！

今天这些"做中国学问"的博导的窘境，当然是来自学院里的西方体质。早在数千年前，西方一直就是二元思维，一直有着主观与客观、神与人、善与恶等鲜明的二元对立。他们在面对学问时，始终对于客观学问、客观知识有着强烈的追求。在追求学问的路上，他们认为必须把所谓的主观思维彻底抽离，这种客观学问才真实。这是西方的思维，也是目前大部分学院的基本思维。大家都知道，如果在大学里面，不管是历史系、中文系、哲学系，只要写论文，一定得不断地引用别人的话，论文里面不能出现"我认为怎么样……"，尤其是"我的体会如何如何……"，更不能有自己的亲身经历与生命感受，对不对？换句话说，学问要跟自己越没关系越好。这是西方学问的根本体质。

然而，中国学问从来就不是这个样子的。中国学问是什么？是有真人，才有真学问。我必须清晰地看到你的人，才能够知道你讲的学问到底是真是假。没有人的学问，那就是假的学问。孔子对子贡说："先行其言，而后从之。"我得看到你做，得看到你的生命状态，你所说的话对我才有真实感。至于没有人在后头保证的道理，中国人则会称之为"戏论"。大家看不起的！

从一开始，中国学问跟西方学问的切入点，就是完全不同的。

所以，我去年在北大谈了三次这个问题，最重要的一个论点，简单说，就是中国学问应该从现在的大学体系分出来。我们不要急着说"中西融合"，得先把我们的"中"给找到再说。现在很多人连"中"是什么，根本都搞不清楚，却每天在讲"中西融合"，大家不觉得这有种根本的错乱吗？

时至今日，我们应该先回头把自己给彻底搞清楚，然后再来思考如何与西方嫁接或者转化。这里头要有个本末先后。等我们把自己给搞清楚了，会发现有些东西可以嫁接，有些东西能够转化，那当然很好。但有些东西，我们得承认，事实上是嫁接不起来的，这时，我们就只能各行其是、相互尊重即可。真兜不在一起的东西，就别勉强。毕竟，孔子早有明训——"和而不同"，我们得承认天底下很多东西根本就是不同的。在这样的思路之下，中国学问就得和现今的大学分个家。我们把大学留给西方学问或者现代的实用学问，这没问题。分家之后，再另外成立一个体系，中国得办几所真正讲中国学问的学校，称为"书院"也好，另外想个名字也行，总之，中国学问得有个栖身之地，不要搞到今天这么可怜，偌大一个中国，竟没有一个地方可以好好谈谈中国学问。这是眼前最根本的大问题。

《论语别裁》气象大

谈起生命的学问，就不得不提南怀瑾先生。昨天我在深圳上最后一堂课，几天下来，学生有了些感觉，也有学习的热情，提出要我推荐现代人写的一些书。我说：你们去读读南先生的《论语别裁》吧！南先生《论语别裁》的好处，就是雅俗共赏、老少咸宜；

不管以前有无底子，多少都可以从中受益。这时，有个底子算是比较好的学生提问："可是，《论语别裁》里面很多细节问题很大啊！"我反问他："你又不是要写博士论文，管他细节有没有问题？！"

关于《论语别裁》里面的细节问题，我的态度可能跟在座的南门弟子不太一样，基本上，我不会帮《论语别裁》里面细节的问题做辩护，我认为南先生就是说错了，没什么好替他辩护。我不喜欢"啊，那是他的讲课录嘛"诸如此类的说法。我这么说，大家肯定听了不舒服。但我的想法是，错了就错了，我们不必为长者讳，因为，有错没错，压根儿就没那么重要！

我跟深圳的学生说：细节的错误是一回事，但是，你们读了南先生的《论语别裁》，肯定会觉得很开心，就好比上我的《论语》课，上完之后，常常觉得胸口一开、神清气爽。我说：这有一个共同的原因。原因在哪儿？我们都很会"扯"。只不过我"扯"的方式跟南先生不太一样，南先生"扯"得大，我比较小。我是从具体的生活的点点滴滴"扯"起，"扯"到这些学生都跟当下联结了起来，很有真实感。至于南先生的"扯"法，则是"上下五千年，纵横十万里"，海雨天风，熠熠逼人呀！正因为会"扯"，在这"扯"的过程里，即使记忆力再好的人，总会有些东西记错了，许多的细节，就难免会牛头对上了马嘴。这其实再正常不过。记得昨天晚上我刚到贵院，这里的主人李慈雄院长对着几个客人稍微介绍了我，在介绍的过程中，我发现他所说的好几个细节都出了问题，但是，他对我整体状态的勾勒却完全是对的。我想，这其实是一般人对事物掌握的正常状态，"君子取其大"，我跟深圳的学生就明白地说：除非你要写论文，要做个学究，否则，你管细节对错干吗？

撇开了细节，真让我说，《论语别裁》真正的分量，是在于两个字——气象。在当代所有谈《论语》的书里，能以那么大的气象来对应孔子如此大气象之人，说实话，非常少见。《论语别裁》的分量，正在于气象非常大。当气象大的时候，自然是"出入可以"了，孟子说的，"言不必信，行不必果"，小细节别太计较，否则，就容易因小失大。

在深圳的第一堂课，我特别地跟他们说，孔子的了不起，就在于他的气象很大。大家看看他早期的三大弟子——颜回、子贡、子路，三个人是三种截然不同的人格典型，完全不一样的，对不对？一个老师能够把三个这么杰出可是又截然不同的人搞到服服帖帖，这意味着什么？意味着这个老师的气象一定非常的大，才有办法这样"海纳百川"。从这角度来看，南先生了不起的地方也在这里：单单看南门的弟子，五花八门、三教九流、五湖四海，甚至，还有一些人根本就是善恶难分呢，对不对？这才是了解南先生的大关键。以南先生那样子的生命气象去看孔子时，所立的高度，当然与那些窝在书斋里又整天关心枝枝节节问题的学者完全不同。所以，《论语别裁》其实是作者在看一个跟自己生命状态很接近的人，看着看着，忍不住说道：哎呀，这老头好厉害呢！只有高手，才会看到高手之所以为高的地方；至于那些普通人，大概就只能永远仰着头看，把任何东西都做圣义解；明明孔子错了，也硬要把他讲成是对的；这样一切做圣义解之后，反而慢慢把孔子的内在生命力给萎缩了，变得没说服力了，最后，就只剩下说教。同理，南先生的了不起，完全是因为他的气象与高度；至于那些细节的对错，压根儿就不需要在意。

"神"的真实

关于这点,我体会特别深。我在大陆出版的第一本书是《孔子随喜》,谈孔子;最近的一本书,则是谈《史记》。我越读《史记》,就越觉得司马迁真是神乎其技。他太多地方都是以假作真,假作真时真亦假。很多细节,其实未必禁得起推敲。一看,就觉得有些可疑。譬如当初刘邦看秦始皇出巡的阵仗,喟然叹息曰:"大丈夫当如是也。"而项羽看到秦始皇去浙江,则是言道:"彼可取而代也。"奇怪,这个细节司马迁怎么知道的?当时项梁明明把项羽嘴巴捂住:"你别讲,否则会被抄家灭族。"这样的话,后来又怎么辗转传出的呢?对不对?更难说得通。项羽垓下被围,最后出现了整篇《项羽本纪》唯一一个女人——虞姬。项羽慷慨悲歌,歌数阕,虞姬和之。后来项羽冲出,结果在乌江边自杀。项羽跟虞姬慷慨悲歌那一段,算一算,也就几十个字;真正写到虞姬的字数,就更少了。结果短短那几句,却使得虞姬永垂不朽。但是,项羽跟虞姬两个人慷慨悲歌的这个细节,凭良心讲,到底谁知道呢?按理说,虞姬与项羽都自杀了,项羽旁边人应该也全死光了,最后唯一的活口,大概就是那匹乌骓马吧!如此一来,这个细节又到底从何而知?因此,我们可以合理地怀疑,司马迁有可能是杜撰的。但是,司马迁的了不起,就在于即便他是编的,却编得比真的还真。透过这么一个可能是杜撰(至少,也是添加了想象)的细节,三两笔,就把项羽的整个生命气概给勾勒出来了。

一般三流的历史学家,是写"形",可能写的每件事都是真的,可看完之后,我们对那个人却是模糊的。至于司马迁,外表上似乎真假难辨，可他却能够一下子就写到人物的"神"，碰到人物的灵魂深处。如此一来，假的又如何？同理，大家其实不必再去纠结《论语别裁》里面细节的对错，无所谓，错了就错了，有时候，错了才更好。一个人讲课如果讲到任何一个细节都没有错误，这人讲课一定很无趣。人生本来就是要有一点缺陷，有些缺陷才更真实，也更动人，对不对？

《论语别裁》的真分量，跟今天学院里斤斤计较的那些东西完全是两回事。《论语别裁》谈得并不客观，有些细节也错了，而今天学院一直反复强调的，恰恰就是客观与真实。可是我们要清楚，在中国式的思维里面，真实有两种：一种是"形"的真实，另外一种则是"神"的真实。今天如果有办法勾勒出"神"的真实，那是不是才是更大的真实呢？又何必去斤斤计较那些枝枝节节的东西呢？也正因如此，学院里面的学者所谈的那些中国的学问，纵使每一句话当真都没问题、都有凭有据，可说了半天，又有几个人真把他们当回事呢？

"生命的学问"根本在格物致知

中国的生命学问的根本，准确地讲，其实就是《大学》讲的四个字——格物致知。从格物致知这个地方开始，西方学问就与中国分道扬镳了。什么是"格物致知"？如果从历史来看，似乎是一言难尽。当年从朱熹到王阳明，不就为了这事，讨论到天花乱坠、各说各话、谁也不服谁吗？我的感觉是，许多事情谈得越多只会越复杂。大概因为我是个乡下人，我读书到后来，越来越觉得事情根本没那么复杂，是后来大家把它搞复杂了。所以，后来我读书越来越不喜欢读注释，我最喜欢读的是王财贵先生那种读经版本，没注释，且字很大，看起来很舒服。不看注释，好处是我们可以直接跟经典素面相见，少掉许多无谓的纠缠。当然，我们读经典还是可以参考注释，但重点是别因为老看批注，纠缠于此，最后变成了"死于句下"。

我自己对"格物"的看法是：格者，来也；物者，对象也。所谓"格物"，就是对象已不再是对象，而是来到了你这里，也就是说，你跟这个物已经无别、没有隔阂；这样的"无别"与"无隔"，就是"格物"。当"物"还是个对象，还有所隔阂时，就没有真正地"格"。换言之，当你看到事物的本质，跟它没有隔阂的时候，就是"格物"。

去年我在北京辛庄师范上课，有一个学生底子特别好，二十几岁的小男生，熟习经典，饱读诗书。我本身记忆力很差，许多话都只能记个大概，每回我讲第一句，第二句通常都还得想一会儿，这时，他就有办法轻松地把后面的句子一下子给接下去；那种状态，简直就近乎"百度"。这个男生不仅记忆力好，也很会读书，理解力还特别强，年纪轻轻，就有办法在外面做讲座。很多人，尤其那种小女生，看到他讲课，还会眼睛放光。结果，我跟辛庄师范的学生上了一年课，被我批评的，却只有这个人。为什么？去年四月我上头一期课时，发现他的天分与才识确实都很好，而当时他那些三四十岁的同学，因为比他年长，所以都当他是弟弟。每天大家喊着他，一听，就很亲昵。结果我六月再去时，发现好像有一点变了。等九月去上第三期课时，感觉就不太对，大家开始跟他疏远，有距离了。为什么？因为他太有学问，太多才华，结果这学问与才华反而变成了他跟别人产生隔阂的原因。

事实上，如果因为你有学问、满腹经纶，反而与人产生了隔阂，就本质而言，这是完全矛盾的。毕竟，为什么我们要有学问呢？不就是为了了解自己、了解别人吗？"知人者智，自知者明"，说到底，学问也不过就是自知与知人，也就是于己、于人"无隔"，可是学问发展到最后，却容易误入歧途，反过来变成跟自己、跟别人都产生了隔阂。正因如此，我后来就批评这个小男生：如果你的学问再这样子做下去，会走进一个越来越大的误区，只会让你的生命不断地异化。

学问其实是"致知"之事，"致知"的根本，则是"格物"。我这学生就是忙着"致知"，也得意于"致知"的本领，忘了"格物"，离"格物"的本怀也越来越远。"格物"是先以感，然后做到《易经》所说的"感而遂通"。一般人如果能先"感"后"通"，那就厉害了。"感而遂通"基本上就是"格物"的状态。"格物"基本上就是凭着感，凭着直觉，不假思维，不假逻辑，用生命状态去直接触动。如果能够这样"一超直入如来地"，打到要害，那就是最高级的格物。大家知道，禅宗最大的本领，其实就是格物。所以有些禅师，像慧能一辈子没读过书、没啥知识，却能将事情看得如此之透，就是"格物"的本领。反倒是后来的儒家，整天忙着做学问、忙着致知，格物的本领有时却退化了。结果读书越多，反而越没办法碰到核心；读书越多，反而与人越加疏隔。这并非一般所谓的"反智论"，而是学问本来确实就容易产生这样的危机。

如此一来，我们就要问：既然学问容易产生这种危机，那么，有了"格物",不就行了?又何必无事惹尘埃,特别去"致知"呢?这原因在于,所有的感与直觉,一旦时间久了,就有可能出问题。有些东西,你一时之间感觉特好,可如果无法把这东西做个理论的自觉,设法说出一个所以然来的话,这东西肯定还是会出状况的。换句话说,"格物"就是"知其然","致知"就是"知其所以然"。你单单只知其然而不知其所以然,最后还是会出问题的。

举个例子,去年四月我在北京上课,早上先上两小时的《史记》,然后有一个小时带学生看看京剧、听听戏曲。有一回,听了一段历史录音,一九六六年以前的,我提醒这些学生,请他们留意,每回在过门的时候(过门就是舞台上的演员暂时没戏,只听到京胡在后头拉着),这些一九六六年以前的京胡大家,常常会拉着拉着,有些音似乎走掉了,有趣的是,每次走的音却都走得挺准,也都走得很好听、很厉害。等"文化大革命"结束之后,有这等能耐的琴师就变少了;琴师开始把每个音都拉得很精准、很确定,可惜,无趣。这就像我刚刚所讲,一个老师如果把《论语》讲到每一句都有凭有据、啥问题都没有、完全禁得起学院学者的字斟句酌,通常,这个课大概也没多大意思了。一九六六年以前的京胡大家当然可以轻易把每个音都拉得很准,可是,他们偏偏就要将某些音稍微偏离一下,让人感觉意外,心生悬念,然后一下子再拉回来,这种音就特别自由而充满弹性。听个一两次之后,会感觉特别好听,特别耐人寻味。等"文化大革命"结束之后,后来的琴师之所以渐渐没能耐这样子拉,原因又在哪里?原因就在于以前琴师这样子拉,本身并没有太多理论的自觉,没办法说出个所以然。对他们而言,可能就只是以前老师这么教,或者他会告诉你:你不觉得这样比较好听吗？但背后真正的道理，那种中国音乐根本的出入自在、游戏变化，他们却未必能说出个道理来。后来等到中国音乐学院、中国戏曲学院那一套受西方美学影响的音乐标准定于一尊之后，他们每个音就统统拉得很准，然后我们的戏听来就越发无趣了。事实上，除了京胡之外，中国人以前在音乐、戏曲很多丰富得不得了的细微之处，后来也都慢慢不见了。为什么？因为理论出问题了。大家被西方那一套理论给罩住，从此没了主心骨。没了主心骨，我们就变成啥都不是；老是以别人的标准，看自己怎么都不对劲儿。所以，我们除了知其然，还得要知其所以然。除了"格物"，还得要"致知"。当我们凭着感受、直觉，发现一个东西之后，接下来还得弄出一个道理，想出一个所以然来，这就叫学问；学问的本质，就是"致知"。

有"致知"无"格物"之病

"格物"与"致知"的关系厘清之后，我们现今学院体系最核心的病灶就清楚了：他们的"致知"，没有"格物"的基础；他们跳过了"格物"，整天忙着"致知"；这样的"致知"，就成了失根的兰花；最后人在里面待久了，难免会失去根本，感觉不踏实，甚至会得抑郁症。学问没有"格物"的基础，当然会塌掉；这种失了根的学问越多，反而越容易成为生命的负担。

关于这一点，我自己有切身之痛。当年我第一志愿填台大历史系，或许是被司马迁给打动了。司马迁讲"究天人之际，通古今之变，成一家之言"，这话说得多动人，对不对？结果，我进了台大历史系，老师却开始教我们怎么写论文，教我们学会客观分析，不能有自己的感觉，不能有自己的体会，写东西不能有那么多的"我"。不能有我，当然，也不会有"天"。学院里面压根儿就不谈"天"的，为什么？因为"天"没办法被客观分析，没办法被逻辑思维。如此一来，我读得越久，发现跟当初期待的越远。最后只能越来越烦躁，越来越不安。

今天我们这时代之所以浮躁，原因当然很多，但问题的核心之一，就在于我们的学问体质出了问题，使得我们都远离了那种原该可以滋养人的生命的学问。这种可养人的生命的学问，必须要建立在"先格物，后致知"，也就是"先感后知"的基础上。这样的格物，首先，就必须重新好好地生活，真实地感受，实际地去领会山河大地的一切有情。

我们现今的教育，当然不只是大学出问题，而是从小就开始误入了歧途。有一次，我去长沙开讲座，有朋友跟我说道，他孩子小学六年级，有一次老师问道："各位小朋友，你们看过桃花的，请举手。"这问题已经够可笑，但结果才真是骇人听闻：全班只有三个人举手。在长沙读到小学六年级的小孩，全班只有三个人看过桃花，这是完全不可能的。长沙又不是台湾，台湾的桃花可能还比较少见一些，对不对？尤其是南台湾的平地，基本看不到桃花，因为太热了。但在长沙，桃花他们肯定看过，那么，为什么只有三个人举手？很简单，他们不是没看过，而是他们根本就视而不见。

以前我在中学教书的时候，曾经某年的一月份，梅花盛开。台湾梅花开得早。在我去学校的那条路上，有一整排的梅花整整盛开了一星期，虽谈不上多漂亮，但以台湾的标准来说，算挺好了。那星期我每天往返经过，总闻得到梅花的扑鼻香。过了那星期之后，有次提起上星期校门口那一排梅花开得多么好，结果我说的时候，所有的学生都是一脸困惑地看着我，那潜台词是："有这回事吗？"我只好问道："你们没看到？"结果一问，全班只有两个人看到。最后，我只好苦中作乐，取笑他们："哦，原来你们有特异功能，都能够闭着眼睛骑单车！"整整一星期，他们每天就这样骑来又骑去，可就有办法这样视而不见，闻而不问。

他们从很小开始，就被教会花有雄蕊、有雌蕊，花是生殖器官，花有花萼、有花瓣，这种花有几瓣、那种花有几瓣，学会了很多关于花的知识。可是，我们的教育却从来没有教他们好好地去看一朵花。我们从很小的时候，教育就是这样子的知识中心，抽离了感受，没有格物的基础。最后，小孩当然越教问题越大；长大之后，难怪有那么多人要得抑郁症！

我在北大开讲座时，感受最强烈。通常在北大，是本科生的脸比硕士生的脸好看些，硕士生的脸又比博士生好看一点。为什么最后博士生的脸最纠结呢？很简单，因为整个学问的架构就是逼使人不断地抽离实际的生命状态，所以，人就离该有的生命状态越来越远。最后学院的学问本身，变成不是养人，而是在折磨人、耗损人。

本立而道生

今天待在学院做着这种扭曲的学问，大部分人是为了工作，不得不如此呀！说实话，我是深知其苦的。但是偌大一个中国，总应该有一些地方可让人做一做健康的学问吧！健康的学问怎么来？是建立在格物的基础之上。从这个角度看，我们就能知道，为什么很多人明明谈着国学、标榜着生命的学问，却依然会出问题。因为这些人尽管嘴上谈着中国学问，可是看不到他们的生命状态。他们依然把国学当成一种知识，而不在意学问后头的生命气象。这样子的国学，说实话，只不过又给小孩另外一些知识罢了！这些东西依然是养不了人的。这样的东西不是中国的学问，也不是生命的学问，而是披着中国学问的外皮，骨子里还是西方的所谓客观知识。这个症结如果没有突破的话，整个中国文化的复兴，仍旧只是一句空话！

从这个角度来讲，不管是恒南书院，还是整个中国遍地开花的书院，当务之急，就是要把真正的生命学问的本质给确立下来。"君子务本，本立而道生"，我们把生命的学问的根本建立之后，将来再回馈到体质内，这是一件大工程。这也是刚刚林先生所提到的那个更宏观的东西。

一旦确立学问的根本，我们就能心平气和地看待读书这件事。宋代以后，读书的重要被无限夸大，朱熹曾说："人生唯有读书好。"读书人也常说："三日不读书，面目可憎。"我常常批评，这种话纯粹是读书人的自大。你看民间很多人一辈子没读过书，人家的脸可好看了，对不对？反过来说，许多整天读书、忙着报选题的博导、硕导，不少人的脸还真纠结呢！真要说，那样的脸才真是面目可憎，对不对？所以根本的问题是：你读的是什么书？又是怎么样地读书？这才是根本的问题。我们不是否认读书的重要，而是倡导应该要意识到读书这事原是两面之刃，有其有限性的。任何事情，我们总要意识到有限性，才有办法发挥有效性。我的目的只是提醒大家不要把读书这回事讲得那么绝对。

再上一堂"生命的学问"课

讲到最后,有人就会问我:那到底要读些什么?我每回都会笑着说:我自己年过三十之后,变得越来越没学问,到后来,我已经"退化"到"以貌取人"的地步了。我后来看一本书,基本上不像一般学者所说的先看序文,也不看目录,直接就先看勒口的作者照片;像相貌这样子的,肯定可以看(指着南师照片)。这听起来是最反智的说法,可是却也是最接近核心的说法,对不对?

大家知道,现今有多少人是读书读坏的?除了学院里头之外,尤其像文艺青年。大陆这几年有一个很有趣的变化,早些年,公共知识分子原是一个正面的词,这几年,却变成一个负面、充满讪笑意味的词;紧接着,文艺青年也一样,所谓"文青",似乎也慢慢有些贬义。这种转变,很有意思。按理说,文艺是件好事啊!可是后来"文青"为什么变成一个负面的词呢?因为的确有不少人接触了文艺之后,生命状态不仅没变得更好,反而变得更差。

记得上回台湾有一位长我十几岁的女作家打电话给我,说道:哎呀,某某人(台湾知名作家,姑隐其名)的小说,最近那么红,我很认真地读,怎么读到后来就读不下去了呢?我的回答是:你读不下去就别读,你以为那位小说家有多伟大啊?没有一件作品伟大到你读不下去还得硬逼着自己读,只有还在文艺青年状态才会傻乎乎地干这种事。三十岁之后,我们读书就是为自己负责,就是为了增长智慧。那位小说家作品中让人很纠结的、很扭曲的东西,刚开始读时,当然会很刺激、很过瘾,好像看了好莱坞电影一样。可问题是,看完之后,你人不会比较舒坦嘛!看完之后,如果变得更纠结,那么,你读它干吗？别人说他伟大，那是别人的事，跟你不相干嘛！

事实上，到底怎么读书，我还有一个更直观的做法。假使你读一本书，别急着先读完，因为书如果有问题，等读完之后，问题就大了。了不起先读个十来页，就行了；读罢，把书盖着，照一下镜子。这个很直观吧！一翻两瞪眼，对不对？如果发现，唉，奇怪，怎么不由自主就皱起眉头来？哇，那问题就大了，你肯定中了书毒，赶紧把那本书丢掉，不，赶快把它烧掉！因为丢掉还有人会拿来看。当然，对着镜子看自己，有时候也未必很准，那么，还有一种更直观的方法，就是读完书之后，看一下旁边的人。怎么判断？很简单，如果你看旁边的人，比之前看得更顺眼，基本上就没有问题了。如果你看旁边的人，越来越有一种愤世之感，那么，你就中毒了。最后，更直接也更简单的方法是：回家看另一半。这最准。为什么？因为我们看另一半的时候最容易起嗔恨之心。平常我们都会用放大镜看着对方的每一个毛孔，因此最容易看不顺眼的，不就是另一半吗？对不对？这个最直观、最没学问，可是，也常常最准确。

学问这事，本来是要把我们的生命给打开，可是我们常常读着读着，就掉进许许多多的误区。今天在这一个多小时里，我们无非是把学问的真正本质做了一个简单的澄清。最后，我想到刚刚提到的那一位上海记者，当她采访完毕，在报纸发表之时，下了一个标题，这个标题下得很好。她说："我们太缺乏一门叫作'生命'的学问。"今天我就讲到这边。谢谢大家！

（二〇一五年三月二十一日南怀瑾先生纪念活动讲稿）

孔子思想是当代西方文明提升的方向

吴琼恩

（中国政法大学台湾研究中心主任、特聘教授）

各位先进：

今天我在这里做这个演讲，说实在的很不敢当。因为南老师的冥诞，我有责任义务把跟南老师三十多年以来的学习心得在这里跟各位报告。因为我长期以来从事学术工作，难免有一点掉书袋子，请各位原谅。

反对科学主义，不反对科学方法

我一直从科学哲学的角度来研究学问，我认为科学并不是在追求真理，科学顶多是接近真理。所以我们要运用科学的方法，但是不可以把科学过度地膨胀，如果那样的话，那就是科学主义。我们反对科学主义，不反对科学的方法，这里面有很深的学术思想，必须要跟各位报告。但是，我个人的学问有限、思想有限、经验有限，如果我有些批评、批判，有不对的地方请各位原谅，都是学术上的观点。为什么这样讲呢？世界知名的科学哲学家卡尔·波柏

（Karl Popper）讲过一句话："科学不是在追求真理，科学顶多是追求接近真理。一个科学的命题，百分之百正确的命题是重言反复。"重言反复就是废话。这一张桌子就是桌子，百分之百正确，这个就不是科学命题，这是废话。所以一个科学的命题，必须要有可错性，可证为误性，可以证明它是错的，你消除了错误，使这个科学的命题逐渐接近真理。

一六四二年诞生了牛顿，牛顿去世的时候，英国人很得意啊，他们说："伟大的牛顿，你发现了宇宙的真理。"现在不能这样讲，牛顿当然了不起，但是到了二十世纪，他的科学观、世界观完全被爱因斯坦取代。牛顿运动三大定律，他的科学研究到今天还是有用的，只不过它的范围是有限的。宇宙那么大，你好意思说它就是真理吗？

当代物理学世界观与中国儒释道思想相通

爱因斯坦起来以后，他转变了世界观，在学术上的名词叫作"paradigm"，大陆翻作"范式"，台湾翻作"典范"，都一样的意思，都是"paradigm"这个词。这就是说，我们观察世界的方式已经转变了。刚刚周瑞金先生提到了朱清时校长的科学观点，我非常地高兴，非常地赞叹。还有杨振宁也讲到当代的科学观点，跟我们这个佛法已经很接近了，杨振宁可能没有研究佛经。以南老师的话，应该是佛法，我们不讲佛学，讲佛法。

那么这个世界观怎么转变呢？爱因斯坦的"相对论"取代了牛顿的"时空决定论"，二十世纪二十年代，量子理论的心物一元论取代了牛顿的科学典范的唯物论。我们从这个"典范"的观点看得很清楚,马克思是十九世纪的人,他的唯物论就是牛顿的典范之下的产物。一九七七年诺贝尔化学奖得主普利高津(Prigogine),他好像来过中国,他的混沌理论的非线性思考,就是曲线的思考方式,老庄、道家的思考方式取代了西方人的直线的思考方式。Prigogine 在一九八四年出了一本书,叫作《混沌中的次序》,英文本第二十二页讲了一句话:"越是当代物理学的世界观,越是跟中国传统儒释道思想是相通的。"然后他在二十二页引用了《庄子·天下篇》的一段话,说他的混沌思想跟中国的道家,尤其是庄子的思想是相通的。这是他一九八四年在《混沌中的次序》中写的,大陆有中文翻译本。所以二十世纪的世界观、人类的世界观已经在转变了。转变得怎么样啊?越是当代物理学的世界观,越是跟中国传统儒释道的思想相通。这个话不是说我们在这里自抬身价,说我们中国人怎么了不起,不是,这种讲话在西方国家已经多得不得了了。其实我接近南老师那么久,他老早就讲了。但是我到国外念书的时候,才慢慢体会到这个,这是让我们中国人慢慢地对自己的文化有信心。

大家都知道,一九四九年我们中国人站起来了,这是中国的民族主义刚刚开始。你看那个开国大典阅兵,世界各国的武器都有,那个服装、装备也不行,但是已经不简单啦。中国百年受到帝国主义的侵略,我们多悲惨,好不容易这样起来。但是,还不行。中国的未来,一定要两条腿站起来,一个是中国的民族主义,一个是中国的文化主义。我们一开始受到了很多的灾难,五四运动又打倒孔家店,我们这个民族对自己的文化一点信心都没有,这是非常可惜的事情。当然中国连年的战乱，二十世纪初这些学术思想的变化，大家逃难都来不及了，哪有闲情逸致知道那么多国外的学术思想的变化。等我们国家慢慢强盛起来，人民也富起来了，我们知道了学术的行情，这一点提高了我们对自己文化的信心。现在，习总书记要全面恢复国学，我觉得这个就是我们国家强盛的开始，是中国的民族主义跟中国的文化主义两条腿要一起站起来的时候。所以这个时候，我们也更知道南老师的苦心。

我们跟着南老师，他有些话，我们年轻的时候听不懂，事后慢慢研究。哎呀，我在美国念了那么多书，回来一看、一翻，很多南老师都讲过的，我年轻的时候不晓得重视。我们自己也有毛病，非得要到美国绕一圈，才看到南老师了不起啊。比方说，南老师在《老子他说》第十页（按：东方出版社《老子他说》初续合集上册），就讲道："丁卯年（一九八七年）以后，我们的民族气运与国运，正好开始回转走向康熙、乾隆那样的盛世，而且可以持续两三百年之久。"你不信，去查《老子他说》第十页。后来我才发现，我早就看到了，怎么没有注意到这一点？这是了不起的地方，南老师是了不起的先知啊。我不是在替南老师吹哦，要替他吹牛也要有点学术基础啊，不能乱吹牛。南老师在美国时候教我一个咒语："要多拍马屁。"哈哈，我今天就算是拍他老人家的马屁了，小舜哥（南老师的次子）可以证明哦。

所以，当代的物理学的世界观，现在越看越是跟中国传统儒释道的思想相通。通在哪里？通在时空相对论、心物一元论、非线性的思考。非线性的思考又是曲线的思考。西方人过去受牛顿的物理学观念影响，认为做好事固然有好的结果，好事做得越多结果越好,这是你外国人的想法。我们中国人不是这样,中国人是曲线的思考,好事固然要做,做到某一个转折点,你要注意,要拐弯哦,好事变坏事。你看有没有?生活上,我们常常去人家家里做客,乡下的老太太非常热心,拼命夹菜给你吃,她绝对是好意。但是她好事做得太多了,使你吃不下饭。你那个筷子有没有口水?干不干净?是不是这样?这个好坏是相对的嘛,对不对?你现在做好事也要替对方着想,你没有替对方想,只是自己一厢情愿,自己认为是好事,拼命做,有时候人家讨厌。像我在台湾,最讨厌一种佛教徒,一下子"阿弥陀佛",一下子"佛菩萨",我说这种人不晓得什么人。有一次听南老师聊天,他说,这叫"佛油子"。南老师很有趣啊,他有时候聊天,你要吸收他的东西,他正式场合不会这样讲,但是这就是"佛油子",这个是佛的教条主义者。

普遍论必然走向帝国主义

讲到这个教条主义者,就不得不提美国哈佛大学教授亨廷顿(Samuel P. Huntington),大陆、台湾很多人讲到他的书《文明的冲突与世界秩序的重建》。我看好多人大概翻了几页就写评论了,现在要卖稿费嘛。大家都写他是儒家跟伊斯兰教联合起来要跟西方的基督教文化斗争。没有啊,不是这样啦。他是分析问题,不是代表他的主张。我现在可以证明,这本书从第一页到最后一页,英文的看完了,后来我又看台湾的中文版,他最精彩的就是他的结论。我背给诸位听,你就知道亨廷顿没有说要主张文明斗争,他还是很内行很谦虚的。他说:"帝国主义就是讲普遍论必然的逻辑的结果。"

帝国主义啊——"Imperialism is the necessarily logical consequence of universalism."过去，美国人不是说，你们亚洲人，落后的国家，你们要现代化，一定要学我美国的两党制、市场经济，好的、坏的通通要学。你们都知道台湾有个李敖，六十年代的时候，他主张全盘西化论，幼稚啊。我去过李敖的家，同他有一点交情。他哗众取宠，文笔非常好，但是你讲这种话没有料啊。他现在不敢讲，为什么不敢讲了？中国要崛起了嘛。全盘西化论，开玩笑啊。那不就是亨廷顿讲的帝国主义啊？全世界、亚洲落后国家，全部都要学我美国的市场经济、两党制，什么都要学，那还得了啊。这是亨廷顿讲的，你看，他很谦虚啊。他又讲了一句，更谦虚。他说，保护西方文明，不是因为西方文明的价值有普遍性，而是它有特殊性。了不起吧？他没有说他西方文明的价值有普遍性。人家啊，做学问还是有反省，还是有他谦虚的一面。做学问的人，不管他怎么样，哈佛大学，不管它学术怎么样，至少他懂得学术的规范，很严肃，不能随便卖狗皮膏药。这样写写文章，全盘西化论，这样吹牛是不行的，你这样没办法在哈佛大学立足的。所以保卫西方文明不是因为西方文明的价值有普遍性，而是它有特殊性。所以我们自己要反省了，你跟洋人学东西，老是追着他尾巴走干什么？但是亨廷顿没有跟我们南老师学啊，他讲那个普遍性，是指外在文化现象的普遍性，当然市场经济、政党、政治等，那个都是外在的东西嘛。

　　真正有一个普遍性的，就是我们人的内心，对不对？我们这个仁心、爱心、佛心，刚刚讲的这个佛心，这个是不分种族，不分黑人、白人、黄种人，这个才是真的有普遍性。所以孔子了不起的地方在哪里呢？当时古代夏朝、商朝，只有国君才有资格祭天，老百姓不可以祭天的。但是孔子了不起，他开始打破了这个传统。原来只有国君才有资格祭天，从孔子开始，可以由平民来祭，不再专属国君。所以，你在《论语》看到："君子有三畏，畏天命，畏大人，畏圣人之言。"畏天命，这个宇宙的大生命，我们还有很多都不知道啊，你科学好意思说你追求了什么真理呢？科学的理论之所以成为科学理论，要有可错性，随时要接受推翻、改正错误的，所以科学的方法就是批判的方法，批判错误，接近真理。不是吗？我们现在科学理论日新月异，一直在修正过去的错误，使我们更接近真理。所以后人怎么可以说牛顿发现了宇宙的真理？这么样的大话可以这样讲下去吗？爱因斯坦讲了，宇宙除了物理的世界有规律可循，还有许许多多我们不知道的啊。所以要抱着一颗虔敬的心、敬畏的心，面对这个宇宙。在我们地球上、人类的经验现象之外，还有一个超越的世界，除了物理的有规则的世界之外，还有很多神秘的、我们不知道的超越的世界。有此认识的可称作虔敬的宗教人。南老师是很务实的人，他不是一个教条主义者，你看他都不讲宗教。但是，虔诚的宗教精神是每一个人都要的。就跟爱因斯坦讲的，这个虔敬的宗教是人人都需要的。这就是畏天命、畏大人。你什么都不怕，有学问的人你也不尊敬一下？这个都是问题，这个不太好。我们讲尊敬有德、有学问的人，不是说官大了摆架子。

要学儒家，要谦虚一点，不要把那个政治权力看那么重，对不对？你有学问、有品德，人家才会尊重你嘛。

外重者内拙

南老师生前要我看《庄子》，要看百千万遍。我没有看百千万遍，只看了两遍，也是受用无穷。后来了解到，曾国国也一再地告诫他的弟子，《庄子》要看十几遍，跟南老师的意思差不多。我再看的时候才懂，原来南老师在香港的时候，讲话有很多苦心。他举庄子的话说："帝王之功，圣人之余事也。"南老师讲的话我都很用心，我知道都有深意，这个话等于骂人哦，但是他骂得很温和啊，对不对？像孔子一样，孔子骂学生骂得很温和啊。孔子讲："三年学，不至于谷，不易得也。"你看《论语》里面，跟我做学问做了三年，不至于谷啊。稻谷的谷，引申为吃饭的东西，就是名利啊。你们来跟我做学问，都是为名为利来学的，不是真正的求学，所以跟我做了学问三年，不至于为名为利的，这样的学生不容易看得到啊！这不是在骂学生吗？圣人讲话很温和，学生有时候被骂都不知道，那是可悲啊。所以南老师就讲《庄子》，"外重者内拙"。一个人很重视外表的，漂亮的小姐出个门，化妆化个两个钟头再出去，你太重视外表了吧。你到了外地，一切要随地主之谊，还摆着你的威风，干什么？这个就是"外重者内拙"，重视外表的人的内心是很自卑的，没有信心。我在台湾也碰到某某名人，他一天到晚跟我说，他最近也常看书，看什么什么书。我心里想，偶尔讲一两遍，或者有什么新也可以。可是他老讲这个，很自卑啊。你看书看什么老跟我讲干什么？我们教书的人，读书本来就是本分，那我要不要跟人家讲，我一天到晚看书啊？都是假的。所以这个时代，有很多假人，没有几个真人。你不要以为人家不知道，你假人，我真人，我当然就知道你是怎么回事。所以"外重者内拙"。我在香港，体会到南老师的苦心，他经常讲，很多人都没有注意，"帝王之功，圣人之余事也"。听到这句话，我悚然一惊啊。当时《庄子》我还没有看完，回去赶快查，当时是九十年代初期。"帝王之功"，这个功业啊，最高的权力，人人都喜欢。对于修道的、有道的圣人来讲，是多余的事情。修道忙都忙不完了，你还一天到晚追求权力？当然我不是说权力不可以追求，我没有这个意思，是说要淡泊权力的人才能够真正有效地运用权力。如果心心念念要追求权力，到时候位置给你得到了，你就不会尊重道德、宗教、文化、艺术。是不是？

所以，为什么孔子的思想是当代西方文明向上提升的发展方向？西方的文明，讲来讲去，一开始天人对立，只想到保护自己。我的权利如何如何，我怎么样我怎么样，我的权利受损，法律要保护，权利要保护。你这样讲，也不是说不对，但是处处都是以自我为中心，你侵犯我的权利，我法律来对付你。这样子走到极端，就会发生严重的问题。我举个台湾的例子。有一个小学四年级的学生，他爸爸叫他少看电视多用功，这个小学四年级的儿子是真宝贝啊，跟他爸爸吵起来了。两个人吵到派出所去协调，派出所来协调了三个小时。警察就问这个小朋友："你要听你爸爸的话，少看一点电视。"小朋友说："政府又没有规定我们不能看电视，看电视是我的权利。""利害"那个"利"哦，不是"力量"那个力。权力英文是 power，权利（right）是法律上保障你的人格权。你的人格权受到侵害，你可以依据法律来保护你自己，这是西方文化的发展，走向这个方向。你看我们小学四年级的小朋友，他就懂得怎么样保护他的权利。他说：政府并没限制我们看电视，这是我的权利。

哦哟，这个小鬼也知道这个。更糟糕的是，两年前台湾大学毕业典礼是九点钟举行，有几个大学毕业生，不晓得是睡觉晚了还是怎么样，结果迟到了，九点多才到。典礼会场门就关起来了，也不过暂时关一下。那几个学生在外面就大吼大叫，"参加这个毕业典礼是我们的权利，你怎么把门关起来不让我们进去？"这学生只想到自己，没有想到别人。为什么说没有想到别人？一个庄严的毕业典礼，两三分钟几个人进来，三五分钟又来几个人，你说这个典礼有没有庄严哪？当然要暂时关闭一下嘛。你这个学生只想到你自己，"参加毕业典礼是我们的权利，为什么要关门？"这样就跟人家吵架，完全没有考虑对方，只考虑到自己。这就是台湾今天吵吵闹闹的真正的文化思想的根源。

当然，过去很多大陆人欣赏台湾的文化根底，是不错，也有不错的地方，但是不要看到表面，不要看到宣传的地方。什么台湾最美的景观是人，但是台湾最丑陋的景观也是人啊。你们到台湾去看电视就晓得啦。这个名嘴是最丑陋的？三年前，台湾的《联合报》有一个职业声望调查，那个名嘴排名第几，你们知道吗？第十九名。第二十名是谁？妓女，应召女郎。最近《纽约时报》讲，台湾的媒体舆论乱七八糟，乱讲话。这名嘴啊，没有文化，胡说八道。我只是提醒大家注意，这个就是文化没有根底。所以台湾，一九八七年戒严令解除以后，言论自由了，这个他律，外在的压力没有了。他律解除了，这个内律也没有了，内律就是自己对自己的行为后果负责。修养不行就放言高论。我今天这样讲放言高论，不是我批评，前几天台湾报纸登了。《纽约时报》大牌的记者讲，台湾言论糟糕了，煽情，看着没有什么内容，看不到精彩的文章。这个就是文化不行嘛。像孔子的思想里面，重视我们内在的修为，不是说只有他律，还要重视内在的纪律。他律不在的时候，我们自己要面对自己的良心。所以孔子的思想讲究慎独，当你独处的时候，面对自己一个人的时候，你不要乱来，这是修养的问题。这个了不起。你看美国现在，只要不违反法律，狗屁的事乱搞，你管不着。这样不好啊。

所以发展到现在这个程度，连亨廷顿都谦虚了，他说："西方的文明价值没有普遍性，只有独特性，保护西方文明的价值是因为它有独特性，不是因为普遍性。"他们慢慢地体会到东方的思想，尤其中国文化的可贵处。这些可贵的地方，年轻人看到了吗？八十年代的年轻人满脑子只想到美国去，这个不行的。所以最近现任领导人的很多做法，我很欣赏。比方说，大学考试，你们所说的"高考"，英文的比重下降。这个对的。他没有排斥英文，试想一个人从幼儿园开始一天到晚叽叽呱呱地学英文，这个也不像话。你学英文可以，比重下降，要全面地恢复国学。现在我们有这个信心了，中国人可以做到科技进步，登陆月球、铸造航空母舰、研发导弹，你洋人会的我中国人都会。下一波儿，中国文化精彩的东西出来，你洋人要好好学。

最近台湾有一本新书，是翻译过来的，讲什么正念减压，那么厚，说三十年来救了多少人，是经典著作。我看了两章，我笑笑。这个都是抄中国人的东西，你看南老师的书更精彩嘛。当然，洋人的东西也有他的长处，他一步一步的逻辑很严谨，跟你讲得很清楚。中国人有时智慧太高，"平常心就是道"，一句话，"平常心就是道"，搞了半天，这里面好多没有讲清楚，还要慢慢地体会。是不是?"平常心就是道",你当个部长又怎么样?你平常心对待就好了嘛,你不要要求人家这样子对你,他自己就没有做到。所以中国人往往几句话,点一下,最后慢慢体会。中国人精彩的东西多了,像南老师那里,你跟他学学不完哪,三教九流的什么都有。学功夫啊,像南老师在台湾的时候,我记得信义路九楼,当过"陆军总司令"的刘安琪,还有谁谁谁都来跟南老师学太极拳、打坐,很多哎。你没有两把刷子,"陆军总司令"跟你学?那有二十八颗星的人来跟你学这个?他自己都是头,还跟南老师学?是不是?

中国文化精神的优越性

刚刚周瑞金先生提到,彼得·圣吉(Peter Senge)的《第五项修炼》,一九九二年当时这本书一出来,我在政大教书当作教本,彼得·圣吉这本书,说实在的是不错,但是当你再看看中国的书,就只好笑笑。为什么?他说这个系统思考很好。物理学认为物理现象有一个"自我动"(Ego-Action),有一个"生态动"(Eco-Action)。自我动,比方说我刚刚讲的台大的学生只想到自己,"毕业典礼是我们的日子,你怎么不让我进去?"这是自我动,但是你没有 Eco-Action,没有生态动。生态动就是超越自我中心,从大环境整体来看。你不要站在自我中心,你要站在整体的环境。"今天毕业典礼,神圣的典礼,我这样子进进出出,打扰人家的神圣的典礼,我要替对方想。"这就是生态动,整体来动。两个要达到均衡,阴阳平衡,这样就好了。这不是中国儒家思想吗?道家也是这样,佛家也是这样,怎么只想到自己,讲权利,讲了半天只有自我中心？彼得·圣吉讲系统思考，也是这个道理。我们儒家没有吗？《大学》里面说："所恶于左，毋以交于右。"你讨厌左边的人怎么对你，你不要拿来对付右边的。"所恶于右，毋以施于左。""所恶于前，毋以先后。"排队的时候，你讨厌前面的人不守秩序，你不要拿这个方式对付后面的人。对不对？我二月十八号从南昌坐飞机直飞台北，大家都在排队，大陆的同胞有五六个偏不。人家告诉他们：你们还是排队吧。你猜他们怎么讲？"哎，我们也不会挤在你们前面，你看，那个没有秩序，他们都不排队。"人家不排队，你就不排队啊？太不负责了吧？所以我们也只好笑笑，碰到这个没办法。"所恶于前，毋以先后；所恶于后，毋以从前。"你讨厌以后来接你位置的人对你不好，你就不要对卸任的人不礼貌。你是前任的科长，移交的时候，你档案要交接清楚，教后面的人好办事。"所恶于前，毋以先后；所恶于后，毋以从前。所恶于上，毋以使下；所恶于下，毋以事上。"上面的人怎么对你，你不要拿来对付下面。下面的人，你也不要随便拿来对付长官。前后左右都要考虑到，这叫作絜矩之道，又叫作六合之道。南老师《原本大学微言》里面讲得很清楚。请问这个不是系统思考是什么？这个就是系统思考。《第五项修练》，彼得·圣吉很了不起，他还举了一个例子，也让我增长见识。他说煮蛙的故事。这个青蛙，你把它丢到热水里面，它马上跳出来。如果你把青蛙放到温水里面，底下温水加温，温度逐渐地升高，青蛙就会死掉。彼得·圣吉不错，讲到生物学上这个问题。但是，如果把小孩子放在一个温水里面，水加温，这个人会怎么想？温度差不多了，小朋友一看不行，他就会赶快跑掉，因为人有忧患意识嘛。危机还没有来，我事先就想到要预作防范，这就是忧患意识。青蛙是没有忧患意识的，因为它不会思考，所以它最后被煮死了。这道理是这样讲。所以，彼得·圣吉讲的系统思考，你看看儒家的书就有，道家佛家也有。其实中国的《易经》，早就讲清楚了。你讲青蛙的故事，这个忧患意识，你在《易经》里面找，"作易者其有忧患乎"，随处都有。你说我们的文明是不是比他高明？他看到我们的古书，他当然只有赞叹。你念懂了只有赞叹。

亨廷顿觉悟了，慢慢也看出中国文明有它高明的地方，那你就不要那么狂妄啦，不要说你西方文明有普遍性，都要亚洲人现代化，什么都要学你美国的，没这回事。他们以前多狂妄啊，殖民统治亚洲的时候，他认为你们亚洲人落后啊，我们来帮你殖民统治，这是白种人的负担。你看这多狂妄的事。现在我们要有志气，中国的民族主义站起来了，中国的文化主义也要站起来，要两条腿站起来，我们可以引导这个世界文明的发展。我们现在经济力量慢慢起来了，将来就是文化要起来。过去穷，现在暴富，难免稍微要得意一阵子，世界奢侈品，中国人消费量最大，什么都是中国人。大陆人到台湾消费，买一大堆，太阳饼啊、凤梨酥啊，买好几箱运回去。现在难免有点狂热，出出气，过去穷，穷得太厉害，但是不能老停留在这个地步，不能这样，要有文化，要懂得责任。儒家的思想也讲责任，你看我们讲"为人君"，做国君的要怎么样？"止于仁"，就是你要有责任，要发挥你的仁性。"为人臣止于敬"，要尽忠职守。"为人子止于孝；为人父止于慈。""与国人交"，跟同胞们交往，"止于信"。刚刚周瑞金先生讲，他们温州人做生意，再怎么灵巧，还是很有信用，这个就不错。这个"温州模式"要好好发扬，止于信。

超越实用主义

现在的市场经济是一个新局面，市场经济范围要扩大，也要讲究信用。美国有一个世界级的金融专家叫索罗斯，他就讲，市场经济渗透到不该渗透的领域，渗透到家庭，渗透到学校。为什么呢？就是太强调市场经济的交换价值。学生跟老师也没有什么尊师重道的心理，这个论文是你指导的，他过年过节给你送个茶叶，老师长老师短，论文一通过，bye bye，不见了。他这个是交换，在这个交换价值之上，没有一个尊师重道的价值理性。价值理性就是你该怎么做就怎么做。"为人君止于仁；为人臣止于敬；为人父止于慈；为人子止于孝；与国人交止于信。"这是你该做的价值理性，永远都应该这么做，不是说交换一下就好了。你从社会学上讲，父子之间、肤浅的层面也有交换的意义。比方说，我现在对儿女们教得好、尽责任，也是换取将来儿女对我们的孝顺，这个也是市场经济的观念。但是，你要上面还有一个价值理性。这个不止交换，不是短期交换，还有长期的价值理性。你该这么做，永远这么做，这交换价值上面还有一个东西的。所以市场经济，我们说交换一下，你的价格比较便宜，我跟你买了，交换一下，我们尽了公民的责任义务以及礼貌之外，其他也就不一定要认识。这是市场经济。但是，你还是要做人，要坚持那个价值理性啊。做生意你要讲点礼貌啊，不要那么现实。上个月我到江西景德镇，景德镇的服务人员啊，不敢领教。进门就问："要什么？"我说：我东西还没有看好，你就问我要什么，太没礼貌了。我跟她讲：你们两位小姐可不可以先学一学台湾？我不是说台湾了不起，台湾人很会做生意,"欢迎光临",这四个字你不会先讲啊?你怎么进来就问"要什么"?这就是文化,价值理性。她生意还做得不够,生意做得好自然会欢迎光临。尽管她是假的,你管她真的还是假的,至少你听起来舒服一点。当然,文明的进程除了见客人要"欢迎光临"以外,以后慢慢还要货真价实,还要守信用,这要慢慢升格,慢慢提高才可以。

所以同理可见,文明慢慢从实用的价值提高到越来越高深。像过去我们中国百年来的国难,要逃命,命都没有了,这叫逃难,当然难免要着重一些实用价值。但是,你看孔子儒家,要超越实用,不能那么短期地只讲实用。对不对?孔子讲:"三年学,不至于谷,不易得也。"你们学习就好好学习,不要太现实,只是为了名利来学习。"吾不试,故艺。""试"就是考试的"试",我做任何事情没有带着企图心,我该做什么就做什么,所以才会达到艺术的境界。我读书就是读书,不是说明天考试我才读书,没有一个企图心。我读书不为了考试分数,不为了名,不为了利,我读书就该读书。这个道理通了就通了。再看打坐,打坐不是为了身体健康,你有实用的目的就不对了,你就做不好。你打坐就好好坐,它自然就会身体健康,应该是这样,对不对?所以,艺术的境界就是无所为而为,实用的境界就是有所为而为。打坐你就打坐,不要为了身体健康。读书你就好好读书,你读书好,你才有成就。人家认同你的学术成就,才给你诺贝尔奖,而不是说,我为了诺贝尔奖我才好好做实验读书,不是这样,脑筋要转过来。所以这个道理通了,我们要超越实用主义,很多的观念要转一转。比方说有人跟我讲,一九五六年大陆实施简体字,当时那么多农民不识字,你当然要简化嘛。是,没有错，但是一时就好了，文明要向上提升。为什么小学生不向大学生学习，而是大学生要向小学生学习呢？脑筋转一下就好了嘛。大陆有学问的高手很多，但是声音没有出来。现在我们的中国是怎么样呢？过去讲实用，时代很苦，现在慢慢好起来啦，大家要开始提高我们的文化，我们的专业水平、专业的规范都要提升起来。所以要恢复儒释道的思想，我们儒释道的思想起来，保证可以超越西方文明，而且西方文明应该向我们学习，我们可以当世界人类文化的领头羊。所以南老师高瞻远瞩啊，原来金温铁路是修一条路，能走的路。他最大的宏愿是修一条整个民族都能走得通的路，乃至于世界人类都走得通的路，这就是恢复中国传统文化，这就是国家当前要强调全面恢复国学的道理，了不起的地方就在这里。谢谢各位。

（二〇一四年三月二日南怀瑾先生纪念活动讲稿）

思维的陷阱

马宏达

（南怀瑾先生前秘书）

开场白

不好意思，刚才主持人讲的都是过誉之词。我哪里有那么好，我不过是有幸有缘到南老师身边，在他老人家旁边打打杂的一个普通人，并不代表我有什么长处，这是真话。因为南老师是随缘利他，有教无类，好人要度，坏人更要度。所以，我不过是前缘所致，在他老人家身边勉强做一点事，也做不好，而且还冥顽不化。因此，你们在我身上看不到南老师的影子，所以不要因为我讲错做错，就去推理说：南老师教的学生怎么这样啊？对不起，我不算是他老人家的学生，我没有那个资格。

今天中午大家都没休息好，因为午休时间很短，如果你们愿意睡觉打瞌睡啊，那就太好了。如果都睡觉，我就很放松了。本来我不会讲话，更不敢演讲。主办者们逼着我出来，我想逼我出来就是要我上台献丑，那是非常恐怖的一件事情。后来我想，学长们的意思，大概是怕老师走后，没人管我了，我自己"小人闲居为不善"，怕我堕落了，所以逼我出来给老师做一个汇报。一年多了，也没给老师写报告，所以就硬着头皮来了。借着老师诞辰纪念的时候，给老人家汇报一下。所以讲错了请原谅，老师会谅解我。老师经常鼓励大家："学人不开口，诸佛菩萨难下手。你们要开口，知道错误，才知道怎么样纠正你们。"所以今天我是给老师做一个汇报。

教育的实验

我今天报告的题目是《思维的陷阱》，是自己最近的一些思考，拿来做一个陈述，不是严谨的报告，只是漫谈，想到哪里说到哪里。

南老师在的时候，说过好多次，好多老同学可能有印象。他说泰戈尔当年，大概一百年前吧，在印度办了一所森林学校，它在十几年内，发展成一所由很多国家的学生、教师加入的国际性大学。学生也是老师，老师也是学生，大家可以互补。南老师很赞成泰戈尔的这个办学方式。

说到文化教育，我是外行，就勉强胡说些外行话吧，诸位也不要当真。

中国有两句古话：一句是"尊师重道"，一句是"教学相长"。一方面要讲师道尊严，学生尊敬老师如父母。因为老师是学生智慧、品行与知识技能的再生父母，尊师就是重道，就是尊重智慧与知识。不尊师，禽兽不如。做老师的，也因此而要严于律己，率先垂范。另一方面，教学相长，教与学相互促进的。老师带学生是先进带领后进，先觉引导后觉。但毕竟老师和学生也都是人，闻道有先后，术业有专攻，各有所长，各有所短。抛开了职业身份不谈，每个人都是学生，都需要向别人虚心学习，孔子还说"三人行必有我师焉"呢。同时，每个也都是老师，可以分享自己的经验心得或教训给别人。分享，彼此就会更加丰富。但落脚点要落在做人做事的成长上，而不是卖弄知识，比较人我高低是非，更不应彼此求全责备。学问是学加上问。知识是学问的一种。真的会做人做事，才是真学问。很多人的心理，一定要找一个完美的老师或者专家，偶像一般，站在上面给大家传道、授业、解惑，他就是真理的化身一样，然后大家听了课就自动长进了。这样点石成金的童话般幻想，是一厢情愿的思维陷阱，也是人性中固有的宗教情绪使然。好的老师当然非常重要，但学生的自觉自立自强更加关键。

所以，太湖大学堂有两个层面：一是以南老师为核心，等于传统书院的山长——导师兼领袖，他老人家身教言传，讲学不辍，把心得经验分享给大家，然后通过记录变成图书，分享给社会上更多的人。另一个层面，就是大家来学习的同时，也分享各自的经验心得，然后回到生活工作中，各自努力，提升自己，影响社会。至于大家听了课，读了书，彼此分享心得以后，各自改变了多少，只有看个人的努力与造化了。

南师虽然走了，但是这种尊师重道、经世致用、分享互动、重在成长的精神，社会上可以广泛借鉴。形式可以多样化，乃至不用学校的形式，每个人与亲人、朋友之间的分享、互动、成长，或者读书会、研讨会、分享会、交流会，等等，只要把握了回归教育本质的精神，尤其是培养随时自我反省、自我教育的习惯，就可以达成事实上的可持续教育与提升。

说到书院，传统的书院是以山长——导师为主，导师和学生们生活在一起，朝夕相处，随时面对各种事，随时都是身教，绝不是单纯传授理论知识。这对导师的要求就非常之高了，绝非"学富五车"便可胜任，因为身教最难。现在社会上新兴一些书院，反映了大家对传统书院的"心向往之"，但师资就难办了，学生也难办。譬如南师创办的太湖大学堂，兼具传统书院的特点，山长与导师就是南师，他老人家的身教言传做到了极致，极难企及。可是学生却不是传统书院的学生了，因为这个时代的因缘，几乎每个学生都外务缠身，文化底子又很薄，而且各有动机，各有因缘，各有程度，很难做到诚恳专精用功。所以，由于师资和学生的现况，今后相当一段时期之内的书院，不大可能重复古代书院的模式，但却可以走分享、互动、成长的路线，落实在自我教育为本，外部启发熏陶为辅，大家相互激励、分享、互补，目标在于不断地自觉、成长、提升综合修养、安身立命与经世致用。

再者，之所以叫"太湖大学堂"，而不叫"太湖书院"，是希望不止于传统书院的方式，而能因应时代的因缘，寻找相应的人才来配合，包括东西方人文文化与自然科学人才，着眼于人类未来的福祉，融合并传播古今中外文化的精华，为消弭人类未来的部分忧患而贡献力量。这个理想，南师从几十年前创办东西精华协会，就开始努力推动了。老人家是只问耕耘，不问收获，义所当为则为之，也可以说是"知其不可而为之"。为何这样说呢？因为他老人家早就知道，因为时代的关系，才难！能够搭手实现理想的人才，太难找到了！

南师他老人家独资创办了太湖大学堂，并非做投资哦！注册这个机构，是我办理的，从法律上来说，就获得了在内地长期私人讲学的合法地位，受法律保护的，这是外形。内容呢？是以他老人家为主体，为主导，回归教育的本质，重在做人做事的身教，重在真实智慧的启发与心得分享，重在安心立命、身体力行与经世致用，而绝非单纯理论知识或学历学位。也不是偏重佛家或哪一家的学问，也不是偏于民族主义，而是着眼于人类未来的忧患与福祉，入世出世、古今中外，"自他一体视"，平等看待，一视同仁，兼容并包，经纶济世。老人家考虑的，不是自己，不是投资，而是文化大业，不仅仅是中华文化断层的接续，还有人类未来的祸与福。

而且，法与财双手布施，是南师数十年来的行愿之一。他老人家这些年在内地办学，我跟在旁边亲眼看到的，老人家随时在布施。譬如他讲课，素来不收费，在大学堂还免费请大家吃课间餐呢。不仅如此，我们连同往来的客人与同学们，多年以来，吃的都是他老人家的饭。大部分人并不知道，从台湾到香港，从上海到庙港，来来往往的客人们与学生们，吃的都是他的饭哦！这对他老人家而言，只是天天在布施的一件小事，可是他老人家从来不说。而且他岂止是财与法双手布施，他老人家是用十波罗蜜的修养来行大布施（十波罗蜜：布施、持戒、忍辱、精进、禅定、般若、方便、愿、力、智），无时无刻不在布施。这个谁做得到？谁学得到？看之容易做之难，太难！太难！

太湖大学堂是面向成年人的教育。后来，2008年，南师又创办了一所小学，也就是吴江太湖国际实验学校。为什么要创办这个小学呢？因为多年以来，南师在海内外提倡儿童中英文经典诵读，还加上心算，利用孩子13岁以前如种子汲取营养般的强大记忆力，给孩子们的记忆银行，存储东西方文化经典的财富，供他们毕生受用。心算，则是数学素养。数学，是自然科学的基础。给孩子们从小打下这个人文文化与自然科学的基础，是希望将来出现很多大学问家、大科学家、大政治家、大企业家，出现应对这个古今中外碰撞时代的栋梁之材。当然，这个基础是个本钱，怎么样用这个本钱，又是一回事了。后来果然发现，社会上有些孩子在知识丰富的同时，骄傲了，看不起人，又不懂做人做事，生活自理能力也没有。所以《礼记·学记》说"记问之学，不足以为人师"，理论知识再丰富，不懂得运用，不懂做人做事，也还算不上真学问，此其一；还有的，认为只要读经便可，不学现代知识，不学谋生技能，与时代脱节，与现实脱节，此其二；还有每天连续读经很多个小时的，过度了，此其三。南师提倡的诵读经典，只是每天一二十分钟而已，而且要快乐诵读如同唱儿歌，甚至舞之蹈之以悦之。鉴于社会上出现的这些问题，再综合一些其他因素，创办了这个小学。其办学精神是古今结合、中外结合、文武结合、生活生存能力与学习能力结合、家庭教育学校教育自我教育三结合，希望培养适应古今中外文化交融的这个时代，又会做人做事的人才。指导思想是这样，大家一起努力，做了很多尝试。课程中的中英文经典诵读只是一小部分，每天只诵读吟唱二十分钟而已，日积月累已经很可观了。当然并非说它就成为标准了，还有许多地方需要探索、改进。老人家辞世以后，很多因缘都变化了，教师队伍也变化很大，今不如昔了。但这个办学的精神与指导思想，社会上可以借鉴。

  老人家这么大年纪回国，为了文教大业，只争朝夕，燃烧掉最后的生命，非常非常不容易。他一辈子讲了很多课，办了很多学，鞠躬尽瘁，牺牲了自己和家庭，不是为了自己，也不是做投资，而是天下为公，探"路"、修"路"给大家走，给"人类"走。诸行无常，缘聚缘散，虽然老人家在与不在时一切都不一样了，但老人家这些教育思想，社会上可以借鉴，发扬光大，大家可以根据自己的条件因缘，创造性地办教育，改善现行教育。

"教"与"学"两个字

我这是外行人乱谈教育，不过既然壮着胆子开始了，就继续乱弹吧。

我们现在看看"教""学"这两个字。先说这个"教"字，所谓"教者，效也"，也就是做示范给人效法——效法就是模仿——也就是做榜样，以身作则，率先垂范。小孩最初效法的是父母——所以家教非常重要——后来跟其他人，跟成年人、老师、社会上的人去学习。所以说，身教胜过言传，"经师易得，人师难求"，说得好不如做得好，榜样最重要。

但是古今中外，人与人之间，包括夫妻之间、父母子女之间、同事之间、朋友之间、君臣（上下级）之间，乃至陌生人之间，往往是要求人家很多，用一把尺子衡量别人很严格，衡量自己却很宽松。谁都想改变别人，改变社会，改变世界，但是谁都很难改变自己。这就是一种悖论了，是自相矛盾的思维陷阱了。而且无形中，我们自己往往就是不好的榜样之一。所以谈建设社会、建设未来，如果不从人人改善自己做起，再好的理想也是空中楼阁。可是，改变自己是天下最难的事。

"教"字的另一层意思，由甲骨文字形 ![] 可以看出来，右边是"攴"（读音"扑"），表示手持小木棍敲打，也就是戒尺、教鞭，代表戒律、纪律、奖罚措施。左边是"爻"加上"子","爻"者"交"也,代表各种因缘条件的互动,代表万事万物的变化。"子"代表学习的人。合起来,"教"就是用种种方法,诱导或督促、鞭策人了解事物,乃至于探索万事万物,了解自己与天、地、人生。从另一个角度也可以说,"爻"是"老"的上半部分,代表"老"。再加上"子",表示老少之间的传授。老,不只代表年龄,它也代表在某方面的经验学问老到熟练。子,不只代表孩子,也代表在某方面懵懂无知,经验浅薄。"教"字的字形,已经把教学关系的画面勾勒出来了。而且不论是他律还是自律,总之教育是需要纪律、戒律的。

推而广之,政治、法律、道德伦理、社会规范,也兼有教育的功能,有执行戒律、规则、赏罚的必要。换言之,戒律、纪律、规则、律法、赏罚是手段,应以教育为目的,而非以惩罚为目的。

第二个字,"學"者,覺也。你看这个"學"字,小篆字形 ⿱,"學"字头和"覺"字头是一样的,觉是这样 覺。上面左右两个东西像棄臼的"臼",代表一个轮廓,在此代表小孩子的头脑,头顶骨的囟门尚未关闭的样子。小孩出生之后,在还没有起分别心以前,他的囟门是软的,跟天地精神相往来的。那时候他没有明显的分别心,也没有他人与自我的明确区分。中间那两个叉叉,就是"爻"。易经讲爻变,一爻两爻三爻四爻……这样从下画上去,代表了事物的变化阶段,也表示万事万物之间的交互关系与因果,也可以说代表了宇宙一切的缘起。下面那个秃宝盖,代表一个房子或者课堂,也可以说代表一个人自己内在的空间、心灵的世界。"子"表示学习的人,不论是小孩或大人,在学习的时候,都应以谦虚诚敬的赤子之心来学习。

"覺"字下面是个"见","见"代表认知、智慧以及所知所觉。学者,觉也。学是什么?学的态度是自觉为上,自觉的动力最强大最可持续,自觉学与被动学的效果截然不同。学的目的也是为了觉,觉醒的觉。学的方法也是觉,靠觉知、认知、悟性。觉醒什么东西?觉醒怎么做人、做事,从知识技术一直到智慧,到德性,到天地人万事万物的究竟,等等,都是觉的对象。所以,学的态度、目的、方法与关键都在于觉,尤其是要自觉,没有自觉的学是被动而烦恼的。同时,如果只是累积了很多知识,却不能透彻领悟其中的奥妙,就不能善加运用知识。如果只是学了知识技术,却没有做人做事的自觉,没有人格修养的自觉,那很可能反而利用知识技术害了别人和自己。

教与学,"教"的重点在于身教,其次才是言传。教知识、技术容易,所谓"经师易得,人师难求",做人做事的榜样,就很稀有了。南老师是人师,他的身教已经做到了极致,他是知行合一的,他讲的是他做到的,是他的经验之谈,这非常非常之难。你看"师范"两个字,是学为人师,行为世范,这个标准太高了,很少人做得到。不论家长还是教师,难就难在以身作则,因为改变自己最难,每个人都有很多习气、弱点。家长自己不能做个好榜样,把教育的责任都推给学校,这是一厢情愿的自欺欺人,当然也是一种思维陷阱。

"学"的关键呢,在于自觉。自己要觉醒、觉悟。自己不自觉、不努力,再伟大的教育家拿我们也没办法,即便跟在大教育家身边一辈子,也是白跟的。所以,不自立自觉自强,却一切依赖于老师,也是自欺。尤其在改变自己的个性习气,开启智慧方面,更是要以自立自觉自强为本,依师或依法才有用,否则永远是扶不起的阿斗。这个"依师、依法",不是依赖,而是依照、遵照指示去修学去实行。换言之,没有自立自觉自强地依法实行,亲近老师也没用,虽入宝山,却空手而归。

　　但"江山易改,禀性难移",改变自己最难,自觉最难。世间一切人为的困难大抵根源于此。南老师感叹,他说:自己做教育几十年,改变了谁啊?所以感慨"教育无用论"。他老人家这个话是鞭子!他讲的不是我们掌握了多少知识、理论、技术,或者什么学位,或者会吹会盖,或者有什么社会成就、地位、名声、财富,他问的是有谁真的改变了自己。他常说,英雄可以征服世界,却征服不了自己。他希望的这个"改变",是征服了自己。如果说教育改变人生,其实南老师的教育,已经改变了太多人的人生。且不说有缘跟他学习过的人们,也不说那些所谓三教九流各路英雄的精英人物,我们仅从他辞世后,那么多未曾谋面的社会人士在网上发表的纪念感言中,便可知道这一点。我所知道的不少同学,在改变自己习气方面,也有不少进步。当然,这种改变,距离他老人家的高标准严要求还很远。他老人家的标准很高,他希望大家发心(立志),自觉,努力从根本上改变自己,升华品格,开启智慧,在心理上,在行为上,转恶为善,转善为净,影响社会。这是教育最高最核心的目标,也是最难实现的理想。难在哪里?难在我们会姑息自己,放纵自己;难在我们太过依赖自己的个性习惯,路径依赖,改变一点点都很不习惯;更难在我们往往看不到自己的问题所在,没有自知之明,以为自己还蛮正确蛮不错哩!南师常讲一句话,叫作"有药能医龙虎病,无方可治众生痴",说的就是这个问题,这是教育的核心瓶颈。所以还不用谈其他方面,单从这一点来讲,我就不够资格做他老人家的学生。

所以呢,老师是老师,学生是学生。老师了不起,学生却很可能起不了。老师身教言传,已经尽了师道之责。学生自立自觉自强,将老师所教的消化掉,变为成长的营养,是学生的本分。学生不肖,责任在己不在师。因此,还不用说别的方面,仅仅这一点,我们大家欠老师的债务可就太多了,还都还不完的。

这个教与学的道理背后,是人性的基本问题。它不仅仅适用于教育,也可以启发政治、经济、社会、文化等人类社会各领域的反思。人性的问题,我后面会谈到。

我们刚才只是从"教""学""觉"几个字来看,就可以发现中国文字非常了不起,一个字可以包容那么多的内涵。《尔雅》《说文解字》的著作,功德很大,可以使几千年的中国文化,用统一的文字记载下来,使几千年后的人,只要读懂古文,就可以基本看懂几千年之间的典籍,这是举世无双绝无仅有的。当然,由于百年来的巨变,国人的古文修养差不多底儿朝天了。这两部著作,距离造字时代都在两千年以上,是对中国文字和词语的集中化规范化解说,非常了不起!但毕竟不是造字者自己所做的说明。而且中国字本身就是个"象",一个活的现象、画面摆在这里,既是大自然和社会现象的抽象,又保留了具象,所以可以启发很多连锁的思考,引申很多意义,不一定局限在《说文解字》的范围内。

教育的瓶颈

国家社会的基础是文化教育,只教知识技术还好办,但文化教育的瓶颈在人性的顽固弱点，这也是政治经济社会的根本瓶颈。古今中外，人们每每不满现状，不断地探索政治、经济、社会的理想道路，不断地尝试革故鼎新，可是不久就会发现，一切又开始了异化。于是，这种革故鼎新的冲动，在人类历史上不断重复着，永无休止。很多伟大的社会理想，通过努力好像近在眼前了，可是不久之后，好像又远在天边了。可以说这是社会"进步"的动力，但也可以说是一种怪圈的轮回。这个轮回的背后，是人们不断探索世界改造世界的同时，却永远要面对无常，面对极难改造的自己。表面的改造是有的，深层的就是"江山易改，禀性难移"了。越是改造不了自己，就越是寄托于诉诸外在世界的改变。这是一种悖论的轮回，思维的陷阱。即便再好的制度，面对人性的痼疾，也是捉襟见肘，常感无奈。

所以说，改造世界首先应从改造自己入手。《大学》讲"格物、致知、诚意、正心、修身、齐家、治国、平天下"，讲的就是这个本末因果的关系。但现实中，人们是本末颠倒的，只希望家齐、国治、天下平，却不愿格物、致知、诚意、正心、修身。都想改变别人，却不愿改变自己。只想品尝果实，却不愿辛勤耕耘。所以呢，家齐、国治、天下平的理想，如何去实现呢？

据说英国威斯敏斯特大教堂有一块墓碑，写着著名的一段话，大意是说"当我年轻的时候，我的想象漫无边际，我梦想改变这个世界；当我成熟以后，我发现我不能改变这个世界，我将目光缩短了一些，决定只改变我的国家；当我进入暮年以后，我发现我不能够改变我的国家，我最后的愿望仅仅是改变我的家庭，然而，这似乎也不可能……现在，我已经躺在床上，就在生命将要完结的时候,我突然意识到:如果一开始我就首先改变自己。然后,作为一个榜样,我可能为国家做一些重要的事情。就在我为国家服务的时候,我或许能因为某些意想不到的行为,改变这个世界……"这段话,和上面讲的《大学》里那段话是一个方向,但《大学》提供的,是一套更为系统完整且理性的,可操作可实行的因果路线图。

教育的硬道理

讲到教育,先不管学历文凭那些社会标签,教育的核心硬道理是什么呢?我认为是自觉与成长,包括了做人做事的成长,品德智慧的成长,人情练达的成长,才能的成长。不管我们经历了多少事情,挫折也好、是非也罢、恩怨也好,或者接受了多少知识、技能的教育,乃至多么大的头衔、学位、地位、权力、财富、名声,一大堆闪亮的社会标签,假使说内在的德行智慧人格,做人做事,没有真正获得成长,乃至为了换取这些外在东西而牺牲了人格,那就得不偿失了!那个代价很大,要长期付账的,远非眼前所得能够弥补。

如果说,一个人不论经历什么,都善于将其变为自己成长的营养,那他随时随地都会成长的。对他而言,没有什么事不是营养,也没有什么绝对的好事坏事。那他就已经步入了自我教育的良性循环,步入了自立自觉的光明大道。这种成长,是扎扎实实的人生财富,它会带到未来,照亮未来。而外在的东西,财富、地位、名誉、权力、得失成败、是非荣辱,乃至身体,都会被无常带走。所以说,自觉和成长是教育的硬道理,也是人生的硬道理。

科学哲学的看法

接下来一个问题，讲到科学证伪不证真，上午吴（琼恩）教授已经阐述得很充分了，我就不再重复了。科学哲学对科学的看法之一，是科学只能证伪不能证真。所谓证伪，它不断求证求真，不断否定之否定，往往推翻自己过去的东西。比如说牛顿的一些理论后来被推翻，爱因斯坦的一些理论也被推翻，等等，这很正常。量子力学发展到今天，推翻了过去很多科学理论，它的技术成果也应用到我们生活的方方面面，电视、电脑、手机、互联网，无不应用了量子力学的成果。可是量子力学也还没有究竟，还要再发展，否定之否定。科学不等于真理，所以才能不断在探索和自我否定中进步。可是百年来，我们这个时代的语言环境，从官方到民间，习惯性地把"科学"等同于"真理"。做什么事要"科学地"怎么怎么样，一切要"科学地"去处理……无形中把科学等同于正确，等同于真理，这是普遍流行的思维陷阱之一。正确其实很难，谁能代表正确啊？谁能代表真理啊？那是愿望，愿望不等于现实。

孔子说"知之为知之，不知为不知"，其实听起来容易，做起来非常的难。头几年在学校里，有一次我们几个同学在一起吹牛，我瞎说一句"聪明就是笨"。为何这样说呢？就像我们在这里开着电灯，所以看得到大堂里面的人啊、物啊。这个电灯等于我们的聪明，我们的才智，能够认知一些东西。可是，因为我们注意力全部在这里，无形中这里就变成了我们的世界。其实外边天地很大，里面这点亮光，照不到外面的广阔天地。我们平常认知世界的工具就是"灯光"，我们依赖"灯光"，等于盲人朋友依赖拐杖一样。聪明、思维、知识、专家都是我们的拐杖。我们依赖思维、依赖聪明、依赖知识、依赖理论、依赖专家、依赖向导、依赖老师……其实都是盲人依赖拐杖。这个"拐杖"并没有根本上改变我们的盲目，并没有让我们自动打开慧眼。但是我们依赖之后，习以为常，会把"拐杖"触摸的片面境界，当作真实的世界，甚至把它当成自己生命世界的全部。我们会把聪明当成智慧，把思维当作精神，把逻辑当作理性，把自以为是当作正确，把知识理论当作现实，把自己认定的道理当作真理，把电灯照亮的这个小空间，当作整个世界。所以说，聪明就是笨。灯光范围以外的是无边的黑暗，那是聪明所不知道的。我们知道的极其有限，不知道的却是海量的。对一件事也一样，所谓"万事谁能知究竟，人生最怕是流言"，真的全面透彻了解一件事很难，大多是片面偏差的，甚至完全扭曲颠倒的。可是大家常常听到好多人讲话（我们自己也一样），包括很多专家学者或政治家、企业家们，讲话非常斩钉截铁，认为他讲的那些就是绝对正确的，好像只要按他这个话去做，一定行的。其实未必。这是看不到自己所不知道的东西，把局部的所知当成了全体。这是一种普遍的思维陷阱。所以要做到"知之为知之，不知为不知"，"戒慎乎其所不睹，恐惧乎其所不闻"，是非常困难的。包括对自己，我们同样所知太少，随时被莫名其妙的念头带着乱跑，却不自知。所以说，"慎独"的功夫包括了"善护念""格物致知诚意正心"，也包括了"知之为知之，不知为不知""戒慎乎其所不睹，恐惧乎其所不闻"，而不仅仅是一个人独处时的戒慎自觉。

文化的土壤

尤其是现在这个时代，传媒非常发达，互联网、手机、微博、微信等等，资讯海量爆炸式增长，太多似是而非的信息满天飞。大家今天特别喜欢讲民主啊、自由啊、人权啊，等等，可是大家有没有想过，舆论本身既是一种权利——利益的"利"，同时也是一种权力——力量的"力"，它会产生力量，它既是我们的利益，同时也是我们的力量。我们今天看到满天飞的雾霾，或者随地吐痰乱丢垃圾，认为是环境污染，需要治理。可是不负责任的、逻辑混乱甚至毫无逻辑的舆论信息乃至谣言满天飞，变成了精神雾霾、舆论垃圾，难道就可以不负责任地自由释放，随处乱丢吗？

由此想到人文环境问题。我们今天的人文环境，从言论自由、传媒方便上来讲，超过几十年以来任何一个阶段。今天可以说言论非常自由，你几乎可以随便乱讲，尖刻偏激、极端浮躁肤浅、逻辑混乱的言论，乃至谣言，舆论暴力，随处可见。很多人以为言论自由、言者无罪，就可以随便讲，讲了可以不负责任，比随地吐痰丢垃圾还要无所顾忌。即便是表面严肃的学术言论，似乎也可以不必负责任地随便讲。这是一种权利与自由的滥用，是对义务与责任的无视，也是对他人和社会的不尊重。它肆无忌惮地破坏着人文环境，却同时又呼唤人文环境的改观，这不是自相矛盾吗？今天的大众，在似乎空前自由的选择中，被五花八门的海量信息舆论公开地催眠洗脑，这是今天这个时代的特点，其中当然也包括无孔不入的商业信息。

说到百年来人文环境的变化，免不了提到新文化运动。新文化运动当然有其历史的复杂背景。而且任何事物，法久弊深，很多的问题也的确有革故鼎新的必要，所以新文化运动有其历史的功劳。功劳大家已经讲了很多了，今天，不好意思，我要胡说一点批评的话。新文化运动是留学生们回来领导的。当时有一个救亡图存的历史背景。大家都很着急，希望中国快速地富强起来，不要再挨打，不要再受人欺侮。这种急不可待的心情可以理解，但是也有慌不择路、饥不择食、矫枉过正、过犹不及的问题。而且思维上、言论上、态度上，有偏激、极端的一面，把中国数千年整个的历史文化全盘否定，甚至提出来把文化的载体——汉字，连同所有中国历史文化统统废掉，文字都拉丁化，一切都西化。所幸这些主张没有全部实现。但是，其引领的一些思维习惯、语言习惯——偏激、刻薄、浮躁、极端，却传染开来，蔓延了一百年，直到今天还不止。我们古代主流的思维和语言习惯不是这样的。古代因为诗书礼义的人文教育，社会风气是温柔敦厚包容的，礼义廉耻、温良恭俭让为主流。但是这一百年的剧变，过去的优点也被革掉了。这样一个思维偏激浮躁，舆论暴力无礼的环境，它变成一个文化的盐碱地了，破坏力很大，重建很艰难。

新文化运动以来一百年了，打倒了旧文化，新的文化却没有扎实建立起来。所谓"新文化"，非常单薄而欠缺根基，不足以支撑国家社会的需要。想从数千年的历史文化汲取营养吧，又羞羞答答不好意思，怕被人骂成"封建余孽"，而且还丢了钥匙——没有古文修养的底子。反倒是骂自己的历史文化，已然是大家习惯了的，不管骂得对不对，极端不极端，大家都习以为常。其实什么是"封建"，也没搞清楚。百年来流行用欧洲的"封建""专制"标签贴到中国历史身上，恐怕是张冠李戴，削足适履。其实唐代的柳宗元在《封建论》中早已讲清楚"封建"的问题。而且中国的封建制不是集权，而是分权，诸侯国自治，诸侯国与中央天子的关系，类似于现代所谓邦联制，所以后来演变成战国的大战乱。秦始皇统一天下之后，为了避免再度出现诸侯国征战不休、生灵涂炭的局面，就结束了封建制，变成中央集权的郡县制，大体沿用至今，也不能简单粗暴地用"专制"来定性。秦代是一种法治体制，君臣各有法定的职责本分，法治很成体系，官员靠选贤举能的开放机制选荐而来，依法度行政，凭功过赏罚，因而成就了强大的秦国。但后来未根据时势及时变通，加之人事问题，而导致败亡。但是"百代都行秦政制"，两千几百年来，秦体制却延续下来了，因为它适合大一统的中国，历代出于各种因缘有所变化而已。这种体制可以避免国家分裂内战，集中力量搞建设和抵御外敌。弊端是容易导致官本位。你可以说它不完美，弊端不少，也可以尝试不同的体制，但是简单粗暴地定性它，一棍子打死，未免太脱离实际。而且，天下有完美的体制吗？古今中外，哪个体制没有一大堆的弊端呢？哪个体制不被异化呢？譬如现代民主体制，好处是民权得益，个人似乎更容易焕发创造力，但坏处是低效、内耗、分散乃至分裂。人类至今还在困惑着，还在继续寻找更好的体制制度，寻找更好的治理方式方法，并未达成"历史的终结"。

中国文化要推陈出新也好，要继往开来复兴也好，必须要有一个肥沃的土壤。这个土壤是什么？首先要具备包容、尊重、分享、共生的精神。你说它是民主平等自由人权的精神也好，说它是温良恭俭让的礼义精神也罢，总之，若没有包容、尊重、分享、共生，就没有人文的沃土，没有文化的沃土。在思维偏激浮躁，舆论暴力无礼的盐碱地上，能长出什么呢？共识也达不成，没有共识就没有文化建设。

譬如现在大家喜欢谈民主，往往讲得很偏激很极端，理想化、浪漫化、情绪化的想法说法很多，而且听不进不同意见，不知道这与民主精神是相符还是相悖？民主到底是什么？一个人有一个人的想法。现在全世界都在说民主，有人说民主就是限制公权，保护私权。有人说民主就是普选制，就是一人一票，等等。中国在民国初期就实行过民主普选制，也做过很多其他政治实验，也付出了巨大代价，这段历史的经验教训值得研究。现在国际上各个国家所谓的民主形式，各有不同，并非千人一面。相对成功的有一些，失败的案例也很多。谈谈理念很容易，但是理念不等于现实，落实起来远为复杂。可是我们常常会陷入这样一个思维陷阱——理念或愿望、主义讲多了之后，忽视了问题与落实操作的复杂环节，混淆了理想愿望与实际可行性。

谈民主，离不开民主精神。民主精神的要素是什么？首先是平等、尊重与包容。所谓权利自由和义务责任的对等，就贯穿着平等、尊重与包容的精神。平等、尊重与包容，是礼义廉耻或仁义礼智信的底线，是克己复礼的底线，也是人类社会的基本道德之一，并非民主精神的专利。尊重人权也好，尊重言论权也罢，自尊自重也好，乃至公权与私权之间，是彼此尊重，而不是各自唯我独尊，这样才有人际伦理、社会关系的相对正常化。否则，如何避免变为自我中心，自说自话，自私自利，彼此倾轧争斗，乃至弱肉强食的丛林法则呢？如果唯我独尊、情绪化、暴力化盛行，那和弱肉强食的丛林法则没有区别，不论多么好的体制制度，恐怕也无济于事。如果民主缺乏了互相尊重、包容的精神，与自我中心有什么区别呢？自我中心必定会固执己见，不懂尊重与包容、合作与妥协，不懂平等与协商，很容易陷入情绪化，纵容贪欲、嗔心，纵容思维、言论与行为的暴力，距离专制暴政（也包括暴民政治）只有一步之遥。

同理，对历史文化也要尊重。批评是一回事，继承是一回事，但无条件的尊重，是起码的应有态度。无古不成今，历史文化是国家民族血脉灵魂的来源。尊重历史文化，就是尊重自己。不尊重自己历史文化的民族，其民族的整体人格与灵魂被阉割被否定，必定陷入自轻自贱的扭曲境地，失去自信，茫然失措，然后仰人鼻息，邯郸学步，被人牵着鼻子走，也必定缺乏自主创造力，必定无法堂堂正正顶天立地地自立于世界，更无法从历史文化中大大方方理直气壮地汲取营养，吸取教训。就像一个不尊重父母祖先的孩子，他可能混得表面发达，但他的人格与灵魂永远是自卑扭曲的，不可能自信自重、顶天立地。

若有能力，就从历史文化里面汲取营养，记取教训，用来自利利他，利益社会国家，利益人类。如果能为历史文化书写靓丽的新篇章，增添新的光彩，那就更了不起。没能力吸收营养，也请尊重她。尊重自己国家民族的历史文化，尊重自己的祖先，有什么不好意思的呢？学习他人的长处当然应该，但是绝不能以全盘否定自己的历史文化为前提。以海纳百川的自信和胸襟，汲取东西方的精华文化与经验教训，造福人类的未来，才是正路。怎么可以把一时挨打的责任，一股脑儿推诿到祖宗十八代身上呢？历史是非常复杂的，很多事有其必然，也有其偶然，不是想当然那么简单。各种总结历史经验教训的想法，往往难免盲人摸象、以偏概全乃至脱离实际的思维陷阱。领导新文化运动的这些人物都很了不起，也很爱国，也有他们的卓越贡献，同时也有他们的种种局限，也欠缺了尊重、包容、虚心的精神。对于中国历史文化，那么庞大而浩瀚的，全世界从来没有一个像中国历史文化这样没有中断过的，这样一个伟大的历史文化，把它轻率地就全盘否定，没有一点尊重的态度。这个既不是民主精神，也不是科学精神。虽然新文化运动号召的是民主与科学，可是对历史文化所做的这些，恰恰相反，走的是简单粗暴、极端偏激的路线。当然，他们很有才华，但也并非真理的化身，普通人的弱点他们也有，而且处在特殊的历史时期，对他们不可求全责备。

历史文化是人创造的。人性本身就是复杂的，善恶多有。古今中外，哪个人没有众多弱点呢？哪个国家民族的历史文化没有众多问题呢？反之，哪个人没有优点呢？哪个国家民族的历史文化没有优秀财产呢？看自己祖先只盯着丑陋的看，无限放大，一叶障目，全然不管其他。看别人只盯着表面光鲜的看，也无限放大，一叶障目，全然不顾其他。别人宁肯虚构历史也要美化自己的过去，我们则是极尽挖苦丑化诋毁之能事。这种片面极端的思维方式本身，就大有检讨的必要，自卑心理与情绪化主导了思维，欠缺理性与逻辑，自欺欺人。冷静下来反省反省，这种思维的背后是怎样的心理呢？有没有成王败寇的心理作怪呢？彼得·圣吉（Peter M. Senge）告诉我，他发现所有被殖民过的国家民族，对自己的历史文化乃至种族，都很自卑。我说这就是人类普遍存在的成王败寇心理作祟。

既然谈科学民主精神，就意味着我们随时可能犯错。因为科学并不意味着正确，而是意味着可错性，意味着在不断求证中不断否定自己。民主也不仅仅意味着公权力的限制和私权利的保障，更意味着相互的尊重包容，而不是自我中心，自我利益至上。片面倾斜于任何一方，天平都会失衡的。民主自由同时也意味着权利与义务责任对等，只讲权利与自由，不讲义务与责任，那不是民主与自由，而是自我中心论，无视他人的存在。不论公权力、私权利，还是资本、舆论，任何能量、力量的乱用，都会造成危害，所以都需要用对等的义务与责任来制约。不负责任就意味着肆无忌惮，所以任何行为都应负起责任来。

国际关系的道理也一样。没有尊重、包容、平等、共生，就没有正常的国际关系，有的只是弱肉强食的丛林法则。像美国喜欢输出它的价值观和国际规则，乃至以民主的名义输出颠覆与革命，在国际上标榜自己永远伟大正确，别人都得听它的。这就不是科学与民主精神了，而是反科学、反民主了，是自我中心的帝国主义了。一个人，永远认为自己正确，那是非疯即狂。一个国家，永远唯我独尊去否定别人、打击别人、掠夺别人，那就是帝国主义了。

谁能代表真理呢？谁也不能代表。各人有各人的个性禀赋和人生道路，各国也有各自的历史文化与道路。讲科学、民主，就要尊重、包容这些个性与选择，大家相互尊重，取长补短，造福人类才是。唯我独尊，强加于人，只会导致动荡不安。世上也没有永恒的成功与强盛。

这个道理也适用于学术、宗教。宗教之间、学术之间，也应该相互尊重包容。排他性极强的宗教或学术，未免以极端的偏见自是非他，变成迷信，自欺欺人，或者变成信仰领域的帝国主义。乃至对科学与民主也不可迷信，把科学民主绝对化万能化，是对科学民主缺乏了解，也违背了科学精神与民主精神。

所以要复兴文化，必须要先培养一个好的土壤出来，首先要深深培养包容、尊重、分享的精神，若能有谦虚、诚敬、厚道的态度就更好，大家才愿意正常交流分享，也才有真正的交流分享质量，才逐渐有文化的繁荣扎根。没有尊重、包容、谦虚、诚恳，就没有真实的分享，只有各说各话，鸡同鸭讲，各人只听见自己的声音而已，变成乱七八糟的吵闹是非，有修养的人只好退避三舍不作声。尊重、包容、分享、谦虚、诚敬、厚道，不论什么时代、什么体制，都是维护健康文化土壤的要素。尊重当然包含了自重，看问题、表态以前，多些冷静，多画几个问号，多些调查研究，多些逻辑严谨，多闻阙疑，多见阙殆，留有余地，恐惧乎其所不闻，戒慎乎其所不睹。尊重包容别人，包括了对别人不要求全责备、要求完美。我们自己很不完美，往往看错、想错、说错、做错，为什么要求别人完美呢？譬如讲话，某兄讲得好，"一个人讲十句话，其中一句话有道理，那已经不错了"。

而且，文化并不等同于专门意义上的学术——那只是文化的一小部分。学术有学术的价值，但是不应以学术形式或学术地位、政治地位来垄断文化。再好的文化，一旦被"独尊"垄断，就是其异化的加速，就是文化生机活力的死亡。学术抽象于现实，但未必高于现实。现实远比学术复杂多变。学术也并非学术阶层的专利。学术阶层既可传承解释文化，也可误解曲解异化文化。专业化并不等于绝对正确。职业学术或官方学术有其种种优势，但优势有时就是劣势，而且往往受制于利益关系。民间学术也不一定没有利益关系，但相对单纯自由些，当然也不等于完全正确。礼失求诸野，民间永远是文化的大本营。同时，文化教育，不应困于刻板的学术面孔，好像越讲得深奥化专业化就越高明。专业化学术当然有其学术价值。但是道不远人，远人非道也。最高明就是最平凡的。若要弘扬文化，就得用人们听得懂的语言来表述，否则谁听得懂呢？如果南老师讲的课或者著述，都像他老人家的《禅海蠡测》那样的风格，恐怕他老人家接续中华文化断层、推动东西精华文化融合的宏愿，一分也难以实现，因为很少人看得懂、听得懂嘛。好的教育是因材施教的，这个时代的人们没有古文底子，所以他老人家很快就改变了风格，由"阳春白雪"变成"下里巴人"，先培养最广泛人群的文化认知，培养文化土壤，广泛播撒文化种子，文化才有希望，才有"山花烂漫时"。其实把"阳春白雪"的文化用"下里巴人"的风格，深入浅出地表达出来，使大家喜闻乐见，三根普被，心有戚戚焉，那是最见功力的，必须要吃透了文化精神，而且要阅历丰富深通人情世故，才能做得到。

文明与文化

接下来报告我对"文明"与"文化"的认识。今天会议的大主题是"中国的文化和世界的文明"。我还是从文字说起。所谓"文化""文明"，你看"文"字的甲骨文字形🧍，像一块石头或一块玉，它上面展示出来的一个花纹，自然的纹路。所以"文"的本义是"纹理"。由自然界里面的这些个图案，启发仓颉他们发明创造了文字。首先创造的是象形字，刻画下来对应事物的一个形象，那就是象形字的来源。刻画得像花纹一样，所以叫文（纹）。它是一种记事符号，逐渐变成了文字。

这个"明"，就是一个日一个月，⊙，日月一起表示光明。也有字形为 ⊞，表示月光照进窗子，以此表示黑夜里的光明、光亮。明引申为明显，也引申为表现、表达出来。

"化"呢，小篆字形 𠂉，左边是一个单立人，右边一个匕首的匕，这是后来演变的。早期的甲骨文就是一正一反两个人 ⺈，合在一起叫作"化"。头朝上站着的，表示活着的一个人。死了的话，头朝下，代表死亡。所以一正一反两个"人"组成"化"，表示生命的变化。有个词叫"迁化"，就是代表一种变化，中国古人对死亡的看法，不是生命没有了，而是表现形式变化了。广义来讲，"化"是两个人一正一反的颠倒，也可以表示正的变反的，好的变坏的，或者反的变正的，坏的变好的。比如说教化，就是把不好的改变，把反的颠倒为正。中国的文字，其实每个字的文化内涵非常丰富。

讲到"文明"这个词，我查到现存最早的资料是来自《易经》。易经"乾卦"里面有一句话，"见龙在田，天下文明"。今天是农历二月初二，民间叫"龙抬头"，是指地理的阳气上升，露出地面，万物滋生，外面的天气也好起来，正好应了"天下文明"这个意思。"见龙在田，天下文明"，什么意思呢？首先从地理学来讲，这个"龙"代表大自然地理的阳气，"在田"，阳气上升到地面了，表现在什么地方呢？就是草木萌芽，开始滋生，大地上万物复苏了，花草树木一点点长出来了，生机盎然，景色不同于冬季的荒芜了，大地上好像有了明显的花纹、文采一样，这就是"文明"。

"见龙在田"的另一个意思呢，是从天文学来讲的。中国古代的天文学是领先的。当时为了观察的方便，把天上的星辰划分为二十八个区域，即"二十八宿"。"宿"就是星辰所在的区域。进而按东西南北划分为四个更大的范围。东方七宿称为青龙（龙星），西方七宿称为白虎，南方七宿称为朱雀，北方七宿称为玄武。"见龙在田"，是说春天时，青龙星跃出地平线，逐渐上升。到了夏季，龙星上升到中天了，所以叫"飞龙在天"。秋季再回落，叫"亢龙有悔"。当然，天文地理是关联互动的，这个关联互动就是天干与地支，天体的干扰和地理的反应、支应。时间空间不同，天地之间的干扰和反应也不同。春天，天文学上的"见龙在田"，是天体运行的相对区位变化了，天干与地支互动影响，导致地理学上的见龙在田，地理的阳气上升到地面了，所以"天下文明"，万物滋生了。

这个"文明"本来表示大地上呈现的万物复苏的景象，后来引申到人类的文化，包括所谓人类的精神文明、物质文明。总体来说，人类的文明是一个中性的词，代表人类总体的一切。跟"野蛮"相对的那个，是狭义的"文明"。比如说，上海或者中国，或者全世界，某块土地上生长的人们，他们所创造的一切精神的或物质的东西，好的坏的，可以统称为文明。后来常用的，基本上是和野蛮、落后、愚昧相对的狭义的文明，是褒义的。

所谓"文化"，我查了一下，从现有的资料看，最早出现在汉代刘向的《说苑·指武》这一篇，"凡武之兴为不服也。文化不改，然后加诛"。什么意思呢？他说你用武力、用强制力量，包括法律、戒律等在内，这些属于相对强制的范围。它是怎么兴起、怎么来的？是因为不服教化，教化不了。通过文治教化来影响他、改变他，改变不了。改变不了怎么办呢？只好用强制的规则，要用秩序、戒律、规则、法律，等等，乃至用惩罚的手段来规范他，是这个意思。这一段话引申出来的意思是什么呢？就是文和武两个是相辅相成的，不是矛盾的。德治与法治也一样，是相辅相成的，不是矛盾的。我们常听到争论，有的说德治没有用，一定要法治；有的说法治没有用，一定要德治。其实都是各执一端，本来它是文武相用，德法相成的。孟子说"徒善不足以为政，徒法不足以自行"，只讲德化是不够的，很多人就是没办法感化，只能用规则、律法来引导他、强制规范他了。即便是惩罚，也不是为了惩罚本身，而是不得已而为之，还是为了教化，使他停止进一步的堕落与恶行，停止侵害别人，逼迫他为自己的行为负责任，逼他反省自新。而且国家社会规模大了，人口多了，来往频繁了，必须用规则、法律来引导人，规范其行为，维护正当秩序，所以法治是必要的。没有好的法治，德治是没有基础的，作恶违法者得益，行善守法者吃亏，谁还肯坚持善行守法呢？可是只讲法治也不够，人毕竟不是机器，不会自动化按既定程序运转，而且还有很多弱点，会钻法律空子，会违法犯罪，还会破坏法治，所以也需要教化、德化，培养他自觉自强自律的精神和能力。而且还需要培养他生活的能力与艺术，有美育，使他活得有质量、有意义、有兴趣、有情操，愿意进一步改善自己，提升修养。

"文明""文化"两个词，后来往往混用，常常代表了人们创造的一切精神和物质的现象，也包括了历史。有时则代表狭义的褒义的文明，要看具体语境。

广义、狭义的文明、文化，我们刚才已经讲过了。全世界所谓文明、文化也好、历史也好、民族也好，林林总总，一方水土一方人，一方有一方的物产，一方有一方的文化。上海有上海生长的植物、动物，北京有北京的，各地都不一样。各地各国的地理历史、风土人情、历史文化、生产生活等的因缘，都不一样，不能一概而论。

譬如我们常听到说，西方（西方人）怎么怎么样，中国（中国人）怎么怎么样。对这种简单的句式就要注意逻辑问题了。西方多大？中国多大？西方多少人口？中国多少人口？那么多的人口，人人都一样？数千年的历史文化，古今都一样？过去现在都一样？可以用一个大而无当的帽子笼统概括吗？在某个时刻、某个地方，看到某些（某个）现象，然后无限放大，说成全体国人如此，或民族性如此，或历史文化如此，这里面有逻辑关系吗？中国是什么概念？大洲级的国家，随便一个省、地区甚至城市，就等于别人一个国家了，人口占全世界的几分之一，创造了人类唯一数千年不间断的历史文化，浩瀚深邃如海洋，诸子百家或者帝王将相只是其中的一小部分而已。每个历史时期又不一样，每个地区也不一样，每个族群又不一样。例如这一百年之间，变化就太多了，每个时期的社会状态都不一样。看到眼前这个阶段的一些问题，怎么就可以笼统而轻率粗暴地扣个帽子，说整个中国或中国历史、中国文化、中国人、中华民族如何如何呢？一个好的中国学者，穷尽毕生来了解中国历史文化，也难以望其涯际，更不要说一般中文还半通不通的外国人了。同理，西方文化，或世界上其他国家民族的历史文化，也都不是简单的，想要全面透彻了解，即使他们自己的学者也做不到，盲人摸象还算好的程度了。可是很多人（包括很多专家学者）

都在这样讲话,好像已经全面而透彻地了解过了一样。还是做不到"知之为知之,不知为不知"。

再比如,"西方"到底是指谁?通常所谓的"西方",是个政治概念,就是指英美德法等几个主要的中西欧北美国家而已,再加上几个小兄弟国家或者殖民地。日韩也算加入"西方"了,本土还有外国驻军,政治也受外国操纵。"西方"是个笼统的概念,并不能代表他每个国家的人民。某地区某时期的老百姓,尽管有一部分的生活特点相似,但具体到每个人都是不同的,每个生活方式与思想都有很多差异。我们平常听到所谓西方怎么怎么样,往往只是那几个国家为了政治、经济、军事共同利益的联盟行为,或者这些国家的某些政治家、某些学者专家或企业家的一部分言论、一部分行为,或者某一地区某一时代(时刻)的部分生活形态,代表不了他本土的其他人,也代表不了他生活的全部,更代表不了他的历史与未来,当然也代表不了世界上其他的国家民族。

所谓西方文化,宗教是其主干,希腊文化很多失传了,也被宗教势力破坏很多。而其宗教起源于东方,耶路撒冷在东方。西方的历史文化也并非延续不断,有一些失传的文化,还是阿拉伯人帮忙回传给他们的。西方过去的历史很多是说不清的,也不连贯的,注重历史考证是这一百年的事,受现代考古学的影响很大。现在流行的西方历史著作,包括教科书,问题很多。比较而言,真够资格堪称"信史"的,而且数千年未曾中断的,只有中国史学。

所谓"西方",在近五百年来的殖民运动中,在掠夺了大批土地、海洋等财富,完成资本原始积累和地球资源分割的同时,也几乎毁灭了一些异族,毁灭了部分异教徒的文化。当然,客观上也创造了很多值得研究借鉴的东西。

但是所谓殖民运动的"西方",并不能代表"西方"的所有人。例如,西方不少有识之士并不支持殖民侵略,更不支持文化与种族灭绝。有的还认为,人类未来想要和平共荣地可持续发展,需要吸收中国文化的长处,例如汤因比(Arnold Joseph Toynbee);例如赫尔曼·黑塞(Hermann Hesse,《荒原狼》的作者,诺奖获得者);例如辜鸿铭先生的义父英国人布朗先生。他鼓励少年辜鸿铭说:"我若有你的聪明,就甘愿做一个学者,拯救人类;不做一个百万富翁,造福自己。让我告诉你,现在欧洲国家和美国都想侵略中国,欧洲各国和美国的学者很多在研究中国。我希望你能够学通中西,就是为了让你担起强化中国,教化欧美的重任,能够给人类指出一条光明的大道,让人能过上真正是人的生活!"后来,辜鸿铭不负众望,学贯中西,精通九国语言,拿了十三个博士学位,他一边批评西方鞭辟入里,令西方人不能不服;一边坚定支持中国文化,反对新文化运动打倒中国文化自毁长城的行为。他被印度圣雄甘地称为"最尊贵的中国人"。二十世纪初的西方曾流行一句话,叫作"到中国可以不看紫禁城,不能不看辜鸿铭"。

百年来,中国人言必称"西方",一方面是为了借鉴学习西方经验,这当然应该。另一方面,是近现代以来,西方建立的殖民强势文化,以及自是非他的文化殖民策略使然。其背后,则是人类成王败寇的蒙昧心理通病。

其实,笼统地比较东西方历史文化与现实,如同笼统比较苹果和梨子一样。不可比是绝对的,可比是相对的。东西方每个国家、民族,各有自己的复杂历史地理条件,笼统比较是无意义的伪命题，相对比较某些具体事是可以的。但是比较的时候，必须同时考虑相关联的所有因素，而不是作孤立的比较。因为每一件事物都不是孤立的，都与很复杂的因素关联互动着。孤立比较，必定得出错误的结论。比方说比较两个人，每个人都是优点弱点兼备，但各有不同。而且优点有时就是弱点，弱点有时也是优点，要看什么条件下。不能因为一个人某时期的某个优点或弱点，比另一个人突出，就以偏概全地全面肯定或否定他。但是这类欠缺逻辑的比较，却普遍流行。其实，普通人谁没有光鲜的一面，谁没有丑陋的一面？各人不同而已。由普通人组成的社会与国家，乃至历史文化，也一样道理。

再比如，一个家庭成员的言论、行为，就可以代表其他家庭成员吗？或者说现在这个会场里面的诸位，两三百人，或者一个大学，一个地区，一个民族乃至国家，其中的每个人能代表谁啊？除了职务授权的代理行为以外，他只能代表他自己。如果因为某个人或某些人犯了错误，就说全体的人都很错误，都很糟糕，我想大家都不会同意。或者一个成员了不起，就代表大家都伟大吗？这个逻辑不成立。孔子能为他后面的所谓儒家弟子负责吗？释迦牟尼能为佛家弟子负责吗？耶稣能为基督徒负责吗？他们只能为自己负责。所谓门人、弟子、学生、徒众，每个人也只能为自己负责。所谓为别人负责，那是极其有限的。所谓门人、弟子、学生、徒众，各有各的程度，各有各的动机，各有各的因缘，各有各的见解，各有各的发挥，各有各的创见，也各有各的偏颇、误差、误解甚至曲解，怎么可以让祖师爷为他们负责呢？学人的偏差与过错，只能由自己负责，不应牵连老师，老师又没让学生偏差误解或者乱来。所以，尽管讲诸子百家，讲学派、教派、宗派、门派，但是要知道，其中每个人的思想不尽相同，甚至差异很大，彼此不能代替、代表，不能互相负责，每个人只能为自己的思想与行为负责。而且，门派、学派、宗派、教派，也要警惕变成朋党派系，变成利益关系，党同伐异。

话说回来，这个"文明"或"文化"，是怎么来的呢？它缘起于生存和生活。人类面对的第一个问题是生存，要活下去。第二个是怎么活得更好，这是生活的问题。这个过程中，产生了物质问题生理问题，吃喝拉撒睡、饮食男女，各地的地理条件又不同；同时有精神上的种种追求。首先人心不安，产生各种各样的情绪、念头、欲望、思想，也会探讨"我是怎么来的"，天地之间有没有真理存在，等等。所谓文明，粗略看，就是这些缘起来的。归结起来就是心和境界之间的互动。为什么把"身"也放在"境"里面呢？其实我们的身体也是一个境界，是我们的心所知道的境界之一，包括了身体的感受，冷暖、饥饿、苦乐，等等。我们平常所谓的"内在"和"外在"，其实都是心所感知的境界，都是心所感知的内在，只不过我们用思维勉强分了"内在"和"外在"。总体说来就是心和境、觉知和所觉知的关系。所谓的文明、文化，人们生存生活的历史与现状，逃不出心与境的互动、觉知与所觉知的范围。

思维的缘起

讲到文明、文化，离不开思维。刚才讲到盲人拐杖那个比方，我们的思维、思想、知识等，都是盲人的拐杖。再比如，我们到哪里去，不知道怎么走，我们要去找地图，没有地图的话要去问向导。向导是谁呢？要么他有经验，要么他也要问别人。所有人类知识的产生都是相互为依据的，相互为拐杖、地图，各种的拐杖，各种的地图。哪个地图、哪个拐杖是好用的？哪个地图是错误的？正确的有，错误的也非常多。包括专家，他在某一个领域有他的专门研究，一部分可以信赖，但是不要迷信。对知识也不能迷信，对思维也不能迷信，因为它们到底都是盲人的拐杖。整个人类生存的状态，不管是古今中外，还是未来，都一样，知识和盲目是肩并肩的，手心手背，同时存在，知识的背后就是无知。绝大部分知识本身就是相对的，在相对条件下暂时是那样，条件变了就不是那样了，所以并非绝对。

刚才讲到思维缘起、心对境。那么思维依赖的是什么？思维怎么来的？思维不是思想，思想可以解释为思维的作用，是个动词，表示行为；也可以解释为思维的产品、思维的结果，就是已经成型的知识、思想。思维本身是一个工具，是我们认知自己、认知世界的一个工具。它怎么来的？它首先依赖于觉知。比如说现在这个环境，当下把所有的念头全丢开的时候，首先我们是用觉知来照见当下一切的环境，其次起了念头，起了思维来分辨，这是哪里，这是谁谁谁，等等。所以思维是后天的事情，不是先天的事情。先天的是觉知，也可以称为知性、觉性。这个觉性，不管你有知识还是没知识，或者人种不同、民族不同、文化不同、年纪不同，或者有没有地位，或者健康与否，等等，这个觉知的本能，大家都是平等的。没受过教育的人，或聋哑人、盲人朋友，乃至老年痴呆症患者，等等，他这个觉性都是一样的、平等的、普遍存在的，而且没有随着我们身体的新陈代谢、生老病死，或者随一切的生活境遇变迁而变迁。这个觉知一直在，从生到死它都在。每天早晨我们醒来的一刹那，还没起心动念之前，那个时候体会觉性最容易。这个时候，"本来无一物"，空灵清净的、自在的。接下来念头马上就起来了，"哦，几点了，我该起床了"，这就是思维了。思维属于后天的东西，执着它，当真了，就是"尘埃"。不执迷，就是妙有、妙用。所以，觉性本身是超越思维的，是思维所依据的最根本基础。知识是更后边的东西，知识已经是思维的产品了，是第三层的东西了。

这里有段话可以对照参究，据说是憨山大师记录的弥勒菩萨开示，很有道理："分别是识，无分别是智。依识染，依智净。染有生死，净无诸佛。"思维就是分别了，分析判别判断。觉性本身就是般若智慧之源。被思维骗住缠住，就陷入迷惑生死轮回了。回归觉性，善用思维而不执迷，就会逐渐解脱烦恼与生死轮回。

认知坐标

这里，我会借用一些佛学的词语来说明认知的过程。顺便说到，我们今天所用的语言里面，很多词语都是从佛学里面来的，比如说"意识形态""不二法门""现身说法"，比如说"书记""总统""平等""真理""真谛""真相""律师""思维""单位""东单""西单""正宗""宗旨""心境""恩爱""烦恼""自在""自觉""缘起""因果""功德""方便""慈悲""无常""心花怒放""自欺欺人""心心相印""大千世界""不可思议""自作自受"……很多了，这都是来自佛学的词语。

所谓"我执",就是对自我的一种执着,认为有一个不变的"我""灵魂"。"法执"是代表对除了"我"以外的所有事物现象的执着。"法"包括物质的、精神的、知识的、思维的、理论的、行为的,等等,所有宇宙的一切,心、物各种的现象、作用,都是"法",用一个"法"字来概括它。我们都喜欢执着,认为有一个东西在那里,有固定不变的性质,就抓住不放。其实"我执"是"法执"的一种,因为我们一动念就困在我执上,最常用的,所以把它单列出来。这个我执和法执是怎么来的呢?下边用"认知坐标"的比方来说明。

我们认知自己或者环境事物时,思维是怎么运作、怎么工作的?我们拿数学上的坐标来比方说明。最简单的坐标是一个横轴、一个纵轴,一横一竖,交叉像一个"十"字这样,数学上叫X轴、Y轴,中间有一个交叉的"原点"。所有的事物,可以标在横轴纵轴不同尺寸连线的交叉点,就像我们下围棋那个棋盘,每一个交叉点可以对应一个"我"或者"法",代表一个事物、一个现象、一个道理、一个行为,等等。在思维的发生过程中,"我"其实就是那个"原点"。像笛卡尔讲的,"我思故我在",他讲对了一半。我们刚才讲到,思维是后天起来的,是依赖于觉性起来的。在你思考的时候,我思故我在,好像有个"我"存在,可是我不思的时候"我"在哪里?可见这个"我"是思维出来的。为什么会思维出来一个"我"?当然你说因为有这个身体在。身体是一个业报,它是一个结果,不是一个最原始的起点。而且身体随时新陈代谢,随时变化,"我"怎么没变呢?

我们静下来体会,观察起心动念。一动念思维,就有个认知的起点。认知事物首先有一个思维的起点、立足点，它就是思维坐标的"原点"。思维的这个出发点、立足点，就是起心动念的本位立场，我们习惯上叫它为"我"，英语里面叫"I"。它就是这么一个出发点，一起心动念就有一个立足点、出发点，这个就是认知的原点、起点。可是你把这个认知的原点、出发点、立足点，当成了固定不变的有灵魂的东西，这是一个误解，这是后天思维的错误认知，但却被我们一直执着，当成真的了。把"妄"变成真，变成了一个牢笼，一个困惑。这个就是"我执"了。你说它有"我"吗？有"我"，它充其量就是一个认知的立场、起点、出发点，是认知坐标的原点。而这个思维认知的坐标其实是假设的，它不是一个天然就存在的东西，它是后天起来的相对思维的凭借工具。所以，"我"是后天假设的观念，习以为常了，变成"我执"。本来无我。早期翻译《杂阿含经》时，不用"无我"，而用"非我"。"无我"侧重讲"我"是后来假设加上去的观念，本来没有的。"非我"既讲了本来无我，又讲了起心动念时，凭空假立假设了一个思维的起点、立足点。

横轴纵轴，你可以把一个轴标为时间，另一个轴标为空间，时空交叉点不同，产生的事物就不一样，缘起就不一样。比如今天农历二月二，我们在这里，时间是这个时间，空间是上海恒南书院，产生了这样一个事件，就在坐标系上定位了。它是这么一个认知，回头它又变了，时间马上过去了，空间也变了，散会了，大家都走了，也就变掉了。

你也可以把感觉和思辨当作横轴和纵轴。所谓感觉，包括了眼耳鼻舌身的觉知，眼睛看到的、耳朵听到的、鼻子嗅到的、嘴巴舌头尝到的、身体感觉到的,它总归是个感觉,它可以作为一个轴。另外一个轴就是思维思辨,就是意识起来,分析判断这些感觉怎么样,我饿了、渴了、紧张了、愉快了、生病啊、健康啊,都是根据感觉来思维辨别的,纵轴就起作用了。所有人的知识和思维,其实就是这么个认知的坐标。简单的比方就是这样。

可是这个坐标是怎么来的呢?是凭空假设的。就像我们这个地球,在太空里面,它是凭空吊在那里的,通过各种的引力也好、排斥力也好、星际之间力的作用也好,它是凭空吊在这里的。整个宇宙里面,所有我们看到的显性物质、暗物质、暗能量,全是在虚空里面的。我们的认知也一样,都是凭空起来的。在我们没有起思维之前,这个觉性照见一切,它等于虚空一样,包容一切。当我们起来了思维,有一个从"我"出发的时空交叉认知坐标,接着觉知、感觉、思辨,判断了这样那样的事物,认为它存在,就变成了一个"法",形成对"法"的认知,做了一个结论,这就是所谓的知识。这些东西都存在于觉性之中,也可以说是存在物理的虚空之中,这个觉性和物理的虚空是不二的。物理的虚空,也是通过我们这个觉性照见它之后,才认知它有一个虚空,有一个宇宙。所以整个宇宙也好、物理的或心理的东西也好,都在这个觉性的里面,而不是外面。如果在外面的话,你不会觉知到它的存在。

说到时空,它本身也是一个妄想执着,也是一个思维的陷阱。时间存在吗?其实时间是我们根据空间现象比较而产生的假设观念。根据什么?例如根据太阳、月亮与地球的相对运行,有了昼夜明暗等空间现象。或者一个事物的开始到消失,也是空间现象。根据空间现象,我们产生了日月年等时间观念。再比如我们的生老病死，一个小孩的肉体，从受精卵一点点长大，乃至到老死化成灰烬，这是空间现象。每天我们脸上长了胡子要刮、相貌身体变老，这是空间现象。因为这个空间现象的相对比较，我们产生了生、老、死的时间概念。再比如：什么是病？病是不舒服。不舒服是怎么回事？是整个身体生理感觉上的失衡而已。本来没有"病"这个观念，它就是生理感觉的不平衡。失衡了，不调和了，所以你觉得不舒服，我们给它个代号叫作"疾"或者"病"，这是我们后天加上去的概念标签。空间现象是感觉来的，感觉的基础是觉性。再比如快乐时，觉得时间过得快，痛苦时感觉时间好慢，这是心理时间，也是由感觉而来的，同时还加上了欲望。因为希望快乐长久一点，所以感觉过得太快了。痛苦烦恼的，希望快快结束，所以感觉时间过得很慢。

　　所有的知识都是思维的结果，也是后天贴上去的标签。时间是根据空间感觉比较、根据心身感觉比较而假设的观念。那么空间存在吗？你说我们这个空间，这个房子盖好了，把我们和虚空隔开了吗？好像隔开了，其实没隔开。你把房子拆掉了，虚空还在那里，虚空没有因为房子的有无而增加一分、减少一分。所以整个物理世界和虚空是不二的，物理世界并没有占领虚空的空间。如果说虚空可以被物理世界占领的话，物理世界毁掉了一个东西，那块虚空就应该不存在了。而如果物理的虚空与觉性是分开的话，我们也不会感知有物理世界的存在。所以宇宙与觉性也是不二的。所谓"空即是色，色即是空"，《心经》讲的就是这个道理。后面的"受想行识，亦复如是"也是一样，整个觉性和思维，和所觉知、所思维的内容其实都是不二的。不然的话，它就不会相互知道，也不会相互发生关系。

这个认知坐标代表了我们认知自己和世界的过程，代表了我们思维和知识的缘起。所有的思维与知识，都是我们的凭空假设，凭觉性对所觉境界产生的辨别和判断。包括宗教、哲学、科学的思维与知识在内，都属于这个范围。而所觉境界与觉性本身是不二的，并不在觉性以外，所以能觉所觉不二。我执法执是所觉境界，也不离觉性而存在，与觉性也是不二的。所以，我执法执并无实体，本来空幻，虚妄不实。所有的知识都是相对而言的。因缘一变，它的环境条件一变，它也变了，没有固定不变的事物和知识，所以叫"缘起性空"。所有的因缘是相对的，这些因缘形成的事物、现象、作用，它不是恒定的，不是永恒的，所以叫"无常"。每一个缘又受制于其他因缘的改变，十方连环，无穷无尽，普遍互动的，你找不到一个真正独立存在的事物或现象。

解脱思维的陷阱

所以，法执和我执，它就是把凭空假设、缘起性空的东西当真而执迷了。因为当真了，无始以来，生生世世以来，我们太执迷了，想抓住不放，所以越来越困在"自我"里面，困在种种境界里面，越来越渺小，困在这个业报身里面无法解脱，困在色、受、想、行、识五蕴牢笼，困在贪、嗔、痴、慢、疑以及各种错误观念、各种欲望烦恼里面，超脱不了。说到底，也就是困在思维的重重陷阱里面，作茧自缚。所以觉知的能力、范围，也困在这个渺小的范围。

所谓觉悟，就是看破思维的重重陷阱，不受这个骗，不受我执法执的骗，觉性本来在这里，不需要去找。

所谓修行，就是不断反省，随时修正错误的身口意行为，转恶为善，转善为净，从我执法执里面逐渐解脱出来。

所谓定境，可以说是深度的宁静。做什么用的呢？宁静致远，宁静下来可以看清楚，散乱的时候是看不清的，看不清内心也看不清外界，当然会陷入种种的思维陷阱。"禅定"又不同了，不是普通的定境。禅定也称"正思维修""静虑"。正思维修，是纠正错误思维、跳出思维陷阱的修养。"静虑"，是来自《大学》的"知止而后有定，定而后能静，静而后能安，安而后能虑，虑而后能得"，是翻译佛经时借用儒家的，所以说儒释道的学问很多是天然相通的。换言之，"禅定""静虑"就是止观与定慧之学，还不只是定力，还有智慧、定慧等持的，才是真正的禅定。"虑"就是观慧，观察观照，"安而后能虑，虑而后能得"，深度宁静之后的观察观照，可以开发智慧了。"止"的修养是万念归一，专一在一个目标上，把我们心猿意马满天飞的思维妄想暂时拴在一缘上，停下来歇息一下，宁静下来、安定下来，就是定境了。定境有很多种。而我们的觉性，它本来就在那里，并没有丢失，它在这个妄想暂停的空当儿，自然会呈现，可以启发我们。

可是如果把专一的定境当作究竟了，那又困在定上，就难以自证本觉了。那样的话，一出定又困在种种思维的陷阱上了。若不能借助定境来自证本觉，就要在安定下来后，观察、观照内心，一则可以反省思维与知识本身，看破思维的把戏，破除种种思维和知识的迷惑。二则可以练习无分别无分析无判断的观照，观照内心，也可以身心内外一体观照，这种观照的修习，机缘成熟时，会忽然明白一些根本问题，这不是思维、分别来的，这是般若智慧的显露了。这样修习下去，渐渐会破除我执法执的思维陷阱。这样去反复观察、练习，就可以不断突破、不断进步。

为什么要反复观察练习？因为无始以来，我们在思维的陷阱里面打滚太久太习惯了，根深蒂固，习以为常，不是冰冻三尺，而是冰冻万丈，需要反复练习来融化它、解脱它，需要随时善护念、慎独，随时从起心动念处注意了。这就是所谓"修行"的过程，也是恢复生命本来面目的过程，不断地把颠倒的思维"化"导为正思维、正觉。这个过程，也是解脱"见思惑"九十八结使的过程。

魍魉的思维

思维、知识都是凭空界定的，相对而言，它的特点就像盲人摸象。盲人摸象是佛经里的故事，六个盲人在摸大象，然后各执一词，争执不下。这些盲人就是我们，就是众生。所谓六个人，也等于我们的眼、耳、鼻、舌、身、意等六识。你也可以说等于我们中国古代那个混沌的故事，混沌被开了七窍之后，就流血死了。混沌是先天浑成的一个东西，本来天然一体。可是我们后天通过七窍来感觉，加上思维，困在我执和法执上，混沌就七窍流血死掉了，因为破坏了先天不二的境界。可是我们都把自我和一切的知识很当真，你认为这个事情、知识、理论是真的，他认为这个是假的，公说公有理，婆说婆有理，然后互不同意闹意见，谁也不服谁。或者认同一部分，达成暂时的共识。思维与知识的盲人摸象性、相对性，决定了各种思维与知识之间，永远会相互矛盾、相互打架。人们不可能自然统一思想，沟通很困难的，能听进且听懂彼此的话也不容易，一百个人在一起会有五百个意见。每个人的程度、认知角度也不同，思想当然不同。知识也永远在更新，旧的被推翻，新的变旧的。

再比如"刻舟求剑"的寓言故事，为什么讲刻舟求剑？我们当下觉性照见境界的时候，马上起心动念，用一个假设的坐标来思维判断事物。在做思维判断的时候，其实所判断的那些对象的因缘已经改变了，它在当下已经变了。每件事物都不是一个缘、一个条件，它是多个因缘条件，而每一个条件又受制于其他的因缘条件，与之无穷联系而互动。所以所有的认知、思维、知识、理论都是刻舟求剑，没有例外。

我们所思维的对象、境界都是无常的，可是我们在思维的时候，会把它定格在那里，假设它是不变的，或者假设一部分是不变的。这种思维方法本身就是把假设当真，自欺欺人。思维的结果，也就是知识，那更是魍魉了。为什么讲到魍魉？魍魉是影子的影子，是《庄子》里面的比喻。思维是一个工具，认知工具，它产生了一个结果叫知识。思维是依据觉性起来的一个作用，如果把觉性比作身体的话，思维就是觉性的影子，思维的产品——知识，就是影子的影子了——魍魉。我们平时就是被影子和魍魉牵着鼻子走，身体跟着影子和魍魉在跑，你说颠倒不颠倒，冤枉不冤枉？还有魍魉的魍魉，比如道听途说，比如谣言，今天这个八卦一下，明天那个八卦一下，越传越面目全非了。比如今天我们这场活动，散会以后每个人回家复述一下，今天那场会，大家都讲了些什么呀，哪些人来啊，管保每个人说的都不一样，甚至完全相反。

所谓历史

所谓历史也是这样。你说历史是怎么样的,史书记载说发生了什么事情,那是按照某个标准选择某方面最重要的记录,其余的大部分事情没有记录进去,而且离不开作者的主观。每个人的认知角度又不同,程度不同,资料不同,所以不同的人写的历史是不同的。西方有人讲"历史是任人打扮的小姑娘",给她怎么化妆,她就是什么样子。这话有他一定的道理,也反映了西方历史学的诸多问题。全世界最为重视历史记载,最为严格讲求趋近真实与公正的,最反对"曲笔"的,是中国古代的历史学,而且中国的史学是世界上唯一数千年连续不断的。

讲到历史,就牵涉考古、考据的问题。前天我看到一个笑话,讲两个乌龟在地上比定力,谁先动谁就输了,两个趴了很久都没动。后来过来两个人,其中一个是甲骨文的专家,他说:"看,这只乌龟背上有甲骨文,我判断这只乌龟至少死了三四千年了。"另外一只身上没有甲骨文的乌龟就说:"啊!你这个该死的!死前为什么不告诉我一声?害得我一动不敢动。"结果旁边这个乌龟就说了:"你真笨,专家的话你也听?"哈,我讲这个笑话不是讽刺专家,而是说要尊重专家,但不要迷信专家。专家在他熟悉的领域研究得比较多,在他不熟悉的领域研究得可能比较少。但是所谓领域内和领域外并非隔断的,事物的缘起是普遍联系的,也是无常的,存在的变数与可能性很多。即便在他熟悉的领域,即便他是权威,也有判断失误的时候。而且同一领域的不同专家,意见不一致甚至完全相反的,也很寻常。而且如前所述,也往往跳不出盲人摸象、刻舟求剑的大窠臼。所以对于专家、权威的判断，应当重视，应当尊重，人家毕竟比外行研究得多，但是也不要迷信，不能绝对化。专家也是普通人，不过某方面研究得多些。也因此，对专家不能要求太高，不能求全责备，把专家等同于正确、真理，那专家们的责任和压力就太超负荷了。同理，考据、考古资料也很重要，但是不要绝对化。尤其对历史的考古、考据，其损失掉的信息量是绝大部分，我们所看到的、考据到的信息只是小部分。

很多人看过电影《罗生门》，就知道审案子下判断有多么难，那还是刚发生的案子，当堂对质，还不是古代的案子呢。我是学法律的，发现一个案子审起来真的要很严谨很小心，一不留神就错判了。我在检察院工作过。检察院第一个部门是批捕科，决定是否逮捕案犯的科室。公安局转过来的刑事案子，到我们这里审查。公安局已经审几次了，所有的统统调查个底朝天，最后决定立案，再移交到检察院。第一步要我们判断是否批准逮捕，我们要全部重新来过，不要受公安局的影响，全部的人证、物证反复地调查、提审，等等。确实应该逮捕的，请检察长签发逮捕令。然后转移案卷到检察院的起诉科，起诉科在移交给法院之前，还要重复同样的调查审问过程，也是独立的，不受公安局或批捕科的影响。为什么这样？就是要减少错误的发生，减少冤枉人的事件发生。到法院后，又要重新调查审问，反反复复。最后到当庭审判的时候，还要人证、物证拿出来，当庭审问、做证、辩论。所以审一个案子，程序设计得力求严谨，就是为了防止出现错判。可是仍然会有冤假错案发生，即便不是徇私枉法，也会有错判的时候。所以准确判断一件事情，非常不简单。

其实绝大部分人的思维习惯，都是凭一点资料，或凭一面之词，或凭道听途说，就轻率地给一件事下结论。或凭一点野史，或简单读了一些正史，就简单粗暴地给历史下个结论，很不负责任，可是影响了很多人，以讹传讹，贻害不浅。要读懂历史是很不容易的，很多领域的事我们并未经历过，并不了解其中的复杂、甘苦与深浅，对人性的复杂也没有了解，既不自知也不知人，仅仅是凭一些观念或书生意气来看历史，哪里会真懂历史呢，一定曲解误解的。有的则是以现代的观念来看待古代史，有的是专从某个角度来看历史，仁者见仁智者见智，各有偏见。这都是思维的陷阱。

现在听说有人想重新写古代史或近现代史，仅凭现在搜集到的资料，或者凭现代的观念去衡量古代，就可以窥见真实的历史吗？问题恐怕不少。但它可以代表了作者个人的认知与观点，如果命名为"某人的史观"就比较恰当，可以给人参考了。俗话说，"土地若能言，舆师面如土。腑脏若能言，医师面如土"，舆师就是风水师。你也可以说"历史若能言，史家面如土。事实若能言，舆论面如土"。写历史要搜集资料，搜集不到的资料，遗失的资料，是大部分。即便是搜集到的资料里面，人的主观偏见、误解、曲解占了多大成分？都是要慎重考虑的问题。

比如在南老师身边做事或常走动的人，对南老师了解多少？每个人如果口述历史的话，有多少偏差？有多少误会与曲解？一定少不了。因为每个人接触的片段、侧面、时间段不同，每个人的内在程度、认知偏差和心理状态都不同，动机也不同，认知与记忆也会出差错，甚至完全错误。可是旁人听了、看了，会信以为真，理由就是所谓"亲身经历"的"第一手资料"。

我们每个人也一样，你太太儿女了解你多少？同事朋友了解你多少？每个人口述你的历史，都会讲出很多，可是你听了，一定有很多的不同意。所以说"人生难得一知己"。还有句话叫"不如意事常八九，可与人言无二三"，很多话没法讲给别人听，别人当然不会了解。而且中国自古以来就有"积阴德"和"扬善于公堂，规过于私室"的教育，自己做了好事不肯说的，别人做了一分好事可能会被捧成十分，坏事却被隐瞒，这也是常有的事。同时，"好事不出门，坏事传千里"的事也常有，道听途说或造谣流行是常事，因为人性弱点如此，爱八卦，传谣时背后还有种种心理在作怪。所以世间事很不简单，历史哪有那么简单。你说根据某人说了什么，判断历史就是那样的，他没说的还多着呢，已经说的也要打几个问号，未必如字面意思那般。

像很多人希望南老师写自传，可是他老人家最后说，古今中外的传记当作故事看比较好，不要太当真。尤其是自传，人们大都会把自己写得光鲜，丑陋的不愿写，而且记忆也会出差错。回顾一生，真话有很多不能讲，讲了很多人或人家后代脸上不好看，人家也要生活的。可是，假话又不愿说。所以，最后还是不了了之。老人家前几年有首诗："九十余年怀旧，俱同落叶纷纷。高明庸俗尽灰尘，何处留痕。细思量，是非人我，真真假假，虚虚实实，本是无真。但苍茫四顾，那得容心。"

缘起与界定的反思

讲到思维、知识，所有的思维、知识，连同五花八门的境界，其本身也是无常的。思想、起心动念是留不住的，每个念头马上过去了。我们所认知的对象也是境界，也是无常的，都是变化的，缘起性空的。每个东西是多种条件凑合的，可是你抓不住一个固定不变的东西。世界上最稳定的物质是什么？是黄金。所以它可以被当作硬通货。黄金是什么东西？金元素哪来的？现代物理学认为，要有太阳那样的压力和温度，才可以形成金元素。可是如果超过太阳的温度和压力，金元素就解体了。所以世界上你还找不出一个不变的东西，除了觉性以外，其他的东西都是缘起性空的，没有一个固定不变的东西，当然也包括我们的个性。所谓个性，每个人都有个性的格局，所以叫性格，它就是长期的习惯，思维习惯、情绪习惯、身体禀赋，等等，综合起来形成的一个相对稳定的执着境界。稳定在哪儿？稳定在我们执着它，太习惯了，习惯成自然，路径依赖相当坚固，所以很难改变。修行是要改变这些东西，所以是相当困难的一件事情，江山易改，禀性难移。它是无始以来形成的习惯集合。但是它也是缘起性空的，我们从小到大，我们的个性有没有变化？有，绝对有变化，当然很多方面也很顽固，但是程度不同了。我们的身体变了没有？变了，都变了，身体随时在变。除了觉性依旧，其他全变了，所以身体与个性也是缘起性空的。

　　科学、哲学、逻辑、文学、艺术、情绪、身体、环境、文明，乃至整个宇宙的各种现象，都在缘起的范围里。这个缘起是怎么缘起的？甲和乙怎么就发生化学反应了？怎么就产生物理反应了？这个缘，我们可以翻译成另外的词，叫"条件""因素"。某个因素跟某个因素之间，某个条件跟某个条件之间，怎么就产生反应了呢？像陈总做的防火板，把矿石怎么就变成了防火板？加工是怎么完成的？再比如，念头之间、思维之间、逻辑之间、情绪之间、情绪与思想之间的互动，思想情绪与生理之间的互动，起心动念与说话、与身体行为的互动，这些因缘之间都是怎么产生关系的？

我们回到总归的概念，这一切的因素、条件及其彼此之间的互动关系，总归为一个概念来概括，就是"缘起"。不管是有逻辑还是没逻辑，包括物理的、生理的、思维的、精神的，只要属于有为的（有所作为的）作用，一切有为法的范围，都是缘起的，都是因缘条件相互配合起来的。

可是我们要思考：所有的事物、现象、作用，也即所有的缘，每个缘是独立的吗？如果每个缘真的是独立的，就不会发生缘起了，不会发生关系，不会有逻辑关系，一加一不会等于二的。可是你说它不是独立的吗？为什么它好像又是一个独立的条件或因素？

我们回到刚才认知的坐标。从横轴纵轴分别拉一条线出来，变成一个交叉点，就对应一个法，代表物质或精神现象。这个认知可以说是一个界定、定位。知识也是界定出来的。所有的知识都有它的定义，有它的内涵和外延，统归为界定。界定就是划分一个界限，区别这个是什么、那个是什么。同小孩课桌上画三八线一样道理，这个是我的，那个是你的，也是一个界定。所有的知识和思维都是在界定，可是这个界定是相对的、假设的。所以缘起这个概念也是相对而言的，是相对于种种对象而产生的、相比较而言的一个东西，叫作缘，叫作起，生住异灭，等等，都是相对的。可是每个缘真的是独立的吗？如果真的是独立的、有界限的，彼此就不会发生关系了。

比如说，我跟你们在座各位之间是有界限的吗？看上去绝对有界限，我是我，你是你。可是我们这个界限如果是真实的话，你不会知道有我这个人存在，我也不会知道有你存在。界限是真实的吗？如果是真实的，彼此之间就彻底隔断了，不会发生关系，不会有缘起存在。所以界限是相对的表象，是假设的。所有的界，本身就是缘起性空的，并非固定不变。每个缘本身也是缘起性空的，受制于其他因缘，没有固定不变的性质。所以，平时我们习惯了先认为种种事物现象的各自独立，然后各自独立的东西彼此之间发生关系。其实这里面的逻辑是经不起推敲的，逻辑不能自洽，不能自圆其说，有界又非界，非界又有界，独立又不独立，不独立又独立，黑就是白，白就是黑，自相矛盾。包括逻辑本身，也是缘起的，也有界非界的自相矛盾。说到底，逻辑本身也是无法自洽的。

我们刚才讲到缘起性空，并不是缘起了就有，缘灭了才空——那是相空，而是缘起与性空不二，缘起本身就性空，没有永恒不变的体性、自性、性质，所以才能缘起，不空就不能缘起缘灭了。缘起性空有两层意思：一层是说各种因缘聚合而无常，因缘起灭，没有固定不变的东西存在，没有永恒不变的自性（性质）存在，没有主宰各种缘起的主宰（所谓"我"）存在；每个缘本身也是缘起的，与其他条件互动生灭，没有自性。这是第一层意思。深一层的话，每一个缘本身也是假象，没有独立的缘存在，所谓独立是相对而言的假设界定，这个独立的界限并不真实存在。所以缘与缘之间的互动关系也是相对的假象、幻象，可是我们把假象、幻象当真了。所有的缘和缘起，并非超出先天觉性的范围之外，所以才能够被感知被认知，才能够被分辨被分界，才能相对地比较，认为它有个缘起或缘灭。所以一切界，一切界限、界别，知识的界限、思维的界限、逻辑的界限、物理物质的界限、心理的界限、心理与物理的界限，六根（眼耳鼻舌身意）、六尘（色声香味触法）、六识（眼识、耳识、鼻识、舌识、身识、意识）等所谓十八界，等等，是相对而言的，假设独立的，并非真的隔断了。也可以说是虚妄不实，并非固定不变的，而是缘起性空，无常的。可是它可以起用，可以产生这些缘起的作用。这些假象、幻象、缘起，都是所觉的内容，都在觉性照见的范围内。只不过我们无始以来困在我执法执上，太着相了，所以困在狭窄的所知量内，困在思维和知识的陷阱内、种种界限内，困在五蕴八识里面，困在贪、嗔、痴、慢、疑、恶见里面，被这一切的界限限制住了，不得解脱。缘起都是所知量，五蕴八识都是所知量，所知量是有界限的，但界限是相对的、变化的，《楞严经》叫"应所知量，循业发现，宁有方所"。困在自己执着的界限内，就是画地为牢，作茧自缚，哪里会有自由感呢？身心都没有自由感，都是困惑，所以总想追求自由。佛说"一滴水只有融入大海才不会干涸"，而重重无尽的"界"，使我们如同一滴脱离大海的水滴，很快就干涸了，枉受生死轮回之苦。

  我们不妨把一切归纳为"心与境"，一切境界是心的所知所觉，心是能够照见境界的觉性。可是所觉知的境界也没有脱离心而独立存在，心与境如果是两个东西的话，心不会知道有境界存在，所以心境不二。

  我们执着有境界实存，有我，有众生，有时间空间，等等，这都是法执，也是我执，所谓"人我执、法我执"。各自执着不同，所以我们的果报也千差万别，被这些界限困得不得了。每一个细胞，每一个DNA里面都有很多界，都是念念作茧自缚感应来的。

心和境,在"道"的层面上是不二的。空和有,也是不二的。见和相也是不二的。唯识学讲的八个识,每一个识里面都有见分和相分,就是能知和所知两部分,和刚才讲的心和境相似道理。能知和所知,如果是两个东西,能知不会知道所知的存在。所以见和相,不是两个东西,它是不二的。见就在相中,见因相而见,因为觉知了现象才知道觉性的存在。相就在见中,相因见而相,因为有觉性才觉知现象的幻化。

同理,缘起和性空也是不二的。《华严经》讲"一真法界",全体皆真,全体不二,全体圆觉境界,常乐我净,一切都是圆满的。可是我们因为认知的无明,无明就是不明不白,糊里糊涂,困在我执法执的思维陷阱里,困在种种所知量里,困在一切界限里,所以变成了这样一个重重困住而不得自在的烦恼境界。解铃还须系铃人,哪里跌倒哪里爬。一切解脱,都得从当下一念无明的解脱开始。

诸漏皆苦

刚才讲的不二境界是"道"的境界。所有众生的后天境界,是"道失而后德"以后的事了。迷惑了,没有真觉悟,所以产生种种颠倒妄想执着境界,进入相对的二元境界执着了。为什么讲德?德,已经是有对象了,自己与对象之间相对、对待而产生的。德、仁、义、礼、智、信、法等,全是有对象的。贪、嗔、痴、慢、疑、恶见,也是有对象的,都陷在二元世界里转。

在一真法界、不二境界里面,它没有对象,没有相对的境界执着。所以，贪、嗔、痴、慢、疑、恶见都无处存身。德、仁、义、礼、智、信、法这些东西，在一真法界里用不到，因为它天然地合于道。换言之，在一真法界的境界里，我执法执会渐渐消解，渐渐转八识成四智，行为渐渐自然地合于道，德仁义礼智信自在其中。

所以后天境界里面，执着相对的二元境界了，就困在我执、法执里面，被自己捉弄了。所以叫"诸漏皆苦"。佛法讲的"四法印"：诸行无常，诸漏皆苦，诸法无我，涅槃寂静。"诸行无常"，代表了宇宙一切现象、作用是无常的，变化的。"诸法无我"，宇宙一切心理的、物理的现象、作用，是缘起性空的，没有固定不变的性质，所谓"无主宰，非自然"，没有一个主宰，也不是自己本来如此的。"涅槃寂静"，代表修行成功，超越了一切妄想执着，解脱了一切思维陷阱，证入不生不灭的道体本身。"诸漏皆苦"，这个漏是什么？就是智慧的渗漏。所谓"漏"是个比方，因为无明，不明白，糊里糊涂的，所以迷惑在种种思维陷阱里面，变成一切苦恼的来源。本来的觉性智慧是先天的生命财富，可是没有善加利用，仿佛都漏掉了。为什么会苦？因为它在错误的认知基础上去执着，所执着的东西，是缘起性空的，无常的。我们却认为它是永恒的，实有的，处处抓着不放，可是它根底上是空的，缘起无常的，抓无常的结果是什么？当然是竹篮打水一场空，当然不如意了。所以不管什么社会，不管哪个民族，不管什么时代，或者什么制度，只要我们陷在这些个思维陷阱里面，永远是不如意事常八九，一定如此。为什么？因为跟无常较劲，希望无常变为常，希望缘起性空的东西不空，所以从起心动念的根上就颠倒迷惑了，南辕北辙。根子就错了，苦瓜连根苦，根上就是苦的，就是虚妄、误解、误会，把假设的当真了，于无常的东西非去执迷不可，或者于无常而求永恒，完全是颠倒妄想，所以它一定是苦的。它就变成什么呢？变成了"心有千千结"的境界，它里面包含了很多烦恼。

哪些烦恼呢？比如"贪、嗔、痴、慢、疑、恶见"。

"贪"，贪念，心里想抓个东西，抓个境界。不抓就感到不安、恐惧，好像吊在悬崖边，不抓就掉进万丈深渊一样。贪婪，贪恋，喜爱，爱好，期望，希望，企求，恋慕，渴望，渴求，占有欲，贪求名利财色，等等，都是贪的范围。

"嗔"，抓不到，抓不牢，抓不够，达不到愿望，都会起嗔心。讨厌，反感，憎恨，不开心，恶心，生气，失望，无奈，嫌恶，生气，愤怒，易怒，恼怒，怨恨，埋怨，怨怼，愤懑，敌对，敌视，报复心，愤愤不平，脾气暴躁，等等，都是嗔的范围。

"痴"，也就是无明，不明白，懵懂的，糊涂的，没有智慧的光明。愚蠢，愚痴，迟钝，迷惑，偏见，邪见，迷信，等等，都是痴的范围。

"慢"，傲慢，骄慢，觉得自己了不起，或者过分的清高，孤高自赏。自卑也是"慢"的一种，是傲慢的反面。傲慢的人一定自卑，他用傲慢来平衡自卑。自负，自卑，自大，骄傲，傲慢，自恋，自以为是，自我中心，唯我独尊，都是"慢"的范围，也是"痴"的演变。

"疑"，怀疑，永远在怀疑。我们就像盲人一样，拿着探杆往前走，我们的思维就是那个探杆，下一步能不能走，要用探杆去探一探，不然的话就怀疑、恐惧，探一下觉得踏实，可以走，就是信。

疑和信是相对的，你相信这一步可以踏出去，下一步呢？搞不清的话，又得探查。所以人类经济上的活动、贸易等，是靠信用维持。金融也是靠信用维持，政治也是靠信用维持，人与人之间的关系也靠信用维持，没有信用的话就垮掉了。"疑"和"信"永远并存，人不可能永远在疑的境界，那样会焦虑致死，会疯狂掉的。所以它永远在疑和信中间选择，不然走不下去。

"恶见"，就是错误见解，甚至非常极端的看法。粗分包括五大类见解。第一类，身见，我们随时被身体观念困住，把身体等同于生命本身，一辈子为了身体忙，最后它还是会坏掉的。第二类，边见，一切偏见都属于边见，偏一边了。比如有的认为人死如灯灭，有的认为有个自我的灵魂生生世世持续不断，其实"灵魂"是我执的作用。有的认为世界完全是物质的，由微粒子构成的。有的认为世界完全是精神的。有的认为一切是空的，不是有的。有的认为一切是有的，不是空的。有的认为民主了就一切都OK了，有的认为市场就是万灵丹。有的认为只需要法治，不需要德治。有的认为只需要德治，不需要法治。有的认为中国文化什么都好。有的认为中国文化什么都落后。有的认为中国的民族性先天就低人一等，西方民族就天然高人一等……第三类，邪见，比如不信因果。其实因果很复杂，宇宙一切事物、作用，都有因果在里面。最简单的因果关系，可以用"因为……所以……"来表达。想要研究科学，就处处离不开因果关系。再比如，认为彻底打倒中国历史文化，全盘西化就对了。种种邪见我们常常遇到。第四类，戒禁取见，以为不遵照某种规则就绝对不可能达到目的。比如只有吃素才会得道。吃素当然好，有益于健康，而且还减少杀生。但是与得道没有必然的因果关系。第五类，见取见，把一个见解抓住不放，固执己见。认为自己的见解一定对，别人的一定不对。比如自己认定的理论、知识、路线，或者自己的宗教，自己崇拜的神，就是绝对正确的，而且是唯一的，完全排他。世间几乎一切的思想、知识、理论，都在这五大类"见惑"里面。

再比如"恐惧"，《心经》里唯一讲到的情绪就是恐怖、恐惧，"无有恐怖，远离颠倒梦想"。为什么会恐惧？因为无明。我们像盲人一样，周围情况不知道，不知道有什么危险，所以恐惧。再比如做生意，这个人可不可以合作？会不会骗我？这单生意会不会赔钱啊？恐惧。为什么大家都喜欢看相算命？因为恐惧，不知道未来会怎样，担心未来。

"忿、恨"，忿是心里有气，又憋在里面不发出来。恨是憎恨。

"恼"，气恼的恼，比如听某人说几句话，他就恼了。

"覆"，是隐藏、覆盖。比如做点坏事，怕别人知道，隐藏起来，表面上装作无事，这是覆。

"诳"，欺诳。

"谄"，谄媚、巴结、逢迎。

"骄"，骄傲、骄慢。

"害"，害人。比如很多孩子都是这样，看到小动物，蚂蚁、小鸟、青蛙、老鼠、猫狗呀，就要折磨它玩，把它害死，这是"害"的心理习惯。

还有"嫉"，嫉妒，看不得人家好。

"悭"，悭吝、吝啬。

"无惭无愧"，做所有坏事、错事的时候，同时都伴随着无惭无愧，没有羞耻心。管子（管仲）当年讲："礼义廉耻，国之四维。"国家的国民要有礼义廉耻。"四维不张，国乃灭亡"，礼义廉耻都没有了，变成无耻了，国家就乱象频生。现在外面的环境，有点这个意思，不少是无耻者无畏，无知者无畏，无聊者无畏。

"不正知"，就是不能正确地了解认知，刚才我们讲的思维陷阱全在里面。

"不信"，明明真有道理的，他却不信，或者根本没有想了解的愿望，就用"不信"来拒绝了解，反而变成了另一种迷信。

"懈怠"，我们随时都会懈怠的。

"放逸"，我们也随时放任自己，任性，随便，甚至放纵自己。

"昏沉"，精神不够用了。

"掉举"，我们想专一宁定下来，可是念头波动，上上下下的，定不住。

"散乱"，我们平常都在这个境界里面，心猿意马满天飞，思想一会儿到北京了，一会儿到上海了，一会儿到太空了。

"失念"，就是忘记。学习、科研、医疗、生产，乃至做任何事情，想要做得好，都需要专心致志，不能心猿意马拿东忘西的。再比如，各家各种修行法门，都需要专心，念念如此，才会有扎实的进步。例如佛法的很多修行法门，都有个"念"字，念安般、念佛、念法、念僧、念天、念戒、念死、念休息、念白骨，等等，都有个"念"字。你看念珠，每个念珠都代表一个念头，中间那条线就是修行的方法，要每个念都贯穿在这个方法上面才能成功，也就是"系心一缘，事无不办"。念珠是提醒我们这个的。可是我们都是断线的，断线的思维、念头都乱跑的，所以不成功。等于念珠线断了，珠子撒了一地，到处乱滚。失念，包括了忘记，也包括了断念，不能念念连续在一缘上，也是忘记的一种。

再比如喜、怒、哀、乐、忧、愁、悲、怨、郁闷、躁狂，现在常见的是抑郁、焦虑与躁狂。现在这个时代，因为信息化了，交通也方便，科技与资本、政治的互动，使得技术越来越发达，所以一切的交流空前方便，新技术发明此起彼伏，带来变数也越来越多，变速越来越快，因此加速了各种缘起与无常，无常越来越迅速，变数随时都有，越来越难以把握变化。不论是个人的工作、生活、家庭，还是企业、社会、国家，变数都空前增多，好像一不留神哪个企业甚至行业就被"颠覆"了，当然机会也空前增多了。一方面，因为信息量加大，欲望被空前刺激，很多胃口被调动起来，可是很多都实现不了。另一方面，无常迅速，变化太快，想把握局面越来越困难。所以，焦虑、不如意就大大增加了。而且我们习惯跟无常较劲，希望无常变成常，变成永恒。跟缘起性空较劲，认为都是实在的，去抓，越抓越抓不住，就越发不如意，所以焦虑不断。处理不好，时间一长，就变抑郁或躁狂了，或者变成其他的心理问题。现在欧美登记的心理障碍比例是20%，平均5个人里面就有1个有明显心理障碍。亚洲也不会好到哪里去。这是这个时代的世界问题。南老师几十年前就判断21世纪的顽症不是癌症，而是精神疾病。现在看来是势所必至，这是时代的因果。

再比如像诸位做企业，乃至任何一个人从事政治也好，做金融也好，做任何一件事情也好，你每天都要去努力，每天都要勤奋。为什么？它缘起性空无常的，你不努力它马上就变了。那个因缘你不努力它也变，你努力它也变。你不努力的时候，它来变你，逼迫你，你就会非常被动。所以你每天都要观察，什么东西变了，哪些条件变了，内在外在的，都要去应对，要努力。

这个时代更是计划不如变化快，因此就更需要应变能力。越来越没有一劳永逸的事情了。有些人在找一劳永逸的社会制度，一劳永逸的政治制度，一劳永逸的什么什么，永远找不到的。有的只是相对使国家、社会或者企业安定繁荣一段的办法，不能完全依赖制度化、自动化、机械化，你必须随时注意各种情况的变化，及时调整。可是从领导到职员，每个人也都是普通人，每个人都有自己的局限和变数，都不是圣人。所以不可能存在永远的安定繁荣上升，一定是波动的，起起落落，成成败败，是是非非，恩恩怨怨。永远是破坏容易建设难。因为无常和缘起性空的规律本身，就是个大势，就会解构一切，对抗我们的美好愿望和努力，更何况还有来自人们自身的弱点和破坏力量呢。

所以，想要建设并且维护一个好的局面，非常地不容易，需要大家共同坚持不懈地努力。可是不如意和破坏永远存在，无常永远存在，无常就是天然的大势，所以人永远对现实不满。不论你搞了什么先进社会，搞了什么好的体制，搞了什么优秀模式，人永远是不满的。每个人对自己命运不满，对社会、对国家、对同事、对父母，甚至对老师、对老婆、对孩子都是不满的，对自己也是不满的。因为几乎一切都不是按我们所期望的去发展，大部分时候我们都主宰不了局面，除了因为缘起性空、无常、本无主宰以外，还有各种愿望和努力往往彼此就是矛盾的。而且只要我们还困在思维的陷阱里面，自发的种种困惑、不满和不自由感，就会一直伴随着我们，如影随形。

前面讲的从"贪、嗔、痴、慢、疑"一直下来，那么多的心理，都是来自思维的陷阱，来自"道失而后德……"的二元境界。这还是简单说，而且都是最常见的，详细分析多了去了。这些人性的特点，古今中外，不论哪个民族种族的人，或者受没受过教育，每个人生下来就有的，根深蒂固，如影随形，程度强弱每人各有不同而已，可以说是人性的痼疾，其来源，就是我执与法执。

我执与法执是生命一切困惑烦恼痛苦的根源。这种透彻的认知，只有佛法和中国固有文化里有，西方文化或其他文化里没有这个认知。换言之，西方文化或其他文化，包括其宗教、哲学、科学，也包括现代心理学、社会学在内，对人性的了解并不够深入，其起点就落在我执法执的范围内。

佛法很快融入中国文化，也是因为其与中国固有文化天然相通。中国传统文化，注重修身养性，注重求证同宇宙相通的生命大道，注重天人合一民胞物与，懂得节制人欲，制约权力、技术与资本，是因为了解"人心惟危，道心惟微。惟精惟一，允执厥中"，对人性和天道有深刻的洞察，知道放纵人欲之后，"五色令人目盲，五音令人耳聋，五味令人口爽，驰骋畋猎令人心发狂，难得之货，令人行妨……"知道贪、嗔、痴、慢、疑、恶见……被放纵而大爆发，一方面必定促进物质生产、贸易繁荣与技术发明的发展发达，如同修出了种种神通一般。另一方面，因为人性痼疾被放纵，没有定力慧力的根基，必定被种种物欲和境界鼓荡蛊惑，精神问题必定越来越多，社会问题、政治经济问题也会层出不穷。历史与现实，并未逃出古圣先贤的忠告，并未逃出人性的痼疾与思维的陷阱。

上述这些人性的问题哪个人没有？绝大部分人是不会深入了解

自己内心的，因而看不到这些。所以自知之明很难。可是不了解这些，也不可能了解别人。如果对人性人心这些根深蒂固的特点不了解，侈谈什么哲学、经济学、政治学、社会学、教育学、宗教学、历史学、管理学，基础都是虚浮的。哪一门学问是离开人的呢？自然科学也要人来研究来认知啊。离开了对人性的了解，所有学问的根都是虚浮不实的。

何以自处？

可是反过来去观照，如果从个人自觉本性的角度来看的话，这是一个空前的好时代。为什么这样说？过去太稳定了，所有的东西变化太慢，你讲缘起性空、讲无常，我们不在乎，我们没感觉，所以无法触动我们。但是今天的时代，讲缘起性空、讲无常，比较容易有体会。既然体会到缘起性空的、无常的，我们可以不去那么执着嘛，减轻执着，烦恼自然就减少。好事坏事，都是无常的，好事来了不要太得意，坏事来了也不要太愁苦，都是无常的，都会过去的。而且也不要那么贪，贪多当然烦恼多，满足少。而且，根本贪不过来，应有所选择，有所为有所不为。减少贪心，精简目标，一切俭化。比如有的人奉行极简主义，恢复到很简朴的生活方式，很好。如果内心也能俭化就更好了。内心俭化，反照自己，了解人性了解自己之后，会比较容易看清时代，看清方向，进一步可以懂得取舍，给自己一个俭化的心境，俭化的方向与目标、欲望，安身立命，然后尽人事而听天命，从容行止，任尔纷纭变化，坐看云卷云舒，自然就卸掉了很多不必要的负担和烦恼。进一步，如果能随时观察内外一切的无常、缘起性空，执迷与烦恼困惑自然就会渐渐减轻了。乃至最直接的，观察一切执迷、烦恼、困惑、苦乐本身，也是无常的，缘起性空的，所以不用怕，不用担心，不用恐惧，看着无常的它们自生自灭、一点一点就过渡到观自在、觉性现前的境界，逐渐可以安心自在了。由心不住于无常的一切，渐渐到心无挂碍，渐渐地，就走在"度一切苦厄"的光明大道上了。当然，要到这个程度，需要持续的练习，熟能生巧，习以为常才行，那是漫长的功夫。但是只要步入这个轨道，很快就会受益，烦恼会减轻，容易从烦恼困扰里面解脱出来，而且越熟练就越自在。

所以，看我们怎么利用这个时代。用到观无常上，观察一切的无常，从而放松执着，能够尽人事而听天命，尽心或尽力之后随缘，不受无常烦恼的骗，就可以越来越洒脱自在。以这样的修养来做事，才算是"以出世的心，做入世的事"，才可以出淤泥而不染，这样才有资格入世自利利他了。

把这个变化迅速的时代，用到观察身心内外一切的无常上，自然减轻执迷，多些洒脱自在。若有愿望，能进而练习观照五蕴八识无常，不住于无常，就会自然地逐渐地自觉本性，自证本觉，转识成智。

这是讲个人如何利用这个时代安身立命，乃至安心立命。进一步，可以利他了。

理性与非理性

我们继续讲人性中的常见特点。人性中的特点，绝大部分是

"非理性"的。我们喜欢讲理性,尤其近代以来的不少西方哲学家喜欢讲理性,甚至迷信理性。但是也有批评理性迷信的。其实我们每个人反省看,包括这些哲学家、心理学家、科学家等在内,大家的理性成分,在每天的起心动念里面,占了多大比例?其实绝大部分都是非理性的。为什么?受刚才所讲的种种思维陷阱所困惑,产生的种种烦恼,如影随形,随时出没。即使我们很有钱,可以买到想要的种种东西,或者买到一部分自由,但不论我们走到哪里,即使跑到很优美清静的环境,或者到喜马拉雅山闭关,也一样,跑了十万八千里,我们逃不掉的还是内在这些问题。这是我们自心上的问题,影子一样,逃不掉的。所以理性的比例只是一小部分。一般讲的理性,就是逻辑严谨的思辨,思辨一部分问题可以,却很难用来自知,很难把控众多的非理性心理活动。很多时候,是理性被非理性所驱动,变成实现非理性目的的工具。而我们本具的觉性,是超越思辨和逻辑理性的,也超越一切无明烦恼的,但是大家"日用而不知"。可是思辨和逻辑理性,也是个有力的工具,有它的用途,每个人都需要这种修养,修养好了可以对治逻辑混乱的思想,帮忙平衡乱七八糟的情绪。倘若能以觉性照见思辨与逻辑理性,就可以用它,而不受它的骗。

再如"不自由感",不自由感伴随着每个人的一辈子。所有人都在追求自由,"若为自由故,二者皆可抛"。这个不自由感,只要我们仍陷在种种思维的陷阱里面,就永远存在。像孙悟空被压在五行山下一样——五蕴(色、受、想、行、识)困住我们不得自由。可是五蕴是我们自己造的,用无明的思维陷阱所建造的。所谓"心猿意马",孙悟空代表我们的意识,神通广大,七十二变,火眼金睛，可是跳不出如来（觉性）的手心，也逃不出五行山（五蕴）的困境。顺便提到，《西游记》是一部修道的书，出处都是比喻，文学化了而已。

在这些重重无明陷阱的困境下，人们被困住，不懂解脱的关键在哪里，所以习惯性地向外追求，用外在的突破与成功成就来骗自己，安慰自己，来获得自由感和自我肯定。同时也追求强者来相助，最好是有无所不能的"神"来帮忙自己达成各种愿望。崇拜强者，是自身无助感的一种反射。既而崇拜胜利，崇拜成功，所以形成"成王败寇"的根深蒂固心理，也就顺理成章了。

前面我提到，前段时间，彼得·圣吉到北京时，我们碰面聊天，他说他发现全世界所有被殖民过的国家民族普遍自卑，认为自己不如人家，文化不如人家，甚至种族也不如人家。我说这是人类无明思维必然导致的成王败寇心理使然。人人都崇拜强者，崇拜成功，崇拜英雄。英雄很多啊，亚历山大、拿破仑、成吉思汗……成吉思汗征服欧洲的同时，也征服了全世界的心。这种心理乃至普遍到崇拜任何一个所谓成功者，有钱、有名、有地位都是一种成功，乃至崇拜黑道大哥，所谓"英雄不问出处"。一百年前，一句话是"落后就要挨打"，另一句话是"挨打就意味着落后"，失败就意味着不如人，乃至自卑心理蔓延到认为一切都不如人了，祖宗十八代都有罪，都该被打倒。文明在征服面前似乎不值一文。百年来，这种自卑的思维方式、看事物的角度，随处可见。正如十七八世纪的欧洲人，恨不能做中国人。自卑的反面是自负，用来平衡自卑，所以，自负的社会心理也会时而出现。

再比如说，人们也喜欢总结成功或失败的经验，说某某人取得那么大的成功，秘诀是什么；或者哪个人失败了，教训是什么。以资借鉴是没错，但是在屁股后面做诸葛亮，永远会总结出来一堆经验教训。可是另外一个人真的按这些经验教训去做，未必成功，或者未必失败，因为因缘不同条件不同了。很多现实案例的经验教训总结，乃至对历史文化经验教训的总结，有多少成分是有效的，贴近真实的？有多少成分是盲人摸象？有多少是孤立片面脱离当时各种条件的？有多少是局外人的胡猜？又有多少是基于成王败寇心理的臆测偏见？任何一件事都是缘起性空的，都是很多因素导致的，单单总结一部分因素就足以说明问题吗？可是这种片面的总结，却是最常见最流行的。

成王败寇心理导致的结果是什么？会演变为很多方向，刚才讲到比如崇尚成功、崇尚胜利、崇尚功利、崇尚权力、崇尚金钱、崇尚名利，甚至崇尚征服、崇尚暴力，乃至为了成功不择手段，不问是非善恶。于是，欲望驱逐淡泊，恶驱逐善，野蛮驱逐文明，烦恼驱逐良知和安宁，非理性驱逐理性，都很常见。很多的胜利与成功，可能是野蛮占了上风，毁坏了文明。比如五百年来的殖民运动，一边掠夺土地与财富，一边破坏别人的文明，乃至种族毁灭。这些"胜利"与"成功"，习惯性地被解释为先进文明对落后文明的胜利。这种解读似乎不无道理，但它隐含了一个逻辑——弱肉强食的丛林法则就是人类文明法则。这是把人类社会等同于动物世界，甚至比动物世界还要过分。

所以，为了保护大家彼此利益的底线，民主与法治都是需要的。理想的目标，是使利益之间平衡，不要伤害任何一方正当的利益，但是落实起来极为复杂，极不简单，打折扣是寻常事。同时，民主法治与道德相辅相成，不能替代了道德。道德是促使人自觉，自觉地彼此尊重、善待，自觉地讲信修睦，礼义廉耻，仁义礼智信，那是人之所以为"人"的文明。国家内部乃至国与国之间，都需要用道德和民主法治来制约，否则就是丛林法则盛行，与动物世界没有实质区别，而且有过之无不及。曾国藩讲的"不为圣贤，便为禽兽"，并非危言耸听。因为人性痼疾很多很深，如果不能自觉修身养性，善护念，诚意正心慎独，堕落是很容易的，那是顺"势"而为，不知不觉就堕落了。

彼得·圣吉这次讲到，美国现在的社会教育也出了大问题，美国现在坐牢的犯人占全世界坐牢犯人的四分之一，其中四五成是毒品犯罪，吸毒的、贩毒的，等等，毒品泛滥；另外近一成是暴力犯罪。这是近两三年的数据。没有吸毒者，贩毒就没有市场。人性的弱点，是追求享乐的，所以《礼记》讲"欲不可从（纵），乐不可极"。现在毒品泛滥全世界，中国恐怕也不少，为什么会如此？恐怕不仅仅是追求享乐的问题，追求享乐只是原因之一。

他说，前一段美国国会议员之间争论不下，到最后政府要关门。美国人看了非常焦急，大家看着这些议员自说自话，为什么就不能听听对方的意见呢？为什么只听到自己的声音，听不进别人的话呢？这个不是民主精神，这是自我中心了。所以他们也很着急。

他还讲了另外一个例子，关于小孩教育，他也在研究教育。美国有一个案例，有三个小孩，不知道什么宿世的因缘，在一个班级里面，每天见面就要互相谩骂，然后打架。管了多次也没用，到最后老师没办法，跟家长一起想办法，说把他们关在一个屋子里面，限期解决这个问题，否则给他们什么样的惩罚。在这个压力下，三个孩子坐在一起想办法，如果不解决问题的话，将来没有出路，会承受更严重的后果。可以说这个时候他们暂时相信一下因果了，众生畏果，怕这个后果，然后开始检点，我们吵架、打架从哪儿开始的呢？我一看你就不舒服，我看你就烦。我们怎么改变？我们从表扬对方开始吧，我说你好，你说我好，大家恭维对方，鼓励对方，从这开始入手。这样一点点开始，最后他们三个成了好朋友。有这么个案例。

我跟彼得聊，对小孩子可以这样，对大人就难了。大人每个人都有路可跑，管不住的，只有将来自己面对果报的时候，才知道后悔。大人不可能像小孩被关在那里，必须面对果报，必须反省，大人不可能的，大人会逃避问题，然后明里暗里斗。所以人类的教育是一个根本性的难题，因为根子上都在思维的陷阱里面，爬不出来。为什么释迦牟尼佛说我们这个世界叫"娑婆（堪忍）世界"，叫"五浊恶世"？这世界上的人，都陷在妄想执着的思维陷阱里面，浑浊得一塌糊涂，做错多，做对少，作茧自缚，重重包裹，自欺欺人，随时造业，还不自知，自以为是。彼此忍受着，所以才需要礼义廉耻，需要德育和法治。真正要彻底跳出这个深深的困局，是靠个体自觉自强的，不可能靠教育、法治或政治，使大家全体一起解脱困局。还是那句话，每个人都是"江山易改，禀性难移"。

因病与药

基于人性的复杂问题根深蒂固，不论文化教育还是治理国家与社会，都需要各种办法并用。因为病症病因很多，所以需要各种药方药材。所谓"佛说八万四千法，为度八万四千烦恼"，可是还得善加运用才行，用错了也不行。

比方说寺庙里面的雕像，那不是为了偶像崇拜或者保佑我们，而是代表了现身说法的榜样。可以说他们都是自立自强自觉成功的先辈，值得众生效法。同时，这些塑像也包含了很多方法与理念在里面。比如天王殿里面，中间是弥勒佛，代表大慈心，给人带来喜乐的。同时，他也是唯识学的鼻祖，唯识学是帮助我们了解人性、了解自己与世界的哲学化科学化理论。这个流行"科学"的时代，正是借鉴唯识学的时节因缘。我们今天聊的内容，也借鉴了唯识学的一部分内容。

弥勒菩萨背后的韦陀菩萨，代表戒律与法治。众生不会随时自觉的，需要戒律与法治来帮忙。

两边的四大天王，他们的名字分别是："持国"，代表保持国家安全安定繁荣；"增长"，使国力增长，百姓生活无忧；"广目"，广泛了解一切知识，洞察一切情况，知己知彼；"多闻"，广博听闻一切信息，知道一切疾苦，兼听则明。

再比如大殿里面的佛菩萨。佛代表大觉悟者，功德圆满者，也代表觉性，代表道体、宇宙本体。各位菩萨也代表大觉悟者，代表利益众生的很多方法。你看千手千眼观音菩萨，代表大悲心，救济疾苦。每只手眼代表一个方法，文的武的都有，各种手段，千手千眼代表一切手段。文殊菩萨代表大智慧和文化文明。普贤菩萨代表踏踏实实的实行实践，难行能行，难忍能忍。地藏菩萨代表大愿力，愿帮助一切众生离苦得乐。罗汉代表自觉圆满者，彻底跳出无明思维陷阱者，也是随缘度化众生的导师。

还有许多护法菩萨，面目狰狞的，手拿兵器的，很多。像密宗的菩萨像，非常威猛狰狞的马头明王、金刚手菩萨、大威德金刚等等，他们分别是观音菩萨、大势至菩萨、文殊菩萨的另一面，代表了修行的各种方法，也代表了教育和治理社会国家、帮助众生的种种手段方法。

所以说，要教育深陷无明思维陷阱的众生，要治理由这些众生组成的国家社会，什么手段都需要。正的手段，反的手段，一切的手段，乃至毒药都要用，看你怎么用。正人用邪法，邪法也是正。邪人用正法，正法也是邪。

由此可知教育之难，自觉之难，国家社会治理之难。即便是八万四千法门，也抵不住众生随时滋长的困惑烦恼。佛菩萨乃至一切圣贤与众生平等，他开了药方，我们不按规定吃药也没用。

再比如说，因为深陷我执法执，感到不自由，所以大家永远在追求自由的"法宝"。从小孩开始，就喜欢"法宝"，看动画片看到"法宝"就很期待。长大之后，每个人也在追求"法宝"。跟神仙学个法宝吧，然后我就能神通广大了。到庙里去拜菩萨拜神仙，能不能保佑我这个那个，或者希望自己有神通，或希望有神通的人帮忙自己。经济学家寻找可以治理经济的法宝，政治家寻找政治学法宝，科技时代大家都寻求科学技术法宝。总之，管他理性还是非理性的，大家永远都在寻求"法宝"，骨子里面都是这个潜意识，其实都是无明困境与我执法执的投射。万能法宝是找不到的。你可以找到很多方法，可是你面对的是缘起性空而无常的东西。缘变了，法也得变。科学技术同神通类似，若没有定力慧力把握，神通会变成"神经"（精神病）的。科学技术的不断创新，引发了人类社会的巨大变化，在带来很多便利与机会的同时，也带来了越来越多越来越快的变数，若没有定力慧力的修养，人类的精神问题社会问题必定越来越多。

说到因病与药，想到中医，它是整体系统的学问，从道的高起点入手，由天地人相通的道，演绎出医疗医药技术，它不是只偏重技术层面。其实《黄帝内经》暗含了政治的道理，例如从"上医治未病"的防患于未然、无为而治、因势利导，到出了问题后的综合治理；同时《内经》也暗含了缘起性空的道理，因缘改变了，整个五运六气、天地之间的种种状况改变了，身心状态也跟着变，缘起性空。每个人的禀赋天生的，各不一样，业报不同，好的医生要根据不同人、不同症状、不同时间空间，来辨证施治。因缘改变，药方得跟着变。比如今天二月二，天地之间的气是不一样的，今天生病了怎么办？都是要考虑的因素。没有说一个东西，比如抗生素，可以治所有病的。说绿豆治百病现在有人笑，讲维生素 B2 治百病就有人相信。有人说如果民主了，从此天下太平，历史终结了，也有人深信不疑。整个国家的治理是一个综合的东西，怎么可以用一味药、一个方子去治疗呢？它是综合的，而要随机应变的。理论和制度当然需要，但不能迷信理论与制度，一定要从实际情况出发，因为实际情况随时变化的，本本主义、教条主义就是刻舟求剑。这一百年就是有病乱投医，摸着石头过河，跌跌撞撞过来的。每次教条主义都会出问题，每次从实际出发都会出成绩。政治跟医学是一个道理。所以中国古代有句话，叫作"不为良相，便为良医"，两者道理相通，目的都是济世救人。

自我证明的烦恼

再比如，人人都不停地要证明自己，为什么？

人性的基本问题基于我执法执，尤其是我执，每个人都喜欢被肯定，怕被否定。每个人从小到大都在不断证明自我，证明我有能力啦，证明我优秀杰出啦……从小到大，都活在"评价"二字中。其好处是可以借此努力求进步，坏处是陷入评价依赖与催眠。而且众生普遍存在自卑感，自负、自大、骄傲不过是自卑的平衡。众生在自卑、自负、自恋、自大、骄傲，乃至自尊、自信、自豪……以自我为本的意识形态里徘徊、轮回，跳不出来，根源在于"我执"的思维陷阱。

例如你批评一件事的时候，就算强调"对事不对人"，他也感到"自我被否定"了。可是这个被否定或者被肯定的"我"，是真的吗？这个"我"是恒定不变的一个东西吗？不是的，它是虚妄的、缘起性空的，是后天起来的假设的观念，习以为常了。因为它虚妄不实，所以才永远需要被证明，用"证明"来使它"实在"一点，可是你永远证明不完，那是个虚妄不实的无底洞，空的，填不满。明天有人否定我们，一个、十个、一百个人都否定我们，我们就会深深怀疑自己，非常自卑，甚至万念俱灰。如果有不少人捧我们，我们也会自我膨胀，以为自己真的那么好。因为这个自我是虚妄的，所以才陷入自我证明的陷阱，陷入自卑、自负、自信、自恋、自尊、骄傲、自卑……跌宕起伏的烦恼轮回。如果真的有个不变的自我，还需要证明吗？还需要被各种评价所左右吗？

对自我的评价如此，对文化的评价也一样道理。例如诸子百家，或者西方的各种学派、门派等。你看南老师反对这个门户之见，说没有"南门"，没有学生。做学问怎么可以有门户之见呢？那是很有限的，那已经违反了"君子不器""海纳百川"的原则。怎么可以有宗派门户局限啊？比如大家习惯讲"儒家"怎样怎样，请问儒家是多少个人啊？孔子没有说自己开创了儒家吧？儒家每个人的思想一样吗？不一样。孔子怎么能为儒家或儒生们负责呢？怎么能为帝王将相负责呢？他只能为他自己的言行负责。别人用了他的思想，怎么用的，怎么产生结果的，他可负不了那个责，应该由运用的人来负责。开药方的，不能替使用药方的负责。孔子，或者任何一位思想家、教育家，能有那些深邃的思想和文化教育的功德，那是他的伟大，谁批也批不倒。至于如何领会和运用他们的思想和经验，那不是他们的责任了。有人说"孔子连自己的国家都救不了，何况救今天的中国呢"，这话逻辑不通。思想伟大与救国、治国是不同的逻辑，救国、治国需要多少的因缘配合啊，太多了，哪有那么简单。而且再好的药方，也得好医生正确辨症以后，善加利用才行。所以老子、孔子、释迦牟尼，乃至任何人，都不能为徒子徒孙或者其他任何人负责，更不能为社会、国家、天下的兴衰治乱负责。他们开的药方，谁肯吃了？谁又吃对了？谁能改变了自己？不能因为众生每天仍旧不舒服或害病，就彻底否定了医学和医生吧？同理，也不能因为众生不肯改变自己，而否定了圣人的教化。

再比如，释迦牟尼佛能为害他的提婆达多负责吗？耶稣能为害他的犹大负责吗？可是他们也想教化这些人啊！就像南师说的，"好人"要教化，"坏人"更要教化。可是改变了多少呢？能不能改变的关键，不在于老师，而在于每个人的自觉程度。所以说，圣人也不能为学生或徒众负责，每个人要为自己负责。圣人不过是识途老马，告诉我们哪里有危险，哪里可以走，哪条路可以通到哪里，如此而已。可是路还是要我们自己走。

所以说，所谓儒家者，即非儒家，是名儒家。其他百家也一样道理。譬如，荀子也是儒家出来的，他培养了法家的代表人物韩非、李斯。再比如著《法经》的李悝，魏国的宰相，改掉世家贵族政治，变为官僚政治，法治魏国，他也是儒家子夏的学生。魏文侯、吴起都是子夏的学生，他们一起把魏国强大起来。吴起后来被列为兵家人物。再比如田子方帮齐国强盛，段干木帮魏国强盛，他们都是儒家的学生。可是他们的思想一样吗？不一样。孔子早期的思想跟后期的思想也不一样，他做学问是开放的，不断求进步。所以，所谓学问"家"，是自成一家之言，自成一格而已。就像我们说"我"，它只不过是认知思维的一个起点，它不代表什么，它仅仅是心念的起步，一个立足点而已。

诸子百家也一样道理，所谓儒家道家这个"家"类似"学派"，它不是一个党派圈子，不是一个血缘关系的门户。因为在一个老师那里求学，然后各自传承下来，徒子徒孙，似乎一个大家族一般。但是毕竟只能各自负责，不能为彼此的思想与言行负责。即便是血缘家庭，每个家庭成员的思想言行也是独立的，终究要各自负责。而且所有的学问应该是开放的。知识有界限，做学问怎么可以有界限呢！任何门派、学派、教派或主义，如果困在一个范围，困在门户之见，或帮派之见，不能开放变通，就被限制死了，很有限了。有限就不能应对一个无常的、缘起性空的无限世界。门派、门户、宗派、教派之见，容易导致朋党意识，变成利益关系，自是非他，党同伐异，那就与做学问越来越远，与利益和异化越来越亲近了。

西方也一样。西方这个学派、那个主义的，多了去了。比如犬儒主义，它从开始到现在，代表人物和内容都已经变了多少次了，前后的内涵已经相差很远了。请问你说的"犬儒主义"，具体是指哪个人的哪个思想啊？人和思想都在变，哪个人不在变？哪个人的思想不在变？缘起性空，无常的。所以，不能用一个简单的概念，来概括一个文化、一个历史、一个民族或者哪一家、哪一派、哪个主义，那非常大而无当。

偶像崇拜

人性中另一个特点是"迷信偶像"。也是来自我执和法执的投射，投射完美的光环在偶像身上。比如说某人这个方面很有长处，认识他的人接着又发现他有另外一个长处，再发现几个长处就会想象，也许其他方面他也都很优秀。这就是一个"偶像"产生的过程，心理学叫"光环效应"，也叫"晕轮效应"，以偏概全，以点带面，变为成见。

为什么需要偶像呢？一种情况，是找一个榜样，因为自己困惑，不知道怎么办，所以要找榜样带路。另一种情况，跟刚才讲的"法宝"一样道理。我们因为无明深陷思维陷阱而无助，所以想找一个法宝，或者一个偶像，可以依赖他帮忙我们，救济我们。宗教的偶像当然也包括在内。还有一个原因，就是成王败寇的心理了。偶像是成功者、强大者，所以崇拜他。

例如西方的宗教，多为一神教，神是人格化的，同时也是强大的，宇宙都是他创造的，他全知全能，主宰一切。可是不知为何没有改造了魔鬼撒旦，也没有改造了众生，可见撒旦和众生都冥顽不化，不可救药。神权和政权的独裁一起，统治西方很多个世纪。后来的文艺复兴、启蒙运动、民主运动，是对这双重独裁专制的反动。新教改革之后，说经商、放贷、搞政治都是为上帝服务的工具，与神职人员一样，都是服务上帝，于是启动了资本主义时代，它被赋予了宗教的合法性。同时，大航海时代也开启了殖民运动时代，左手坚船利炮，右手推广他的宗教，掠夺了很多土地与财富，毁灭了不少文明与异族人口，成为资本主义的重要原始积累，推动了工业革命和资产阶级的政治革命，也推动了用于平衡其内部利益的法治与民主机制。西人可以为自己找到宗教的"征服异教徒，拯救异教徒"的所谓合法性。可是《摩西十诫》的后面，也讲了"不可杀人。不可奸淫。不可偷盗。不可贪恋他人的房屋；也不可贪恋他人的妻子、仆婢、牛驴，并他一切所有的"。对此为何不同样遵守呢？耶稣讲的"博爱""己所欲施于人"，为何不好好遵守呢？

任何事物都是缘起性空，众缘和合而来的。所以分析西方近代以来的崛起，以及工业化、民主化的现象，不能单纯归因于文艺复兴。殖民运动的利益驱动、原始积累与利益争斗，也是重要因素，那比文化的力量就大多了。还有宗教改革等其他很多因素了，不是那么简单。

中国文化不是这样，中国文化是道统文化。这个道统不是儒家的道统，也不是道家的道统，而是整个中国文化的大道统。南师讲过，"中国文化像一把撑开的伞，'大道'像伞的中心支柱，通天地人的，诸子百家乃至各种学术是辐辏的伞骨分支"。中国文化从上古以来，共同尊奉的是"道"，大道。后来的诸子百家乃至以后的文化，都是以"大道"为最高旨归。这个"道"是什么？超越任何宗教色彩，是宇宙万有合一的大道，也可以说代表了宇宙的本体真理。中国的各种学术或宗教，都是道统文化的演变与外延。各家学术有自己的道，是对宇宙本体大道的探索体会以及形而下的应用，比如政有政道，商有商道，兵有兵道，农有农道，医有医道，君有君道，臣有臣道，父有父道，子有子道，夫有夫道，妻有妻道，友有友道，盗亦有道，更有很多修身养性之道，做人做事、各行各业，都有相应的道。做得不对，俗话说叫作"不上道""下道了""歪门邪道"。所以中国人讲究天人合一，民胞物与，仁民爱物，追求道德仁义礼智信。人与人，人与大自然，不是征服关系，而是在道义的层面上，协调亲和的关系。个人自身，注重修身养性。从格物、致知、诚意、正心、修身，到齐家、治国、平天下的文化主张，是基于对人性弱点的深深了解，以及个人修养与国家天下治理的因果关系。文化主张是这样，是基于对人性的深刻了解而来。中国古代，政府人员不多，政治成本不高，很大程度上是因为依靠制度与法律体系与宗族自治、文化自治。这种社会自治并不是什么"奴性"，而是基于文化理性的认同，基于礼义廉耻伦理道德的认同。中华法系也自成一统，与伦理道德文化系统衔接的。

有人说古代中国没有社会，没有契约，没有公民，没有宗教，没有法治，这又是张冠李戴、削足适履的思维了。中国有中国式的社会、契约、公民、宗教与法治系统，不能说不同于西方就等于没有。有众多人群居生活，有文化、有贸易、有自治，当然就有社会、有契约、有信用、有公民、有公德，只是与西方的形态不同而已。譬如契约，契约是社会贸易必需的，契约的本质就是信用。中国古代非常讲究信用、信义，信用、契约并非西方的专利。不能说我们不是白皮肤黄头发蓝眼睛，就不算人类吧！

实际上，中国文化从上古的天文地理学一直到《易经》，一开始就是高度理性的文化，远远超过一般所谓宗教信仰的蒙昧层面。而且自古以来，中国的人文修养文化，都非常丰富深厚。尤其在超越我执法执的高度智慧上，儒释道等多家都有这个学问，而这是西方文化所没有的。尽管五百年来，西方征服了东方，但是并不等于东方文明全部落后哦！譬如你可以杀害一个圣贤，但并不意味着你比圣贤高明。你可以掠夺人，但并不意味着你比他高尚。文明的先进与落后，绝不是成王败寇的简单逻辑所能衡量的。

中国文化素来主张人与人、人与大自然之间，谐和共生，克制自我中心主义，讲究"克己复礼为仁"，讲究天人合一，民胞物与。这与工业化以来对大自然的掠夺式"开发"与破坏形成了鲜明对比，对人类的现实与未来具有很大价值。

西方文化的人与人之间、人与大自然之间的关系，竞争与征服的观念更强。打击异教徒是一方面，另一方面是信一个上帝的不同宗教或教派内部却激烈地斗争。其实他们早期也是克制欲望的，后来经过文艺复兴、宗教改革、殖民运动等，反弹变为放纵人欲了，过犹不及。征服掠夺异教徒和大自然变成习以为常了。尽管耶稣出来讲博爱，号召人们发博爱心，等等，但耶稣不是创教者，他只是改良者，只能改变一部分问题。

崇拜偶像当然包括崇拜明星、菩萨、神仙，等等。如果因为崇拜而变成依赖和迷信，那就变成了自我催眠自我蒙昧了，与自觉自立自强是相反的。不当作偶像，而是当作榜样，可以激励我们努力自强。榜样优秀是他的事情，是他的努力。菩萨也好，老师也好，神仙也好，他很努力，改变了自己，他觉悟了。但是跟我们有多大关系呢？我们即使跟他在一起，如果不努力自觉自立自强，也是枉然。譬如佛教，佛陀本身就是自立自强自觉自度的最好榜样，可是后来被偶像化，被当作求神保佑一样的偶像，反而他讲的自觉方法，却很少有人去研究，去实践。这是我们的无明根性使然。

崇拜偶像的另一种思维演变，就是以完美化、偶像化的标准要求衡量别人。要么寻找各种理由，来高推圣境，"证明"一个偶像的完美化乃至神化；要么寻找一些理由，来全面否定打倒一个偶像。总之，以偏概全，以点带面，各走极端。其实都是众生希求偶像的思维陷阱投射来的。对人如此，对事如此，对历史文化的看法也如此。

"取经"的困惑

由成王败寇心理，到法宝、偶像崇拜的蒙昧心理，背后都是无明的思维陷阱。在政治、经济、社会治理的"取经"问题上，也容易陷入这样的思维陷阱。比如百年以来，国人因为挨打而失去了自信，张冠李戴，削足适履，把西方理解历史文化的思维方式与观念，套用在自己头上。包括孟德斯鸠、黑格尔、马克斯·韦伯等等对中国历史文化的评价，也是隔靴搔痒，通过一些片面的或者歪曲的资料，盲人摸象。他从自己所经验的环境、他的认知角度与范围，得出他的一个观点。但是我们很多人迷信洋专家，结果张冠李戴，削足适履。好像我们一定要适应他，为什么我们的眼睛不如人家蓝？为什么我们的头发不如人家黄？为什么我们皮肤的毛不如人家多？削足适履，然后变成邯郸学步，自己不会走路了，越来越迷惑。或者"胶柱鼓瑟"，把琴的调弦的柱子固定住，教条主义，本本主义，刻舟求剑，可事情是缘起性空无常的。然后抓住一个东西，画地为牢，作茧自缚，最后左右都不是，丧失自信，跟在别人后面亦步亦趋，受制于人。某国做我们的老师，洋专家做我们的老师，他真的代表真理吗？真的大公无私吗？真的能带领我们进入一个"西方极乐世界"吗？百年来言必称西方，潜意识里好像在讲"西方极乐世界"一样。然后迷信种种西式理论，逐物迷方，作茧自缚。所以老是谈"解放思想"，为什么？因为迷惑了，困住了，被各种理论的迷惑吊在那里，不能从实际出发，不知往哪里走，可是不走又不行，只好不断鼓起勇气尝试、探路，摸着石头过河。庄子讲："道旁筑舍，三年不成。"在马路边盖个房子，路过的行人都过来评价，这里不好，那里不对，你听三听四，改来改去，这个房子多年盖不起来，盖起来也是莫名其妙的形状。

这种"取经"的方式，自卑为基础，全面否定自己的历史文化为背景，又不能一切从实际出发，就只能被人牵着鼻子走了。想创造性地走自己的路，却欠缺自信和勇气。我们看《西游记》有个假雷音寺，到了以后，以为到西天了，可它是个假的，不是真的如来所在的地方。实际上，到西天取经，最开始佛陀给唐三藏的是无字真经，是法无定法，不受理论局限，一切从实际出发，而且随机应变。《金刚经》讲"不应取法，不应取非法"，不能被理论困住，也不能乱来。比如民主也好、绿豆也好、维生素也好，都可以用，但是你不要迷信它，要因病与药，随机应变。东西方文化，任何一个文化的优秀东西，都可以拿来用，关键看怎么用。人参用坏了也会杀人，砒霜用对了也会救人。所以不能执迷于"法"，每一个"法"怎么用，这要靠智慧了，要根据实际情况变通，要看实际效果。

再比如前面讲到《黄帝内经》的为政启示，还有"上医治未病"的观念，要防患于未然。我们医改了几次，但还有那么多问题，其中有一个原因是违背了这个"上医治未病"的原则，预防医疗做得不好。西方现在也开始重视预防医疗了。上医治未病，首先要大家保健，保养好，养生先做好，尽量少生病。其次用社区医院帮你解决小问题，大医院的负担就减下去了，财政负担也降下来了。如果将来我们的医改还走西方的老路线，整个财政和医保要被拖垮的。所以应该重视黄帝内经的路线，当然也要借用西医的长处，善加利用。

政治也一样，不能头疼医头脚疼医脚，要上医治未病，而且随机应变，以"健康"的结果为目的，而不是以手段为目的。同时，药医不死病。我们讲缘起性空，一切有为法，如梦幻泡影，都是无常的。哪有不坏的东西呢？哪有不变的东西呢？譬如原来我们用GDP标准来衡量政治，这个是西来的思维，用一个经济指标来衡量政治，后患很多。你说我的血压跟他的血压是一样的吗？不一样。我血压正常了，其他地方可能不正常。健不健康，是个综合的结果。政治的好坏，也要看综合结果的。

中国古代的政治标准是什么？达到"安居乐业，国泰民安"，甚至"风调雨顺"，它就是很好的政治，是以结果好来做标准，不是以手段、理论、方法标准。"安居乐业"包括了什么？百姓的生活，民生问题。当然也包括了身心健康、衣食住行、生产生计、食品安全、环境安全。"国泰民安"包括了什么？包括了国防，不被人欺负，人家打我，我们能够战而胜之。军事上要强，政治上要谐调平衡，跟百姓之间能够相互认同，利益平衡，互相尊重，社会风气健康。"风调雨顺"包括什么？我们今天并不风调雨顺，这是全世界的问题，工业化以来，掠夺大自然，牺牲大自然，污染的问题，气候的极端化，跟人类的行为都有因果关系。所以，整个世界目前的政治、经济、技术，好像越来越繁荣便利了，同时却也伴生了很多的堕落、痛苦、困惑和病态。

再比如，孔子给子贡讲过政治三原则："足兵，足食，民信之矣"。这里面没有讲仁义道德哦，可是这是政治之道，没有好的政治之道，仁义道德也缺乏基础。换言之，好的政治之道，也是仁义道德的一部分。"足兵"是什么？军事要强，不受外侮，不受别人欺侮。"足食"是什么？民生要好，安居乐业。"民信之"，更重要，老百姓跟政府要相互信任。如何达到互信呢？看怎么做了。比如讲民主，能不能达到民信之？能不能达到足兵、足食？不一定。今天世界著名的调查公司调查各国政府，人民对政府的信任度、支持度有多高？可以去查资料，可以说"民信之"的分数并不高。可是怎么办呢？无可奈何，只好如此。换了一个，如此；再换一个，又如此。民主是方法之一，不必然导致好的政治结果。不能把方法等同于结果。

讲到"我执"对文化的影响，譬如西方的宗教、哲学、政治学、经济学、社会学、心理学、教育学，等等，假设的前提都是从"我"出发,从我执法执出发。比如经典政治经济学假设人是自私的,它的出发点就已经很有局限了。人是常常自私的没错,但并非自私就等于人。包括宗教、种族与文化观念也一样,从自我中心出发,唯我独尊,就已经很有局限了,难免自是非他,排他,歧视人。新教改革之后,客观上鼓励了欲望。欲望当然很容易胜过修养,欲望是本来习惯了的,已经成势了,修养则是逆向而为,不进则退的。欲望一放纵,修养很容易垮掉。

在中国文化里面,尤其注重修身养性,克己复礼以为仁,进一步还有解脱我执法执的办法,你能说它不对吗?很对。而且这是每个人最根本最彻底离苦得乐的途径。可是这种文化,会使很多人的注意力比较偏重于内在修养,注重生活的高尚品位,会轻视了外在的竞争,抑制了技术或物质的发展,也忽视了别人的虎视眈眈。突然遇到鼓励欲望和竞争征服的势力,一下子措手不及,会被打垮。这是从文化角度看的。这个胜负,不一定是文明的胜利,反而可能是野蛮与欲望的胜利,是技术与技巧的胜利,是竞争组织的胜利。可是只需假以时日,中国人在技术发明创造上是有天才的,在有效组织与斗争上是有丰富历史经验的,他只要奋起抗争,注意了解国际形势,注意发展技术,组织力量,很快会追上来。可是优秀的自我修养文化应该丢弃吗?万万不应该,而且还应介绍到全世界,利益全人类。人类没有这种修养的结果是什么?陷入丛林法则出不来,弱肉强食没完没了,配合了越来越先进的技术和武器,会加速走向疯狂和毁灭。

孔子说:"质胜文则野,文胜质则史。文质彬彬,然后君子。"不能只讲修身养性,只重视文的一面,要文武并重,国家综合实力必须强大，才有能力保护自己，维护正义。慈悲的佛菩萨，还有很多威猛的护法神来辅助帮忙呢。而且释迦牟尼佛很推崇使国家天下大治的转轮圣王，他说转轮圣王的功德与佛的功德一样，转轮圣王就是入世的大菩萨。可是转轮圣王也需要七宝来辅助啊，包括了太太贤德、官僚系统好、经济好、军事强，等等。俗话说"害人之心不可有，防人之心不可无"，为了应对丛林法则的国际局势，中国应同时发扬另一部分的文化来保卫自己，维护正义。在军事、斗争，比如反败为胜、知己知彼方面中国的历史文化经验也很丰富。孔子给子贡讲的三原则，足兵，足食，民信之，至今仍然不过时，而且很实在，很接地气。怎么样达到这三个目标，考验今天乃至以后的中国人了。中国目前正在做重建信任的工作，也在做足兵足食的工作，很有希望。但是问题积累很多，要一点点解决，更需要大家共同努力。

　　讲到落实民主的制度问题，不仅要参考其他国家的经验教训，也要参考中国自己的历史经验。中国上古是禅让制，公天下的，尧舜禹以前就开始了。禅让制是什么？做天子的，还有大臣，还有地方官，大家一起推荐，不论平民还是有爵位的氏族，选贤任能，发现并推荐好的人才上来，从臣子到天子的接班，是这么个选贤任能的机制。不是看他会不会演讲，会不会拉票、买票，而是看他的实际作为。这当然也是一种民主选举的模式。好的人才是什么标准？不是夸夸其谈讲得好，表演得好，而是做人做事做得好，能够让人信服，能够领导大家解决问题，领导大家进步。舜就是这样被发现被推举出来的。大禹也一样，都是在实际工作中，实际生活、生产中被发现，然后选拔出来试用，试用好了，再提拔，这样来的。如果没有政治经验，单凭"普选"上来，实际工作如何就很难讲了，那完全是赌了。

到后来，汉代变成察举制，其实道理是一样的，都是选拔人才，都要观察他实际的作为。不过夏启以后，与禅让制不同的是家天下，帝王的位置，传给子孙后代了。但是宰相率领的文武百官系统，是实际治理国家的操作者。这个系统还是选贤举能、贤人共治的思路。除了一部分时期，皇权过分扩张了，中国古代大部分时间的政治系统，是靠开放的选贤举能、贤人共治的思路来组织和更新官僚系统的，而且有严格的制度系统来行政与执法，并非为所欲为。这与西方古代的封建专制是不同的，不能张冠李戴，混为一谈。

到了魏晋，是九品中正制，隋唐以后是科举考试制度。英国十七世纪时，学了中国的考试和文官制度，才开启了西方近现代文官制度时代。

这是中式的民主选举模式。它是从实践中长期观察一个人的才华、德行、作为，然后慢慢历练培养出来。它鼓励贤人共治，是开放的系统，向所有人开放，只要你优秀，就有可能被选出来，参与国家治理。它是宰相带领的官僚系统辅助天子，不是天子独裁专制。也可以说，相权带领的官僚系统与君权有相对制衡关系。国有国法，中华法系也是自成系统而且完备的。还有御史台（等于古代的纪律检查委员会、监察部），地位很高，对官僚系统本身也有不小的监督制约。各部门官僚之间也有制衡关系，可以相互监督奏本控告的。还有史官，要随时记录历史，包括记录天子的言行与百官的作为，国家大事，等等。要求史官秉笔公正客观，宁可杀头也要秉公记录，所以中国的历史观、历史学对天子和百官也是个约束。每个皇帝和大臣乃至士大夫死后还有"谥法"，对他一生做个历史的评价概括。没有人不在乎历史的评价，都想青史留名，恐惧遗臭万年。而且天子本身也受很多的礼法制度限制。太子王子们从小就要受教育，受历史文化文治武功的严格教育。从天子到百姓，大家都受道统文化的教育和影响，受文化观念伦理道德的约束，包括了天理良心、因果观念的约束，讲求责任，克己复礼，所以习惯检点自己，习惯道德评价，这是一个文化上的自治，自我约束，自我修养。通过修养来争取做自己内心的主，彼此讲究恭敬礼让，讲求道义，崇尚以义制利，这是另外一种民主，是自治自觉的文化修养民主，不同于西方民主。百年来很多人用西方的观念来张冠李戴、削足适履，说中国古代完全是天子专制独裁，那是个别相对失衡的时代，不是全部如此。现在东西方都有著名的民主制度专家提出，中国古代的政治体制并非完全的专制体制，而现代西式民主制度也已经呈现诸多问题。

中国古代民间有氏族宗族自治、文化自治，它用文化的世界观、人生观、因果观、伦理道德观、义利观，来达成每个人的自我治理、自我教育，所以社会国家的治理成本非常之低。古代中国的官僚系统，公务员数量比现代少太多了，因为大家自治，文化的民主自治，经济上也是自给自足的一种自治，不同于西方。现代西化的公务员系统就非常庞大了，治理成本很高了。像美国的警察系统全世界最庞大，维持秩序需要啊。美国的军备也是全世界第一，军费占全世界军费总额的一半。军备力量，中国不及它的二十分之一。它通过武力来维持这样一个霸道的权力，再加上政治经济金融的霸权。可是霸权能够一直维持下去吗？不要忘了世间一切都是缘起性空的，无常的。中国历史上霸道的经验很多，从春秋五霸到战国七雄，乃至历代变乱后的群雄逐鹿。但是一旦统一天下安定下来以后，恢复正常秩序，文化修养、伦理道德和生产生活的自治秩序就自动运行了，大家讲礼义廉耻，讲修身养性，讲信修睦、仁义礼智信、和平共处，大致是这么一个境界。那是中国式的、文化引领的民主与自治共和，与西方不同。每个人用修养来争取做自己内心的主，同时，各社会角色有各自的本分道德，彼此相处的关系是伦理道德的共和，是礼义廉耻、仁义礼智信的兼善同仁。自给自足的生产生活本身就是经济自治，经济的自治给人格的独立与修身养性又提供了支持。不像现代社会，大部分人依靠打工谋生，钱变成了皇帝，人格、做学问与修养的独立性，受到很多生活压力的逼迫威胁了。当然，这是从中国古代的文化与社会形态粗略讲的。

另一方面，因为人性本身的种种弱点，当然也会异化这个文化体系与秩序，产生种种变异、扭曲、负面问题，在所难免。

中国古代还有一个士人阶层，也不同于西方。这些士人随时修养自己，从对大道的参究，到修身养性做人做事，乃至文教政治医药等经世济民的担当。有需要时就出来为国家服务，为社会起一个中坚的力量。终生不出仕，不做官的很也多。这些人是国家社会的中坚力量，创造着文化，维护着文化的传播与传承，关心守护着国家天下的正道。还有很多隐士，甚至在很多时候，成为国家的智囊，或者培养了很多栋梁之材。他们怀抱家国天下情怀，关心苍生疾苦，有独立而高洁的人格。他们自身就是了不起的榜样，影响了民间社会，影响了国家天下。当然也有很多喜欢名利地位的士人，但是他们终究是活在周密的文化体系内，有文化道德的约束，有政治与礼法的约束，少不了一份对国家和百姓的责任心。当然也有自以为是害了社会的，什么时代都会有这样的人，且不在少数。士人的传统到今天也没有真的断绝，不过在百年沧桑的背景下，式微了，而且文化底子很薄，不够用。相信将来还会恢复的。

再比如说，现在流行一个词叫"贵族精神"，有人随便拿来比较中国，讲中国从古到今都是尔虞我诈很龌龊的，其实是因为不了解，对历史文化的无知。中国古代基于道统文化领导的文化系统，以及士人传统，是相对独立于政治系统的，几千年来相对独立于任何一个朝代。它鼓励每一个人去修身养性、讲信修睦、力行正道，讲究礼义廉耻、仁义礼智信。这是精神贵族的修养，人人都往这个方向靠近。不论地位高低，只要做人做事不对了，人们会说这个人不上道、下道了、离开了正道、走邪门歪道或旁门左道了，他不符合正统文化的标准。天子如果不符合正统文化的要求，照样可以被批评。这是"自天子以至于庶人，壹是皆以修身为本"的大文化系统，在这种文化教育下，社会氛围下，大部分人都是精神贵族，最差的人也有一点礼义廉耻心，那是社会氛围熏陶出来的。"贵族精神"这个词本身就有阶级观念在里面，好像那是贵族的专利，平民百姓就是没有道德的，这是思维陷阱。现在是信息社会，似是而非的肤浅观念太多了，基本的逻辑和知识大多是混乱的，可是大家喜欢道听途说，飞短流长，这也是人性的痼疾之一。

发挥人性的优点

前面讲了很多人性根深蒂固的弱点，人性中当然也有优点。比如：

"反省"，一切学问与修养，都离不开反省。随时随地反省，就是自我教育、自觉纠错、自我成长的源泉。

"自觉"，通过自己反省而觉醒、觉悟，从观察起心动念做起，才会有自知之明的开始。一弹指间，我们的心念已经转动成百上千次了，像无数电子一样，闪闪烁烁，起起灭灭，很多念头还没有成形就灭掉了。有一些成形了，变成明显的念头，但也是无常的。你看"思想"两个字，"思"是"心"上面一个"田"，表示无数的微细念头从心起灭，像田野里长出来的无数野草一般，而且野火烧不尽，"境"风吹又生。"想"字是"心"上一个"相"，表示明显成相的，变成大的现象，像大地上的树木山川一样，比小草明显多了。所以，"思"是非常微细的心念，"想"是粗的、成形的、明显的念头。观察念头，需要宁静，这些念头像阳光照射空气中显现的无数灰尘一样，起起灭灭，变幻无常，看着它们自生自灭就好，不做分辨，自然宁静下来。心不被念头牵着鼻子走，就是超越烦恼解脱自在的开始，也是自觉的开始。至于一般平常所谓的自觉，是起心动念之后的自觉理性，也需要。

"理性"，一般讲到的理性，是逻辑的思辨与道德的自觉，也很重要，它对治逻辑不通的思维陷阱与道德的暗昧，对治情绪化。

"惭愧"，惭是将要发生错误行为，尚未实施，把念头斩掉，放下。愧是已经做了错事，内心有愧，该忏悔就忏悔，该纠错就纠错，以后不要再犯。

"忏悔"，基于惭愧心，对错误的身口意行为忏悔，悔过自新，不要再犯。忏悔是每个人都需要的，我们随时可能动坏念头、说错话、做错事，忏悔是将内心的垃圾清除，使自己从烦恼甚至疾病中解脱的途径之一，也是改恶从善、防非止恶的办法之一。儒释道诸子百家，都有内省忏悔、改恶从善的教育。比如儒家的"功过格"，每天要检点当天动的好坏念头，做的好事坏事，督促自己改过迁善。其他宗教也都有忏悔的教育。

"无贪"，贪心是我们随时可能有的，无贪对治贪心。若能观察所贪的对象本来无常，缘起性空，贪心自然会减弱。熟练后，可以当下做到无贪。

"无嗔"，嗔心也是我们常起的，所谓"一念嗔心起，八万障门开"，嗔心一动，身心和事情的障碍困扰都来了。可以用慈悲和缘起性空无常观，对治嗔心。

"无痴"，能观察缘起性空，所觉境界无常，反照觉性自在，自然超越愚痴无明，超越我执法执，不过不是一蹴而就的，需要随时练习，直到习惯成自然。

"不放逸"，练习管理自己，不要太放任或放纵自己，一点点练习，每天进步一点点，也不要一下子要求太高，欲速则不达，反受其乱。不能管理自己，就不会有自信心，管理学要从管理自己开始做起。管理自己的基础打牢了，益处多多。

"不害"，与"害"相反，"害"就是伤害人或动植物，以及破坏事情的冲动或行为。不害是相反的，不去烦恼困扰伤害别人，不伤害动植物，不污染环境，不破坏大自然，不破坏正当的事情。

"正念",一般讲的正念,是端正心念。进一步,观察一切念头的无常,乃至观察身心内外世界的一切感受境界,思维情绪,都是反映在心中的境界,变成念头,而觉照一切念头境界的"觉性"本身,不受念头境界的污染,本来无挂无碍,清净自在,本来无一物,这是根本的正念。也可以说,正念无念,无挂碍。也可以用"四念处"来练习:念身不净,对治贪恋身体与色相,对治把身体当作"我"的我执;念受是苦,对治贪恋执着感觉的习气,从感觉的逼迫中超脱出来;念心(念)无常,从念头与思维的迷惑困扰中解脱出来;念法无我,对治法执。

"正见",普通讲是正确的见解,也很重要。进一步,是正见无见,不被一切见解所困,心本来清净自在。《楞严经》讲"见见之时,见非是见。见犹离见,见不能及"。有见解的时候,那个见解不是能见的本来,不是根本觉性,而是依据觉性进而思维的产品,属于所见,不是能见。能见、能觉之性,超越一切见解、所见,不是所见、见解、思想观念所能涵盖的。

"正信",基于正见,产生正确的信心,不是迷信,而是智信,通过智慧观察获得正见以后的信心。

"正精进",基于正见、正念、正信的努力不懈。我们无始以来,被无明烦恼困扰得习以为常,习惯的力量很大,不是一下子转得过来的,所以需要不断地练习,不断地回归正见、正念、正信,化导身口意的行为,坚持培养新的好的习惯,替代旧的无明习惯。

其他,还有各种好的品德,比如善良、厚道、朴实、勤劳、努力、谅解心、宽容心、自尊尊他、仁爱仁慈心、道义心、仗义心、礼敬心、恭敬心、诚恳心、同理心、同情心,守戒、守法、守规则、守约定、守信用，意志力、自制力、专一专注能力、定力、智慧、处理事的方法方便能力，等等。

以上这些，有些是人性中的优点，有些是通过后天的修养培养起来的优点，是对治人性弱点的良药。人性中最大的优点优势，就是本具的觉性。我们可以练习深刻的反省，观察自己的起心动念与种种心理习惯，逐渐深入，就可以一步步开发自知之明。越了解自己，就会越理解谅解别人，对"江山易改，禀性难移"会有更深切的体会，会推己及人，具有同理心，自然步入"忠恕之道"的修养，逐渐做到"己所不欲，勿施于人"，甚至"己所欲，施于人"，也才会深入懂得人情世故，懂得天下事的艰难，懂得政治经济文化教育之难，不会被肤浅的理论观念骗住，也不会再用完美主义理想主义的标准，去衡量一切、要求一切了。所以，了解人性，是一切学问的起点与基础。

人性的优点弱点很复杂，每个当下，都有很多的念头起起灭灭。我们早已习惯了被纷飞的念头牵着鼻子走。我们以为自己是自由的，其实随时被念头牵着鼻子走，非常被动，自主程度非常小。若是受外界各种信息的刺激与诱惑多了，更是妄想纷飞，浑浑噩噩。将来如果科技进步到能用仪器把心念与行为，连续记录下来给自己看，我们一定会很惊讶，会发现绝大部分时候，我们的心念和行为都是很莫名其妙的。所以，放任自流或合法地保护本身，并不必然导致自由自在。用智慧的方法反省自觉，修身养性，避免思维的陷阱，是每个人百分百需要的。这方面的经验与方法，最丰富的，不在西方，而在中国文化里面。

因果观念再辨析

刚才讲到缘起，成也是缘起，败也是缘起。缘起就包含因果关系在里面。所谓"善有善报，恶有恶报"，这个观念要再辨析。这个话被大家讲得太多了，可能误会也太多了。"善有善报，恶有恶报"，它是说有这个因缘，就有相应的结果，它是一个比方的说法，不能僵化地从字面去理解。实际上我们常常是好心未必办好事，为什么？第一，好心是不是真的好心，有没有夹带其他的欲望或者自私的动机，这要反省。第二，就算有真正的好心、正确的发心，要成就一件事，也是要靠缘起，靠其他条件配合的。如果条件不对，它的结果也会不好，甚至可能由于某些条件导致了意想不到的结果发生，可能是坏的结果。但是这仍然符合因果原则，因为某些条件的改变或加入，而变化了，这就是因果关系的复杂性了。比如数学上，$1+1=2$，这是因果关系。可是 $1+1-3=-1$，增加了一个因素，结果变成负数了，可是它也是因果关系啊。所以不是有善心，就一定能做好事，要靠其他很多因素配在一起。万事万物都是缘起的，缘起很复杂，参与的条件很多，善善恶恶非善非恶，很复杂，彼此作用，很不简单。这是一个很平实的因果法则，一点也不神秘，普遍存在于一切的现象之中，包括一切的科学、医学、政治、法律、建筑、衣食住行，等等，都贯穿了因果关系。再比如逻辑学、数学、物理学，处处都是明显的因果关系。

怎么样善加运用因果的法则呢？我们可以由果推因，就知道如何行止了。所谓"行止"，就是何时该行动，怎么做，做到什么程度，何时该停。我们生活工作，做人做事，乃至选择人生道路，都是"行止"问题。想要什么样的结果，就要分析需要什么样的条件、什么样的因缘，才可能达成这个结果。然后，能够努力做到多少，能够争取多少条件，就大概对结果有个判断和抉择了。很平实的，一点也不迷信，用不着算命，自己就知道结果的大概了。所以说，"菩萨畏因，众生畏果"，为什么？众生平时稀里糊涂的，却希望有好的结果，求保佑啦，看相算命啦，如果不能从正确的因地上努力，或者通过努力也凑不齐必要而充分的因缘条件，怎么能有所期望的结果呢？等到结果来时，才知道害怕后悔。可是如果明白了，因果就在我们日常生活工作里，随时随地存在因果关系，乃至一个念头、一句话、一个行为，会引动连串的因果链条，那就要从因地谨慎小心，注意每个因了，不要种不好的因。所以，做人做事可以倒果推因，想要什么结果，要搞清楚需要什么因和缘（条件），从因和缘上下功夫。政治也好，企业也好，人生也好，这个道理是通用的。《大学》讲"物有本末，事有终始，知所先后，则近道已"，事物有因果本末，把事情的根本抓住，把先后顺序搞清楚，然后尽力做好该做而能做的，尽人事听天命，尽力而为以后可以随缘了，用不着宿命通。或者把"随缘"放在前面，先观察因缘条件时势是怎么样的，然后抉择行止方案，同中医看病一样，根据整体系统的因缘动态来辨症处方。

结　语

刚才提到，面对无常、迅速的这个时代乃至未来，我们是选择多欲、焦虑、抑郁、躁狂，还是观察万物无常、缘起性空，从而解脱自在，放得下，也拿得起来？刚才讲过了，要善加利用这个时代，不再重复了。

回归到最后，就是"一真法界、善用其心"，这是《华严经》的观念。"一真法界"，宇宙一切本身就是道，体相用具足，体上、觉性上是"本来无一物，何处惹尘埃"，相用上、妙有上、应用上，是"性空缘起、缘起性空""真空妙有不二""觉所觉不二""体用不二"，都是一真法界里面的幻化。这个理，思维清楚了，信进去，毋再疑，念念如是，如是念念，善护念，坚持到底，习以为常，自然步入转八识为四智的正道。至少，可以解脱很多烦恼困扰，进一步，可以心安理得。所谓"善用其心"，就是说我们总会起心动念的，即便入禅定了，可是总要出定嘛。出定以后，念头是用在思维的陷阱上、妄想执着上，来自欺欺人，陷到诸漏皆苦的境界里面，还是转入空有不二一真法界的境地，自利利他，又不受我人众生寿者相的骗？看我们的心，转换到哪个频道，转换到妄想执着里面，就承受诸漏皆苦的果；转换到一真法界、空有不二的境界里面，善用其心，就是一个自利利他解脱自在的结果。所以，还是离不开因果的认知与选择。

不好意思，我占用大家很多时间，抱歉！抱歉！语无伦次，拉拉杂杂胡吹了这么多，都是浅薄陋见、痴人说梦，贻笑大方了，罪过！罪过！诸位见谅啊！

（二〇一四年三月二日南怀瑾先生纪念活动讲稿）

附录

对"国学热""书院热"的冷思考
马宏达

刚才听了诸位前辈、先进的发言，很受感动！听了小琳姐、小文院长和音乐家们怀念南师的琴音，不禁动容。

今天会议的主题很大，但时间有限，我略谈一点不成熟的想法，请各位指正。

一个公案

首先声明，主持人介绍我是南师的秘书，实不敢当，我远不够格。我不过因缘际会，有幸在南师身边，听命做一点杂事而已，做得也不好。同时，我也不算南师的学生，远不够格。我们同学有句话，叫作"南师是我们大家的老师，但我们不算他老人家的学生"。

其实，不论见没见过面的，受益于南师的人无数，大家都尊称他为"老师"。可南师却说自己没有学生。为什么呢？这是一个公案，一个话头，值得参究。根据南师自己讲过的话和我对他老人家的理解，可从几个方面理解这个问题。

一则是南师谨记"人之患,在好为人师",谦冲自牧,永居学人之位。

二则是他"无我相、无人相、无众生相、无寿者相"的内在修养。

三则是他对学生的要求很高,要文武全才,既能"上马杀贼,下马作露布""下笔千言,倚马可待",又要入世出世兼通,古今中外兼摄,既能入佛,又能入魔。要通达人情世故,做人做事要对;要学以致用,不能书呆子气,内可安心自在,外可安身立命,经纶济世,乃至安邦定国,等等。至少像他一样,比他高明就更好。

大家听了这个标准,一定感到不可思议。我再讲两点,或者有助于理解这个公案。其实透过这个公案,可以管窥南师教育思想与教育手法之一斑了。

禅宗有句话,"见与师齐,减师半德;见过于师,方堪传授",即使见地与老师一样高明,功德、经验比老师还差太多,要经过长期修习磨砺才行。见地不是思想,而是真智慧。思想叫见解、知见、知解。见地超过老师,经过老师传授经验教训,就有希望快一点赶上老师的境界。这样,才有希望使一代不比一代差,还可能做出青胜于蓝的贡献。否则,难免一代不如一代。这是禅宗的教育思想,其实也适用于其他很多领域。当然,这种"学生",也不是一般意义上的学生了。一般意义上的学生,南师有太多了,各领域各阶层都有很多。此其一。

再比如说,孔子、老子、释迦牟尼佛,他们的徒子徒孙们,出了很多了不起的人才,也在传承着他们的学说,但是有谁比他们更高明更全面?一代更比一代强?恐怕是一厢情愿!固然有很多徒子徒孙创造出很多丰功伟绩，但是亦步亦趋的，依文解义的，食古不化的，老死句下的，脱离实际的，高推圣境的，学用分离的，知行不一的，牵强附会的，乃至误解、曲解、歪嘴念经的徒子徒孙也不在少数！都说是祖师爷的学生，传承来传承去，不知不觉间，搞得祖师爷们面目全非，反受其累。而这些大祖师们，当初谁也没要搞个门户出来，只是随缘教化而已。徒子徒孙们弄巧成拙，搞个门户出来，把本来文责自负的事，变成了一本族群连带责任的胡涂账。结果徒子徒孙们出了问题，牵连祖师爷被误会乃至被打倒！这个历史的因果，非常值得反思。此其二。

自然科学技术领域，比较可以站在巨人肩膀上更进步。人文领域不然，人文领域的知识积累好办，吹吹牛好办，培养一般人文素养也还相对好办，真境界就难了！真境界不是知识，而是从根深蒂固的内心烦恼困惑中解脱出来，从做人做事实践经验的陶冶锤炼中来，靠的主要是自立自觉，无法偷巧，不是站在圣贤肩膀上就自然成长了。这个道理，古今中外没有两样。

所以，南师反对门户之见，说没有南门，没有学生，这里面的道理很深。

南师走后，据我所知，有很多同学是加倍努力自强的，很多在默默地做贡献，但也有真的假的"学生""弟子"，出了不少状况。其实老人家在世时，已知道有人打着他的旗号在外面说事儿了。就像《西游记》那些妖怪一样，不少是在神仙那里没修好的，跑到外面作怪。或者曾在外面作怪的，被神仙收了去，没修好又跑出来作怪。所以老人家干脆否认有"南门"，否认有"学生"，两个否定，干净利落，一石多鸟。他说谁受益谁知道，不必标榜这一套。现在，我越看越觉得老人家英明！这两个否定，包含了多层道理，既吸收了千古经验教训，是对中外历史文化的一个严肃反省，是对学人的永远鞭策！同时，也是一个总的声明——提醒社会上不要受"门户""师生"观念的骗。任何人的言行文章，责任自负！不管真的假的"学生"，做对了是应该，值得鼓励；做错了，乃至自欺欺人，欺世盗名，自己要承担责任，做老师的可负不了这个责，也管不了。

乃至包括现在或未来，对老师学术做诠释与解析的，严格说，也只代表研究者个人的认知，未必代表老师的本意。古今中外的学术思想，绝大部分偏差，就出在传承、弘扬、注解、诠释或解析的环节上。严格说，所有的注解都只代表后人的研究与认知，是否符合作者本意，是否将其本意全部而正确地解释出来，都是问号，除非作者本人表示认可。这些道理，适用于儒释道，也适用于古今中外各宗教、各学派。这是对学术与教育思想的反思了。再譬如说，现在发现网上有些热心读者，从南师讲课的录音录像自行"整理编辑"流传。他们不知道，南师对整理讲课内容是非常谨慎的，他反对擅自整理他的东西发表。现在这些网友的热心，恐怕反而帮了倒忙。

对南师的认知

再譬如说对南师的认知。很多人，甚至包括很多熟悉南师的人，都认为他是佛教人物，认为他专门提倡打坐修行，或者认为他专门提倡传统文化。其实这些都是误解。

对儒释道，诸子百家，乃至古今中外各家学问，也包括西方宗教与科学，南师是一视同仁，"自他一体视"的，都尊重，都重视，如同中医对药材的看法一样，一视同仁。每种药材都有用，关键看怎么用，用对了救人，用错了害人。所以，他注重学以致用，注重实证，注意每种学问对世道人心、对人类的当下与未来，有何利弊作用。他各领域各方面的朋友、学生也多，外国学生也不少，都是一视同仁的。南师当年在辅仁大学做教授，还是于斌枢机主教（辅仁大学校长）礼请他去做的。

几十年前，南师就成立了"东西精华协会"，旨在推动东西方精华文化的融合，以期增进东西方的理解与融合，减少人类未来的冲突与劫难。南师也说过，他不是佛家、道家或儒家，如果非要归类，大概算是"杂家"吧。但不是吕不韦那个杂家，而是平等尊重古今中外一切学问，广闻博采，兼收并蓄，一视同仁，而且对新生事物一直保持着关注。教育上，他因材施教，因缘不同，即使问题类似，答案却是不同的。因缘际会，佛家的讲得多了一点，使人误会他是佛教人物。其实儒家、道家的也没少讲，政治、历史、军事、韬略、易学、医学、文学乃至武功等等，也讲过不少。

关键的还不是讲，而是用。日常生活、为人处事、接人待物，他处处是风范，这是他的身教了，这就是"人师"的榜样力量。接触过他的人，每每油然而生敬意与欢喜心，自然被他打动，受到深刻影响。南师所讲的，其实是他的人生经验与智慧心得，是学以致用，不是咬文嚼字，空谈理论。而且南师讲话深入浅出，生动活泼，很接地气。讲课有很多的借题发挥与经史参证，使得中国传统文化在他手里，重新焕发出博大精深的灿烂光芒，吸引了无数人士重新看待与重视中国传统文化，其中也包括李约瑟、彼得·圣吉、戴思博等国际著名学者，也使广大华人读者重拾文化自信心。

说到佛家，想起第一次世界佛教论坛筹备时期，小文院长（时为国家宗教局局长）来恭请南师参加论坛，南师和他开玩笑说："我不信宗教，我只信睡觉。"何出此言呢？南师讲过，佛教、佛法、佛学、学佛，是四个不同的概念。佛教本来是佛陀的教化教育，后来被搞成宗教化了。当然，宗教有其社会功能，人们往往需要宗教来寄托思想感情，减少烦恼不安，也可生起敬畏之心，没有敬畏之心就会肆意妄为。进一步，还可以深入研究其中蕴含的哲理。佛法，是觉悟宇宙生命究竟本来的实证方法，不是宗教，是个大生命科学与认知科学。佛学，是学理知识历史知识的研究。学佛，则是以释迦牟尼佛为榜样，去实践生命的觉悟与自觉觉他的行履。南师更注重的是佛法与学佛，注重智慧的觉悟与烦恼的解脱。打坐只是身心修养的方法之一，各家有各家的打坐方法，全世界有近百种打坐方法，不只佛家有，可是内容如何呢？有很多的不同。他说过，打坐是小事，如果人们整天只干这个事，那就亡国了！他不是专门提倡这个。

南师有一首《狂言十二辞》，是中年时写的，已经为自己的一生做了概括："以亦仙亦佛之才，处半人半鬼之世。治不古不今之学，当谈玄实用之间。具侠义宿儒之行，入无赖学者之林。挟王霸纵横之术，居乞士隐沦之位。誉之则尊如菩萨，毁之则贬为蟊贼。书空咄咄悲人我，弭劫无方唤奈何。""王霸纵横之术"，代表了王道、霸道、纵横家等等治国安邦的学问。他几十年前就说过，现在的国际，是新战国时代。他对政治家讲的是《阴符经》《战国策》《太公兵法》《长短经》《资治通鉴》，以及中国和世界历史，等等，他还编纂过《正统谋略学汇编》一套五十册三十种著作，都是治国安邦的学问。

至于类似修建金温铁路、协调海峡两岸、支持收复香港等等，对国家民族现实政治经济科技文化教育所做的功德，他默默做了很多，外面不知道而已。

泼点冷水

说到书院，还有时下的国学热，很抱歉，我可能要泼点冷水，或者叫"淬火"也可以。

前天与同学聊天，我开玩笑说，用通俗易懂的话来说，鸦片战争以来，我们一百多年屡战屡败，陆续经历了"找不着牙，找不着北，找不着魂"的阶段。"找不着牙"，是指多次战败，满地找牙，失去了自信，陷入深深自卑和自我怀疑之中。于是进入"找不着北"的阶段，寻找方向，寻找道路，一直到"摸着石头过河"，乃至今天，还在探路、铺路，也可以说是边寻找边开创道路。同样因为失去了自信，失去理性，彻底否定了自己的历史文化，民族失去了精神源泉，"找不着魂"了。到今天，还没有跳出"找北""找魂"的阶段。但是，百年来，已经有了非常伟大的进步。这么大的国家，这么多的人口，那么长的时间，陷入那么多那么大的危难，能翻身站起来，开创今天这个局面，艰苦卓绝，代价巨大，成就也非常伟大，人类史上绝无仅有！从中可以看出中华民族的伟大生命力！谁也不可能吃掉她。

新文化运动彻底否定历史文化，固然偏激极端了，但也的确有其历史的因果道理。怎么讲呢？举例说，比如儒家，孔孟本人是文武合一，经世致用的。秦汉以降，经学逐渐兴盛，逐渐演变到后来，发生三个偏向：一个偏向，是一部分知识分子越来越专业化，也越来越学术气、学究气，乃至书呆子气，与经世致用越来越脱节，越来越不接地气，越来越脱离实际了，变成了腐儒、书呆子。第二个偏向，发生在出仕做官的部分人身上。出仕做官本来的宗旨是为国为民效力，但一部分人被利益诱惑，异化了，变成了"小人儒"。当然，好官也有很多。第三个偏向，一部分人，只讲修身养性，不论经纶济世，更不注意世界上其他很多国家的状况，进入自己造的象牙塔了，闭门造车。这是专讲走偏的情况。这些偏向，对国家民族有什么样的历史因果作用呢？很值得检讨。今天的知识分子，不只中国的，虽然不是儒生，是否也有类似的问题呢？再比如，宋明理学以来，"存天理，灭人欲"的偏颇阐扬，以及片面强调"心性"修养，过犹不及，使很多人越来越自抑而文弱化，失去蓬勃的活力。"平时静坐谈心性，临危一死报君王"的错误不能再重演了。

再比如道家的学问，本来从天文地理到人文哲学、医学、政治、军事、经济、科技，都有很多宝贵内容。汉代以降，形式逐渐宗教化，内容狭窄化，愚民色彩也渐渐附加上去。再加上司马炎以来，错用对"奇技淫巧"的态度与政策，使得科学技术的生机受到长期抑制。当然，科技发达，若无定慧之力把握，的确容易反受其惑。如同"神通"若无定慧主宰，反而变成"神经"。但你无法禁止其他国家发展科技啊！到头来还不是被人欺侮。所以，不可因噎废食，而应促进科技研发，同时加强道德与定力慧力的修养。

再比如佛家，从传入中国不久，很多人就把求保佑求福报求神通，当成佛教的功能。梁武帝盖了很多寺庙，"南朝四百八十寺"，达摩祖师却说他只是修人天福报而已，与真正的佛法不相干。可是求保佑求福报求神通，是近两千年来大部分接触佛教者的通病，只有少数人深入研究真正的佛法。今天还是如此。这固然主要归因于人们根深蒂固的见思惑、贪嗔痴慢疑与恶见等困惑，但是负责教育引导的人们，也应检讨自己的责任。比如佛家讲的因果报应，流行的解释不知不觉中，已经脱离了佛法的本义，片面强调宗教化"神道设教"的一面，忽视了平凡化，与现实密切结合的阐扬。其实，现实中无处不是因果关系，科学、法律、医学、经济、政治、军事、心理学、哲学、衣食住行……任何学术、任何领域、任何事情，无处不是因果关系。还有，片面强调自作自受，忽视了"别业"与"共业"合参，使人自我反省忏悔寻找内因的同时，也误会一切苦难全都是自找，一切侵害别人的仿佛都是"讨债"的，似乎合理合法了，这就是误导了佛法，不知不觉间也变成了愚民。长期如此，会造成人们逆来顺受、麻木不仁，是非标准模糊了，变成胡慈乱悲，慈悲生祸害，方便出下流。

再比如，古今中外，人们都喜欢神通，把这个妄想和欲望投射到偶像身上，想象佛菩萨或者上帝、圣人的神通广大，高推圣境，偶像崇拜，变成了不切实际的自欺欺人，与真正的佛法毫不相干。佛法的重点在于体会觉性，从我执法执的困惑中解脱出来，而不是神通。很多阿罗汉也没有开发神通。佛禁止弟子们以神通惑人，孔子不谈怪力乱神，为什么？没有真正智慧与定力，跟着神通走，一定会变成"神经"。你说大目犍连神通了得吧？经典记载他预测的也有多次不准。其他一般的就更不要谈了。一旦你陷入这个喜好，会变成颠三倒四，失去正常判断力，会被江湖骗子牵着鼻子走。我们看看时下有没有这个问题呢？

以上简单检讨儒释道三家，经过两千年来偏差的"弘扬"，产生"失之毫厘，谬以千里"的历史因果，就不难理解新文化运动乃至"文化大革命""破四旧"对传统文化的态度了。当然，这些态度不足取，偏激而极端，非理性成分大，把偏差的、曲解的、误导的当成了本来。南师有个比方，"倒洗澡水，把孩子也一块儿倒掉了"。但是其来有自，有其历史因果。帝王将相尽管有责任，但是千古以来，以传播文化为己任的知识分子们就没有责任吗？道长们法师们没有责任吗？责任恐怕不小！

南师所阐扬的传统文化，基本路线是回归原点，尽量回归其本来面目，抛开两千年来的偏颇，恢复其活泼泼的生命力，恢复其伟大的精神与气派。他以自己独到的阐扬与发挥为其增色，与安身立命经世致用密切结合。而且不止于恢复传统文化的精华本色，还主张古今中外合一，张开怀抱兼收并蓄。利国利民的同时，还要利益全人类。这也是他的文化教育思想啊。

值得高兴的是，越来越多的人在关注乃至探究传统文化。国家也在百年以来，正式为传统文化正名，提出弘扬传统文化的精华。这都是值得欣慰的事。我看眼下国家所做的，还真有点王道、纵横家、儒释道法并用、古今中外并重的味道呢！所以说，传统文化不是用来吹牛骗人做花瓶的，应当用于安心安身立命、协和群伦、经纶济世、安邦定国。但同时也应看到，"国学热"方兴未艾的同时，上述跑偏的问题也沉渣泛起。要么"死读书、读死书、读书死"，要么寻求神通、追求神秘、迷信偶像、自欺欺人，要么书呆子般咬文嚼字、脱离现实，要么空谈理论与身心性命、安身立命、经纶济世无关，要么闭门造车、不接地气，要么困于文字不能领会背后精神活学活用，要么用西式思维张冠李戴、生搬硬套，肢解、曲解、误解中国历史文化学术，要么学了现代教育商业化毛病，跟商业利益捆绑，高收费，更加重了异化色彩。这种"热"，属于元气不足，虚火上升，浊气上扬，阴阳错乱。

内圣外王与无为而治

说到这里，想到"内圣外王"这个词，当代很著名的大学者也把"外王"解释为做帝王，这是很遗憾的事。"内圣外王"，是庄子讲出来的，儒家广为提倡。"内圣"是内在修养以圣贤修养为榜样；"外王"是外用，"内圣"修养的外用，遇到什么环境与情况，就自然反应出来的外用。任何人都可以走这个路线，不只是帝王。

内圣外王换句话说，就是《大学》讲的"大学之道在明明德，在亲民，在止于至善""自天子以至于庶人，壹是皆以修身为本""格物致知、诚意、正心、修身、齐家、治国、平天下"。换成老子的话说，就是"无为而治""无为而无不为"。"无为"不是什么都不做，可是很多学者都把"无为"讲成了什么都不做。什么都不做就天下大治了？还真有人相信呢！佛法传到中国，借用了道家的"无为"来表述真如本性，称作"无为法"，与"有为法"相对。有为法是缘起的，是说任何事物的存在，以种种条件为前提，条件变了，事物也变了，无常的，没有固定不变的事物，所以叫"缘起性空"。"无为法"是不以任何条件为前提，本来就不生不灭、不垢不净、不增不减的，道法自然的。"道法自然"的"道"，代表宇宙万物（包括生命）的本体，"自然"是本来如此，不以别的条件为存在的前提，不是"大自然"的意思。佛家讲无为法才是道，才是佛法求证的目标。有为法不是道，只是道之用。佛法中译时，借用了道家的"无为""道"，还借用了儒家《大学》的"静、虑、定"，等等。换言之，道家的"无为而治""无为而无不为"，用佛家的话说，等于真空妙有，内证菩提正觉，外行菩萨道。菩萨道不拘任何形式，不会特别标榜什么形象或身份，完全灵活自在利他，什么领域什么身份都可以行菩萨道，也即"无为而治""无为而无不为"。道家讲的"清静无为"，等于佛家的"心无挂碍"，不受自己思想情绪知识观念成见的骗，不受教条主义、形式主义、本本主义的骗，不受身体的骗，不受一切有为法的骗，如此才可以灵活地、创造性地随缘利他、随机应变、经世致用。可以说，"实事求是"是"无为而治"外用的一种，但还没有深入不受自己思想、情绪、身体以及一切有为法的骗。

我们再看《论语》里面说什么，"子绝四：毋意，毋必，毋固，毋我。"什么意思？孔子已经修养到断除了四种毛病，这四种毛病我们每个人都有，是我们烦恼困惑的根源。"意、必、固、我"，用佛家的话来解释，就是"我执、法执"，是困扰我们证得"无为法"的根本无明烦恼，是"心有挂碍"。佛家修行证果的标准是什么？不是禅定，不是神通，而是破除我执、法执。贪嗔痴慢疑恶见等"见思惑"是由我执法执而来。孔子破除这些困惑了，当然，是否究竟功德圆满不知道，但这是"内圣"的标志。"外王"，孔子的教化就是他的外王，他的菩萨道。其实在儒道等百家共同尊奉的经典《易经》中，有这个理念。乾卦中有个"用九"概念，坤卦中有个"用六"概念，历来有很多种注释，东汉道家的魏伯阳也有种看法，与其他家注释大不同。他在《周易参同契》中说："二用无爻位，周流行六虚。"这与无为而治、无为而无不为、内圣外王、真空妙有、菩萨道等理念是相通的。"二用"就是"用九""用六"。"无爻位"，不属于任何一爻，不在任何一爻的位置上，是空灵的，清静无为的，心无挂碍的，因此却可以"周流行六虚"，可以变通为任何一爻，可以用任何一爻，可以妙用无穷，无为而无不为。

所以你看儒释道乃至其他各家学问，其精华是非常多的，非常伟大！

佛家的宝贝

再比如佛家，我们先不管"悟道""禅定""神通"这些大家习惯盯着的、很向往却又搞不大清的、习惯了高推圣境的东西，单是以下四个方面，就已经对人类很有贡献，有无限的慧思启迪了。而这四个方面，恰恰是古往今来容易被大家忽视或误解的东西。

其一，对人性的解剖。人的本性是什么，习性是什么，弱点在哪里，优点在哪里，起心动念电光石火之间已经触发根深蒂固的困扰困惑是什么，思维思想情绪是怎么欺骗自己的……古今中外各家学问，包括现代心理学在内，没有比佛家解剖得更深入详细。可惜，这些学问埋没很久了。即使学佛的，包括学法相唯识的，大多也没有真的反观自照体会这个。不能深入体会这个，不会了解自己,不会了解人,不会了解众生。研究有关人类社会的各种学问,不论政治、经济、文化、宗教……不可能有扎实的基础。

其二,是佛家对觉性(知性)的学问。不论五官身体的感觉还是心理的知觉、思想、情绪如何变化,也不管五官身体健康或者病坏,其背后的觉性(知性),都没有随着所觉所知而变化,这个觉性(知性)超越了所知所觉的无常。且不说依此觉性可以超越生死,也不理什么"悟道""见性成佛"的观念,只要学人切实体会,反观自照到此觉性,便可从当下的烦恼困扰中解脱出来。当然不是一劳永逸,因为无始以来积习太重,需要不断地觉照解脱,念念"善护念"。渐渐练习,就会越来越自在,越来越接近"心无挂碍",接近"清静无为"的内圣之道。管他圣不圣的,悟道不悟道的,这些观念都抛开。每一个当下,反观觉性,觉照有为法无常,从而解脱执迷烦恼的困扰,解脱我执法执的迷惑,就是观自在,就是得大自在,就是净土,就是无为无挂碍。《心经》讲什么?"无挂碍故,无有恐怖,远离颠倒梦想,究竟涅槃。"涅槃不是死亡,而是超越无常与死亡的无生灭的道。

其三,因果观。其四,缘起观。缘起观与因果观关联,从不同角度阐发,既是世界观、人生观、价值观,也是智慧的方法论。它使我们看问题,更切近事物的本来面目,更机动灵活,少犯刻舟求剑、张冠李戴、盲人摸象、教条主义、本本主义、自我中心、书呆子的错误。

这四个方面,在我另一篇报告《思维的陷阱》里面有更多阐述,有兴趣的朋友可以参考。

佛家至少在上述四个方面,对人类文化有重大而且可以普惠的贡献。其实禅定也是佛家宝贝之一，但是大部分人不可能深入，浅尝辄止而已。禅定与儒家的"知止而后有定，定而后能静，静而后能安，安而后能虑，虑而后能得"是相通的。玄奘法师翻译禅定时，就用了儒家的"静虑"，"静虑"也就是"止观"，有了成果就叫作"定慧"。诸葛亮讲"宁静致远"，也即是初步的止观与定慧。

佛家的世界观对现实也很有参考价值。比如他们说我们这个世界，属于娑婆（堪忍）世界中的欲界，是五趣杂居地，凡圣同居土，这里不是西方极乐世界，也不是欲界、色界、无色界天。这里的众生，贪嗔痴慢疑习气顽固，各种错误观念似是而非的思想很多。所以提倡修行或修身养性本身没错。但同时也要知道，我们不是活在象牙塔里，不是活在净土世界，丛林法则的幽灵常徘徊在这个世界，所以必须重视安身立命，重视经纶济世，安邦定国，重视防范侵略，重视了解国际政治、经济、科技、宗教等各种动向。保护自己与维护正义秩序，不是靠修行和仁义道德就能办得到的，还要靠"十八般武艺"，靠各种实力。换言之，在佛家看来，我们这个小世界不太平，也不会太平，永远有各种忧患出来，因为我们这个世界就是由无明困扰的众生组成的。而教化、修行，也是很不容易的事，因为这里的众生"刚强难调"，很难教化的，江山易改，禀性难移。指望通过提倡修行修养或者讲究仁义道德，就可以缔造一个现实净土世界，天下太平，那只是对人性缺乏深入了解，对自己也缺乏深刻认知的浪漫愿望。但是，不提倡修行修养礼义廉耻更不行，不提倡法治也不行，会堕落得更快更厉害，我们这些年已经尝到了这个苦果。

这是以佛家为例而言。儒家、道家以及其他诸子百家，本来的精华宝贝也是很多的，尘封已久，有待于大家去发掘。

不少人说希望中国文化将来为世界做贡献。其实中国文化千古以来，已经为全人类做出巨大贡献了，还不谈四大发明七大发明，等等，先哲的思想、文官制度、科学技术、生产生活方式等，都影响了世界。而且中国人口本来就占世界几分之一，对中国做出贡献，也就是对世界做出贡献。中国古代还曾长期领先于世界，却没有像近代西方一样发动殖民侵略掠夺世界，很大程度要归功于中国文化，否则世界历史早就改写了。

重振"礼"的精神

再譬如"礼"的问题。今天会议中，几位老部长都讲到，现在我们全民缺乏礼的修养。的确如此。日本、韩国以及东南亚一些地方，还保留有中国文化儒家"礼"的影子，但是各有不同。日本的"礼"很好，是儒家礼教的延续，但是也走向了"礼"的反面——烦。礼太过分了就是烦了，自己麻烦，别人也麻烦。而且礼的精神是诚敬，诚恳恭敬，搞到繁琐而烦恼就过犹不及了，也会虚伪了。《礼记·经解》对"诗、书、礼、乐、易、春秋"有正反两方面的提示。这个在南师的《论语别裁》中有介绍。所以恰到好处很难，基本都是过或不及。譬如今天若要恢复礼的教育，是否要完全按照古礼的内容去恢复？不一定。古礼也有历代变迁啊，时代因缘变了，社会生活结构变了，礼的诚敬精神可以继承，表现形式却要变通了。变则通，通则久。乃至在新的礼仪形式确定之前，先提倡礼的精神——诚敬，每个人恢复诚敬的精神，敬天、敬地、敬人、敬事、敬业、敬物、敬一切，也不拘泥于形式。大家以诚敬的精神出发，每天这样开始，整个社会国家的局面很快会不同了。重要的是，每个人要从我做起，从改变自己的言行做起，做个榜样，而不是仅仅批评别人，那才有希望。

又比如对"仁"的解释，现在普遍解释为"爱"。孔子答复樊迟问仁，的确是说了"爱人"。但他答复别人问仁，又各有不同，不仅是因材施教，而且是因时因事施教。《论语》里有一百多处谈到仁，各种角度，各种不同的表述。"仁义礼智信"都不是那么简单而狭窄的概念。止于字面狭义地理解，用佛家的话说就是"依文解义，三世佛冤"。依庄子的看法，文字已经是糟粕了，真精华不在文字上。

书院的尝试

讲到书院文化，现在雨后春笋一般，出现很多"书院"。但都不是古代的书院了。不是说古代的书院就一定好。古代的书院，当然也有其问题。任何时代，对任何事物，都不应想象得完美化。古代的书院，是朴素的教育，也反映了教育的本来面目。有学问有成就有经验的人，愿意与大家分享自己的心得，而另一部分人也愿意来学习，这就是教育朴素的本来面目。古代的书院，还有一个特色，就是老师与学生之间，不是如现代一样，只是知识的传授，而是还包括了身教，老师自己的行谊做派就是活的榜样。现代的书院，在这方面，未必来得及追上古代。但是，心向往之，也是可敬。尤其现代紧张的生活节奏，新的生活方式，几乎不会有老师或学生安心寂寞做学问，但却可以走分享互动成长的路线。分享、互动、包容、尊重、成长，也许可以成为当代书院目前的路线。

当代书院，还在蹒跚学步的阶段。虽然蹒跚，却有希望。如果成长在历史文化的精华中，成长在兼收并蓄、胸怀天下古今中外中，可能成长为健步如飞、顶天立地、继往开来的青壮年。但如果淹没在沉渣泛起或者各种狭窄偏颇的路线中，就会夭折，变为历史的叹息与遗憾。"国学热"亦然，如果虚火与异化泛滥不止，那就是历史的笑话与遗憾！

我这些语无伦次的话，只代表我自己目前的幼稚想法，不代表任何人，明天变了也未可知，希望是杞人忧天，危言耸听。主办者一定要我来发言，我很惶恐，不知道应该讲什么，所以再三推辞。但因为是纪念老师，所以来了，结果还是安排我发言，只有硬着头皮开口了。听了刚才大家的发言，有感而发。讲错了只好请大家原谅，诸位不要当真。反正我不算南师的学生，所以也不会给老人家丢脸。（笑）

（二〇一四年九月二十日南怀瑾先生纪念活动讲稿）

二、教育篇

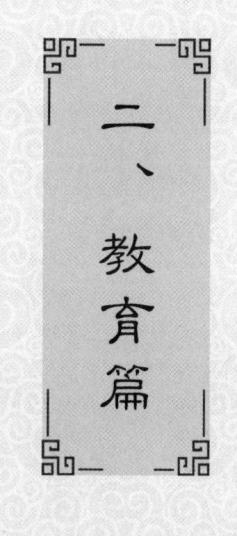

南怀瑾先生教育思想之探索

践行南师思想，做乡村教育的传灯人

教育的目的与实践

南老师教育思想未成年人养成教育的实践报告

附一　国学润童心

附二　国学助成长　润物细无声

南怀瑾先生教育思想之探索

古国治

（南怀瑾学术研究会副会长、南京大学群学书院副院长）

各位嘉宾、各位朋友：

今天很高兴有机会与大家分享我们的老师——南怀瑾先生的教育思想。老师终其一生都在弘扬中国文化，非常重视教育，因为文化与教育的关系非常密切，他的许多著作，如《论语别裁》《原本大学微言》《孟子与尽心篇》，还有其他很多著作都透露出他对人类教育的关心和重视。关于文化教育谈得最多的是《廿一世纪初的前言后语》，这本书也是老师临终前几年重要的讲话。所以说老师的一生都在弘扬中国文化，一生都在关心教育，尤其是在他晚年的时候，还多次讲了那么语重心长的话。

今天我想就南怀瑾先生的文化教育思想做一些探索。主要分成几个部分来谈：第一是政教合一，第二是文化教育，第三是推广儿童读经，接下来是人格教育、学校教育、家庭教育，当然还谈到生活教育，最后会谈到人性的问题。这是有次序的大方向，涵盖面相当广，可以看出，南老师的教育思想是非常传统的中国文化的思想，与中国传统文化不可分割。

教育的历史传统

南老师认为最早的教育记载早于夏商周，甚至远到黄帝伏羲，中国原始的教育思想，从夏商周之前就有了。这个教育思想是帝王的思想，负责教育的不是别人，是帝王，帝王本身就是一个教育者。南老师说："中国传统，是人道与形而上的天道合一，叫作天人合一。"天人合一，是入世与出世的合一，政教的合一。出世是内圣，入世是外用，能诚意、正心、修身、齐家、治国、平天下，有具体的事功贡献于社会、人类，就是圣人之用。上古的圣人伏羲、神农、黄帝，都是我们中华民族的共祖，他们一路下来，走的是"内圣外王"之道。南老师说："到了周文王、武王之后，'内圣外王'分开了，内圣之道就是师道，是传道的人，外用之道走入了君道。其实中国政治哲学思想，君道应该是'作之君，作之师，作之亲'的；等于说君王同时是全民的领导人，也是教化之主，更是全民的大家长，所以说是政教合一的。"（《孟子与尽心篇》）

这是中国传统的政教合一，到春秋战国时期，"君道""师道"就开始慢慢分离了，对此，南老师指出："中国的教育是从我们老祖宗黄帝开始的，不是宗教，而是人文的教育。人文教育有三个条件，'作之君，作之亲，作之师'。"所谓的教育在中国来讲就是人文的教育，以人为本，需要做到"作之君，作之亲，作之师"，因此中国文化分成师道、君道、臣道。君道志在治世的转轮圣王，那不是普通的领袖；臣道是做个良相，辅佐圣君致力于天下太平；师道的目的在于化民成俗，教化教育，超乎世俗。其实孔子、老子，包括释迦牟尼佛，甚至包括耶稣、穆罕默德这些宗教领袖，其实走的就是师道路线，他们本身都是大教育家、大思想家，最早并没有形成宗教。所以南老师说："中国文化有君道、师道，到了后代，师道超然独立，超过了君王和父母，这是做老师的尊严。我们中国称孔子为大成至圣先师，当作皇帝一样礼拜，把师道尊奉在君道及父母之上，师道的尊严竟达到这个程度。"这是中国文化的特色。南老师也讲过，古代即使当了皇帝，碰到老师还是要行跪拜礼的，尤其是在过去科举时代，考取了状元，最重要的事就是回到家乡去拜谢恩师。

记得我在小时候，多多少少还能够感受得到，我们对老师是非常尊敬的，我们的父母对学校的老师也是非常恭敬的，对小学的校长更是恭敬得不得了。但是时代不断在变化，师道尊严慢慢削弱了。南老师说："以师道而言，对学生的人品的教育要负责任一辈子的。"老师可不是那么好当，对于学生，不只是传授知识，而是对学生的人品道德负责一辈子。如果要复兴中国文化，重建师道是非常重要的一部分。

人师难求

南老师也经常提到"经师易得，人师难求"。"刚才讲'经师易得'，传播知识容易；'人师难求'，人师是用自己的行为、品性、言语影响学生。有道德有品性，一辈子给孩子们效法，这叫人师。大家想想，我们在座的都受过教育，由幼儿园到初中、高中、大学，请问哪个老师给你印象最深刻？有几个是你最敬佩的？我想很少。"这里面就谈到了师道,当老师不只是教你知识,怎么样在你的心目中留下深刻印象,怎么样能够正面影响你的一生,这才是真正的人师。讲到这里,我们的老师南怀瑾先生就是非常标准的人师,他除了是经师以外,还是一位真正的人师。他不只是影响了我的一生,据我所知还影响了很多人的一生,一辈子记住他,永远感念他,永远感恩他,他是这样的人,这就是"人师"。

教育的力量

对于文化教育的问题,南老师说:"一个国家、社会的兴衰成败,重点在文化教育。中国一百五十年来一切问题的来源就是文化教育的问题。"这是南老师的观点,我们一般会认为,一个国家的强盛,最重要是与经济有关,或是与国防力量有关,但是以南老师的观点来看,一个国家社会的兴衰成败重点在文化,在教育,因为这是根本问题,虽然,国家的国防力量很重要,经济力量也非常重要,但是这些力量背后就是文化教育的问题。其实现在很多社会问题也都显现出来了,即使经济发展了,人格、人品、道德修养都没有提升的话,社会上自然会出现很多不良现象。

南老师认为,"文化教育包括新闻、出版、媒体、学校、家庭"。这个范围是非常广泛的。南老师在二〇〇六年曾经应上海《文汇报》的邀请,演讲关于传统文化与大众传播的问题,他提到"新闻出版业在二十一世纪,应该走文化先驱的领导路子"。南老师认为,不要小看新闻出版的引导力量。

文化教育的建立

那么，如何建立新时代的中国文化乃至人类文化？南老师认为未来世界文化的合流，共同拓展人类前途，是极为重要的课题，中国未来的前途关系到人类的前途。第一，透露出南老师对文化教育的重视；第二，透露出南老师对中国前途的信心，也可以看到他重视自己的国家、重视自己的文化，同时，他对自己国家、民族、文化未来的前途发展深具远见，他已经看到了未来整个人类、整个世界的发展，必须要整理中国文化的精华，必然对未来世界文化有所贡献。我们可以看到，西方社会的发展，目前主要是经济与科技结合，也可以说几个世纪以来，都是偏向于物质方面的发展，等于是资本主义与科技的结合拼命刺激人们的欲望，长此以往，人们经常迷失在物质欲望里，忽略人与人之间的关怀，就是因为这样的思想，造成了两次世界大战，为了掠夺物质资源，伤害了千千万万的生命。所以，如何运用中国人文思想是非常重要的，当然，对于中国的全面崛起，西方社会的思维是非常担心害怕的，为什么？他们以为中国崛起像西方崛起一样，会侵犯其他国家，因为西方历史就是如此。最早是西班牙、葡萄牙，通过海路侵犯东南亚，甚至包括印第安人的美洲土地，后来从英国去的一批人，赶杀印第安人，掠夺土地与资源。

清末的中国很可怜，列强对这么大的国家一口吞不下，就用小口蚕食，有的占广州，有的占上海，一人吃一块，都是侵略掠夺的思想。日本从明治维新向西方学习之后，经济、军事也强大起来了，也学着西方侵略的思想，不是蚕食，而是鲸吞了，想一下把中国吃下来。南老师认为不用担心中国的崛起，中国历史上几千年来从不会去侵犯别国，不说远的，就说近代，我们打过中越战争、中印战争，打完之后，军队全部撤回来了，对吧？不会去侵占，教训一下，一块地都没有侵占。这是中华民族的特性，"兴灭国，继绝世"。但是西方就不一样了，像美国在很多地方都有军事基地。南老师提到，中国文化必然影响未来世界人类的发展，这是极为重要的一件事情。

谈到文化教育，南老师很伤感地说现代教育已变成出卖知识的商业行为，因为受西方教育、西方思潮的影响，他说："一部著作，可以流传千古，才够得上是著作。"所以他也很感慨现在很多人随随便便就出书，南老师说在中国传统文化的观念中，对于出版著作是非常慎重的，甚至一个人一辈子只出一本书，但是这本书可以流传千古。现在出版业发达，每年出版很多新书，但没有人看，能够流传多久都是一个大问题。

还有一个翻译的问题，因为西方文化进来之后，有很多翻译错误，南老师认为后果很严重。比如我们现在习惯用的"封建"，南老师说中国的"封建"与西方的"封建"是不一样的。几千年来虽然我们是帝王制度，但是我们的帝王制度不等于西方的封建社会，两者是不一样的，不能用西方的封建套用，这就是翻译的大问题。另外，还有一个"经济"，"经济"这个词在中国原来的意思是经纶济世，等于是治国平天下的意思，而不是只限定于现在所谓的财政力量发展。这都是所谓的翻译问题，南老师认为这是很严重的问题，有些人经常讲"哎呀，这个事情让我觉得很骄傲"。南老师说，中国人不能这么说的，那是西方的 proud，中国人不是这样的观念，中国人说感到很自豪，而不是很骄傲，"骄傲"跟"自豪"有很大的区别，语意是不同的，不能用骄傲来代替自豪，这也是翻译的问题，也是文化教育的问题。

南老师也谈到白话文与文言文的问题，他说语言始终是三十年一变，现在用的白话文，我们的后代可能看不懂，现在有很多网络流行语言，我们老一辈的看不懂，这个网络语言的变化更快，十年就变得不一样了，更年轻的一代人也会看不懂现在的网络语言，是不是？这就是所谓的白话，它会经常变的，它会产生问题的。南老师认为假如使用文言文，就没有这个问题，不管经过几百年、几千年，只要把中国文字真正从训诂学起，从字的来源认识清楚，文言文其实没有那么艰涩，没有那么深奥，这不过是文化教育的问题。

另外，还有一个简体字的问题，南老师说现在人们说吃面，脸面的"面"与面食的"麵"不能写成一样，二者不能混淆。这是南老师关心的中国文化的问题，他关心的不只是现代，更是未来。在南老师讲的《廿一世纪初的前言后语》里，漫说上下三千年的文化教育，从最早的夏商周的教育制度到春秋战国、秦、汉、魏晋南北朝，讲到隋唐、两宋，然后讲到明清，一直谈到近代，他把中国文化教育的历史发展做了一个描述，他的学识是非常广博的，可以看到，南老师谈教育问题，有他宽广的一面，不只是看到当前，他是从历史发展来看目前与未来的很多问题。

新旧文化的交替

另外，南老师又讲到新旧文化交替形成的代沟。其实我们现在所处的时代，就是新旧交替的时代，从清末民初一直到现在，我们都处于新旧文化交替的时代。譬如我们家庭矛盾问题、父子矛盾问题，与新旧交替是息息相关的。就我所知道像我的父辈的时代，媳妇是没有地位的，一切都要听公公婆婆的，到了我们这一代，那不一样了，公公婆婆的地位已经没有了，反过来要服侍媳妇，反要对媳妇低声下气，要看媳妇的脸色，这是我们这一代生存在新旧时代夹缝之中所产生的问题。还有父子问题，也是一样，我们这一辈有很多家庭，还是沿袭过去传统的很严厉的家教，父母对子女是不苟言笑，很严厉的，但是现在的孩子不一样了，不吃你那一套的啊，对吧？已经没那个环境了，你那一套已经不管用了，他会跟你反抗，跟你抗争，有很多叛逆思想，这是过去都没有的问题。新旧交替必然面临很多问题，南老师说清末民国以来的这种变革，是中国三千年以来没有过的，把过去所有的传统文化全部推倒，完全吸收西方的思想，即使当年佛教传入中国的时候，也没有产生那么大的变化。

针对这个问题，几十年前，南老师在台湾《人文世界》多次讲过青少年的思想问题，后来结集出版了《新旧的一代》（东方出版社出版的简体字版更名为《新旧教育的变与惑》），这里面谈到西方文化的影响，包括美国文化带来的迷惘，到现在都还存在哦，在网络上是不是有很多人羡慕西方社会？羡慕美国的民主？这里面都产生很多问题，都是这个时代所面临的问题，包括望子成龙的问题、孝和爱的问题。南老师谈到这几十年来教育文化的中空，旧的被打倒，新的还没有建立起来，把西方的东西拿来之后，合不合胃口还不知道。

《学记》大要

南老师讲过,研究文化教育必须看中国的《礼记·学记》:"发虑宪,求善良,足以謏闻,不足以动众。就贤体远,足以动众,未足以化民。君子如欲化民成俗,其必由学乎!玉不琢,不成器;人不学,不知道。是故古之王者建国君民,教学为先。"所谓的教育,当老师也好,办教校也好,最终目的是化民成俗,是教化,不是教育,无形中把你感化了,让你不知不觉产生变化。当一个领导人,教学为先,一直到明清还是传承这种思想,从帝王的陵庙到家族的祠堂,都在通过教化传承中国文化的思想。

"虽有佳肴,弗食不知其旨也;虽有至道,弗学不知其善也。是故学然后知不足,教然后知困。知不足然后能自反也,知困然后能自强也。故曰:教学相长也。"

教学相长是我们都很熟悉的成语,来自《礼记》,可以看出对中国人的影响有多大。

"一年视离经辨志,三年视敬业乐群,五年视博习亲师,七年视论学取友,谓之小成;九年知类通达,强立而不反,谓之大成。夫然后足以化民易俗,近者说服,而远者怀之,此大学之道也。"

第一年看你能不能把经文读懂,第三年看你是不是能够敬业乐群,所以这个教育的标准是什么?敬业乐群,就是到你手上的任何工作,你是不是非常认真、非常重视地完成,对你的工作是否有尊敬之心。

现在不是流行匠人精神吗?这是日本的说法,我看了也是非常感慨,所谓匠人精神,就是中国文化讲的敬业,即使到现在都还保存着这种敬业精神。你看看我们很多的民间艺人,比如捏糖人,或者制作玉雕、制作茶壶，那都是非常敬业的精神，甚至传宗接代，传男不传女，好几代都在钻研这样一项技艺，精益求精，所以过去中国的手工制品很多都是精品啊，那真是追求极致。结果我们不懂自己的文化，跟着人家叫"匠人精神"，也是无可奈何。

除了敬业以外，还有乐群，与同学相处，协调合作。现在的大学毕业生不懂得与别人合作，这里面问题很多啊。"五年视博习亲师"，第五年看你学得广不广，后面两个字很重要"亲师"，看你对老师是不是尊敬，看你能不能亲近老师，与老师的关系如何。第七年呢？"论学取友，谓之小成"，看你交什么样的朋友，这七年下来，才是小成。"九年知类通达"，南老师常说以前老一辈的人不是问你读了多少书，而是问你书读通了没有。南老师是通儒释道，常用儒家解释佛家道家，用佛家道家解释儒家，他说"大学之道在明明德，在亲民，在止于至善"，就是做佛家的自觉觉他，都一样啊。

所以南老师不只是通儒家，通佛家，通道家，他把这三家全部贯通，他还不只是通学术，还通人情世故。你别光会讲大道理，还要做到实际的人情世故与书本吻合，变成老学究那可不行，南老师本身就是非常标准的典范。"强立而不反，谓之大成。然后足以化民易俗，近者说服而远者怀之，此大学之道也。"这是讲到文化教育的目的、方向，南老师推广儿童读经的目的是什么？他是想把中、英、算、武、艺融合起来，培养人格完善。如果把儿童读经的重点放在唐宋诗词，那有什么用？

"我希望后代出很好的思想家、很好的科学家、很好的政治家，这是目的。而不是背一些唐诗宋词，但是我们发现很多人都走向这个岔路了。"所以南老师的本意是培养人才，别搞错方向了，他还说:"现在到处提倡读经、办私塾,这是错误的。"注意哦!南老师讲这是错误的。"读了经什么学校也不进,科学也不知道,孩子只要会背《大学》《中庸》《千字文》《三字经》《弟子规》,就觉得了不起了。这不得了啊!我们没有提倡这个,这叫读死书,死读书,读书死,一定糟糕。"注意哦!现在很多读经的私塾,不是南老师提出来的,不能搞成这样子啊,光读这些没用啊。所以南老师是非常务实的,头脑是非常清楚的。有太多家长把孩子送上这条路,南老师说:"我们没有光提倡读古书啊!现在外面提倡,你们千万不要犯这个错误,这样搞,孩子以为自己书读得很好,其实什么都不懂。"现在这个问题好像已经显露出来了。

人格教育的重建

谈到人格教育,南老师说:"人格教育、学问修养是贯穿一生的。中国的教育,一向是为了达成完善的人格道德标准。人如果做不好,讲什么民主、科学、自由、法治、人治、德治,乃至环保、团结、和谐,等等。理想都很好,可是没有办法做到,为什么?因为事情是人做的。"他也讲到目前整个现实社会的问题,他说现在整个社会大众没有人生观,都在随波逐流,因为没有人格教育,"真正懂得人生、理解自己人生目的与价值的,有多少人呢?这是一个大问题,也就是教育的问题。讲到人生的价值,我现在年纪大了,一半是开玩笑,一半是真话,我说人生是'莫名其妙地生来'——我们都是莫名其妙地生来,父母也莫名其妙地生我们,然后'无可奈何地活着,不知所以然地死掉',这样做一辈子的人,不是很滑稽吗?"但是很多人就是如此,几千万、几亿人、几十亿人就这么活着,莫名其妙地活着,无可奈何地活着,就是这样。所以南老师说:"我发现现代许多人,甚至到六七十岁,都没有一个正确的人生观。我常常问一些朋友,有的发了财,有的官做得大,我说:你们究竟要做个什么样的人,有个正确的人生观吗?他们回答:老师你怎么问这个话?我说:是啊!我不晓得你们要做个什么样的人啊!譬如你们做官的人,你想流芳百世还是遗臭万年?这是人生的两个典型。发财的呢?我也经常问:你们现在发大财了,你究竟这一辈子想做什么?可是我接触到的发财朋友,十个里头差不多有五双都会说:老师啊,真的不知道啊!钱很多,很茫然。我说:对了,这就是教育问题,没有人生观。"

  人格教育包括孝、悌、忠、信、温、良、恭、俭、让、仁、义、智、宽、敏、惠,好像我们现在的教材并不注重这些,南老师说:"今天正式告诉大家,我的著作很多,大家要学修养身心,重点在两本书,请诸位听清楚,一本是《论语别裁》,讲圣贤做人、做事的行为。另一本非常重要的是《原本大学微言》。诸位如果说对我很相信,请问《原本大学微言》读过吗?不要说读过,翻过吗?看得懂吗?要问打坐修行修养之道,《原本大学微言》开宗明义都讲到了。"南老师自己提出来的这两本书很重要,道德修养、静定修养都讲得清清楚楚。南老师也非常重视诸葛亮的《诫子书》,有一次南老师问我《诫子书》,我不会背,被南老师训了一顿。《诫子书》虽然短短几十个字,把中国文化的道德修养、静定修养全都包含在内了,静以修身是静定修养,俭以养德是道德修养,淡泊明志是道德修养,宁静致远是静定修养,始终围绕着这两个主题在转。"夫学须静也,才须学也,非学无以广才,非志无以成学。慆慢则不能励精,险躁则不能冶性。"都是围绕道德与静定两方面的修养,这是中国文化很重要的两根大柱子。

南老师还谈到读书无用:"中国的教育,一向是为了达成完善的人格道德标准。学校教育只注重知识的传授,迟早要出问题的。我现在发现,几十年教育的演变,不但读的书没有用,还浪费了孩子们的脑筋,把孩子们的身体都搞坏了,这样地教育下去,很多孩子会变成精神病,我看这很严重。"问题已经出现了,据我所知,现在大学生有抑郁症的比例占百分之二十多,北京最高,基本上四个人里面就有一个,在座可能有两百多人吧,四分之一就是五六十人,那是很严重的问题呀,抑郁症是会想自杀的哦,这在大学里是很普遍的问题啊。我以前念大学时也想自杀,不过那时候不知道叫抑郁症。南老师讲过:"这一百年来,教育没有方向也没有目的,究竟想把我们的孩子教成什么样子?没有一个方向,没有一个目标,方法也有问题,所以我们要重新思考。像《大学》这一篇,就确定了中国教育的目的和方法。什么是教育的目的?就是教做人。做人从什么开始?从心性修养开始,做一个堂堂正正的人。"

假如我们过去没有学好的话,现在还可以补救,可以补课,所以南老师说:"现在读书,就想学哪一科最好,做什么待遇比较高,有前途,这完全是商业行为,不是教育行为,那何必去读书,学技术多好。"南老师讲得很透彻,那是商业行为,不是教育啊,我们几十年来,一直到现在都还是这个问题,不晓得还要延续多久。所以,"办教育是改变气质,不只是教学生知识"。现在我们把西方那一套搬进来,全部学的都是知识,真正的教育是耳濡目染,不管当老师也好，当父母也好，你的行为举止，一言一行，都影响到孩子，包括整个环境统统是教育。

南老师常说学位不等于学问。从去年以来，我和国熙兄到各地区介绍南老师的著作，国熙兄常常讲一个故事：有一天来了很多客人，南老师就跟大家介绍："这是我的儿子，从西点军校毕业，有学位没学问。"那是几十年前的事，几十年后，今天的南国熙已经不是那样了，大家看他今天的讲话，有没有学问？（众答：有。）南老师说："博士也只是一个学位，学问是一辈子的事，活到老，学到老。"真的被他说中了，我们可能做不到，但是南老师本身是做到了，常在他身边的同学们都知道，他每天深夜还在看书，真是活到老学到老。

提到考试制度，南老师认为那变成祸害了。现在有很多人，赚钱了想办教育，南老师说："我劝你们不要随便办学，办学太难了。现在要开个学校很容易，大学里的博士班、硕士班，还有什么管理班，等等，都是以商业的行为来办教育，那是做生意，为了赚钱，不是办教育。""可是你真要办的话，要牺牲自己。真正的办学校，是要把自己的身心性命、全部精神都投入进去的，就是爱一切众生，爱一切孩子，把他们看得比自己的儿女还重要。办教育、文化事业，这是给人生走的一条大路，要牺牲自我是很难的。"所以这里面提到，不要随便办教育，但我知道有很多有钱人都想办教育，这是需要深思的问题。

家庭教育的误区

对于家庭教育，南老师说："把孩子的教育依赖学校，绝对是个问题，自己家庭本身的教育很重要。教育的问题不要完全寄望于老师或学校，而是要寄望在自己身上，寄望在自己的家庭。"这是社会普遍的现象，把孩子全部交给老师、交给学校，我发现现在更妙的是家长交给学校，学校交给老师，老师再把他的工作交给家长，是不是这样？学生成绩不好，老师第一个要找的是家长，然后要家长陪着学生做作业，对吧？这很有意思！

南老师还谈到一个很普遍的现象，就是望子成龙、望女成凤，都希望自己的孩子出人头地，他说这是严重的错误。"我再一次跟你们讲，不要只是望子成龙、望女成凤。现在讲爱的教育，中国古文有一句话，'恩里生害'，父母对儿女的爱是恩情，可是'恩里生害'，爱孩子爱得太多了，反过来是害他不能自立了，站不起来了。不能溺爱，太宠爱了就害了他。"现在很多的现象都是在溺爱、宠爱，只要把书读好，什么事情都不用干，家家都有个"四二一工程"，爷爷奶奶加上外婆外公，再加两个父母，围着一个孩子，其实他们不知道，那个孩子的心理压力是很大的，每个人都希望你好，那个压力是很大的。所以不要以为这都是好事情，这里面的教育问题非常多，现在南老师只是提出重点："我认为古今中外的教育，大部分都犯一个错误，父母往往把自己一生做不到的愿望，下意识地寄托在孩子身上，可是却忘记了自己子女的性向与本质。做父母的应该思考，如何正确地培养与辅导孩子，让他们成人立业。如果只是一味要求读书、考试、上进，希望出人头地，是极大的错误观念。这样爱孩子，其实只会害了他们。"我身边也有非常多这样的案例，台湾有一个朋友，博士读完了，回去跟父母讲："你们的任务我已经完成了，博士拿到了，我现在要去卖牛肉面。"这是真实的故事。

另外有一个朋友，培养他的孩子从小练钢琴，不让他出去跟小朋友玩，那个孩子练得很好，等级考试全都考过了，不晓得拿过多少奖，然后还念了艺术学院，这个爸爸还在艺术学院旁边租个房子来陪他、照顾他，这孩子也真有成就，一路得了很多奖。结果这个孩子到二十几岁艺术学院毕业了，他几经思考决定放弃音乐这条路，为什么？因为他毕业之后发现："我学会的只是技术，我没有feeling，没有感觉，没有感情，再也无法进步。"学习技术是有限的，而艺术创作是无限，必须投入感情，融入生活。

南老师说："我现在年纪大了，直话直讲，我认为现在的教育出问题，不在孩子，而在家长。对不起，先请大家原谅，我这个人讲话很直爽，我认为现在中年以上的家长本身就有问题。我们近一百年来，传统文化被自己推翻了，又被西方的科技工商发展弄迷糊了，整个国家上下近一百年来很茫然，教育也好，人生也好，没有方向了。现在是跟着利益跑，唯钱主义，有钱就好。我们居然走上这样一条路线，真是非常严重的问题，但也无可奈何。"对呀，这都是很真实、很实际的。他说："父母全要重新受教育。现在所有的父母全要重新受教育，这是一个很严重的问题。"前几年我公开讲授如何关爱孩子，就是教育父母，上课的内容都是遵循南老师的这个路线，不能有溺爱，不能有包办，爱的方法要正确。所以南老师讲，孩子有问题都是父母造成的。

中国文化的孝道，南老师提出"父慈子孝"，是相对的，但是几千年来，这个"孝"已经被扭曲了，认为是子女单方面的服从，这一点我认为是很重要的，现在很多人都是单方面要求子女孝，忘了"父慈子孝""兄友弟恭"，哥哥对弟弟友好，弟弟自然爱哥哥。"后世讲孝道：'你该孝，天下无不是的父母。'这说法有问题，天下的确有些'不是的父母'，怎么没有'不是的父母'呢？这不是孔孟的思想，是别人借用孔孟的帽子，孔家店被人打倒，这些冤枉罪受得大了。"

讲到家庭教育，南老师很重视母教，他认为："中国的教育，齐家之道，母教最重要，有个好的女性很重要。我常讲中国文化能够维系五千年，是靠家里有一个好太太、有个贤妻良母，不是靠我们男人。"所以，在家里听老婆是对的，夫妻吵架了，记住一句话"一切都是我的错"，这是女性在家庭中应有的地位。

那怎么样建立一个融合新旧文化的家庭，这是一个未来的方向，所以，注意哦，我们不能只注重中国传统文化，这是南老师的思想，也要注重西方的文化。"真正的教育在反省自己，孩子的缺点就是父母的缺点。""真正的教育在反省自己"，我想这句话很重要，要背下来，今天这堂课，我讲的什么话都可以忘掉，这句话不要忘，这是南老师说的，真正的教育在反省自己。

生活教育的缺失

对于生活教育的洒扫应对，现在的孩子，一方面在溺爱、包办之下，另外在升学主义的压力下，只要把书读好，失去了生活教育，不会洒扫应对。南老师是非常鼓励生活教育，包括打扫卫生，所以在座的各位，建议回家带着孩子打扫卫生，让孩子学会切菜、烧饭、摆碗筷，这些都要教。其实听过我讲课的几个家长，培养他们的孩子，从幼儿园时就会切菜了，你不用担心他会切到手，小孩子没那么笨，让他从小就学会洗碗，他洗得很高兴，小孩子做事情是很有成就感的，你别以为他不喜欢做，据我观察，他很喜欢做。所以从幼儿园、小学开始就要培养他们做家务，这非常重要。我小时候的老房子非常大，早晨必须全部扫一遍才能去上学。恒南书院的院长李慈雄博士，当年读台大的时候，主动去找南老师，南老师说："要学可以呀，我这边学费很贵的哦。"交不起学费，那怎么办？来洗厕所、洗茶杯，算作到这边学习的学费。当年那个时候我也在场啊，我们的慈雄兄怎么洗马桶，怎么洗杯子，是老师亲自教，每周时间一到，慈雄就来洗马桶，打扫卫生，当年是这么干起，这就是老师的教育，他是亲自这样去教的，非常重视生活教育。

在生活中，还有其他很多细节，比如说不插话、不插队，不要乱扔垃圾、不要乱吐痰，学会说谢谢，学会说对不起，学会敬老尊贤，怎么尊重别人，不去侵犯别人，能够体谅别人、照顾别人，这些都是生活中非常重要的方面，都是会影响孩子一辈子的教育，知识的范围是有限的，学完之后丢掉就不用了，而生活教育是一辈子的大事，目前中国整个家庭教育中非常缺乏这一方面。

谈到人性的问题、善恶的问题，就牵扯到认知科学、生命科学，建议各位最好多看南老师的著作，今天就不展开讲了。我希望我的报告只是起到抛砖引玉的作用，希望有更多的人，去了解、研究、发扬南老师的教育思想。最后很重要的一点，老师的话要听，听了之后要去做。老师经常说："哎呀，我的话都没有人听。"所以他经常感叹教育无用，希望大家不要让老师的话成真。

谢谢各位！

（二〇一七年三月四日南怀瑾先生纪念活动讲稿）

践行南师思想，做乡村教育的传灯人

樊　英

（北京桂馨慈善基金会理事兼秘书长）

各位尊敬的师长、朋友：

大家好！非常感谢恒南书院的邀请，能够有机会站在这里，跟大家分享我们在中国乡村践行南怀瑾老师教育思想的一些工作情况。

七年前的二〇一〇年的三月，我在太湖大学堂第一次见到南老师，那天我们带了一部在内地乡村小学拍摄的纪录片请老师观看。我们的话题始终围绕着乡村孩子的阅读和传统文化在乡村的重建。说实话，在见南老师之前的一段时间里，我对乡村教育充满了困惑。

因为工作关系，从一九九七年开始，十多年里我的大部分时间是在中国内地中西部地区的乡村学校做助学项目。所到之处，乡村的情况令人沮丧。我深切地感受到城市化进程带来的乡村的凋敝。乡村的文明在流失，乡村的教育也在乡村文明的流失中逐渐丧失了自己的根基。我走访过近千所乡村学校，见到无数个教师，看到听到的是这样一个悖论：那些坚守中的乡村教师，他们对孩子的期望，如同家长和孩子们一样，只有一个，就是离开农村！你会不自觉地问："离农弃农"难道就是农村教育的目标吗？如此下去，农村还需要学校和教育吗？乡村教育真正的功能和价值究竟是什么呢？

可以说，我是带着这样的一些问题去见南老师的。那天晚上，在太湖大学堂的餐厅里，在老师的身旁，谈起这些问题的时候，我清晰记得，老师当时回忆自己儿时读书的一些感受，他说："文化的重建必须从儿童抓起，通过读书，特别是阅读经典，与前人沟通，从前人的智慧中汲取思想的养料，使文化传统得到延续。"也就是从这个时候开始，有幸亲近老师，能够学习和领会老师的思想。

在跟南老师的接触中，我特别深地感受到，老师特别重视教育，特别重视中国古老文明中优秀思想和价值观的传承，他多次强调如何做人，强调中国传统的价值观是需要传承的，强调中华文化具有自己独特的价值。他说这种价值完全可以与世界其他文明并列，成为人类精神共有的财富。老师还认为中国传统文化具有自我修正、成长的基因和力量，所以他说："今天这样一个社会中，传统品质是弥足珍贵的。"

老师强调传统文化的重要，但是他并不封闭。在我们的交流中，我多次深深感到老师对科学技术的热情和关注，他鼓励大家努力学习科学技术。事实上老师一直努力在认知科学、生命科学与传统文化的结合上做着研究与传播工作。

在老师的带动下，二〇一一年，大学堂的宏忍老师带领大学堂的弟子捐赠了800多册图书给桂馨乡村小学，又捐款在河南嵩县的下蛮峪小学建成"桂馨书屋"。

二〇一二年八月份，宏达老师给我信息："老师要为基金会捐善款。"九月上旬，几笔善款陆续到账。其间，我们一直商量这笔善款的用途，大家一致同意用这笔善款设立一个针对乡村一线教师的专项基金，用以倡导和鼓励回归本质的教育。就在我们为专项基金制定实施细则时，老师仙逝。他老人家的厚爱也成为我们的殊荣，激励和鞭策着我们。老师的所作所为帮助我更好地领会了教育的本质。

到今天已经七年了，我们用自己微薄的力量和信心，在中国的乡村平实地践行老师关于做人做事的教育和倡导，努力为乡村教育寻找一种可行、可及的道路。事实证明这条道路是存在的，而且这条道路是有未来的，是有希望的。在这条道路上，老师是点灯人，我们是传灯人。

老师在很多地方讲到阅读的力量。桂馨基金会在成立之初，就将改善乡村孩子的阅读条件作为自己的工作目标，专门为改善贫困地区乡村学校缺乏优秀图书、阅读困难的现状而设立了公益项目"桂馨书屋"。二〇〇八年，老师为这个公益项目题字，同时也为桂馨基金会题字。

"桂馨书屋"精选各学科的优秀图书，规范运作。在捐书之外，为学校培训图书管理员，派遣大学生志愿者在项目学校带领师生开展阅读和拓展活动。同时开展针对教师、阅读领读人的各种培训，支持学校改善阅读环境，建设书香校园等。"桂馨书屋"也关注师生阅读习惯的养成和阅读能力的培育；提倡理解、应用、互动的教育；鼓励跨学科的，更加自然、直接地对知识的思维和理解；提倡乡村师生自主管理"桂馨书屋"，以培养老师和学生的公民意识和公民行为。

这个项目的运作已经有七年时间了，应该说是非常成功的，我们非常欣喜地看到了孩子们因为阅读而发生的种种变化，从而确信阅读是可以带来变化的。

图 1

从二〇一一年之后，我们增加了南老师指导编写的《儿童中国文化导读》等传统文化书籍的捐赠，在部分山区小学也争取到了一些低年级学生经典诵读课程的固定时间。这是不容易的事，因为在乡村学校实际是没有这个阅读课程的。几年下来，我们在一些乡村学校争取到了这样一个阅读课程，同时在"悦读周""拓展课堂"上增加了一些阅读活动。到二〇一三年之后，我们又跟专业的阅读机构合作，在项目区域内针对乡村老师做阅读"点灯人"和"领航员"的培训。去年四月由乡村老师自发组织的第一个"桂馨书屋阅读联盟"在河南嵩县成立，到年底周边几县的近百名乡村老师加入了阅读联盟，坚持在线上线下开展阅读活动。桂馨与凤凰母语合作的大型阅读领航员培训计划落地执行。"让阅读空间成为乡村学校最美好的地方"——书香校园学校建设也开启了桂馨书屋3.0时代。我们欣喜地看到阅读带给老师和孩子们的改变。大家可以从这些图片上（图1），从孩子和老师们的眼神里，感受到他们对阅读的渴望和阅读带给他们的变化。

孩子和老师的改变其实给了我们很多感动。这么多年，我们能够坚持下来，而且四处筹集资金来持续深入地做这件事，动力源于此。到二〇一六年年底，我们在15个省38个县的189所学校里，共捐赠了50万册图书，培训教师1300多人次，共计874个课时。特别值得一提的是，在这个项目中，有3377位大学生志愿者，他们贡献了73万多个小时陪伴孩子们开展阅读。

桂馨基金会在乡村学校推动阅读活动的同时，也在关注孩子们科学素养的形成。科学素养不仅对孩子的一生非常重要，对国家、民族的未来也是非常重要的。桂馨科学课项目专注中国西部地区农

图 2

村小学科学教育支持，致力于推动农村青少年良好科学素养、独立人格、探究精神的培育和形成。这个项目从二〇〇九年开始，到去年年底，我们已经在四个省34个县培训了2200多名老师，给489所学校捐赠了科学实验工具箱，建了九间科学实验室，这个项目直接受益的学生已经达到了85.61万人。

在这个项目中，凝聚了一大批一线的科学专家和志愿名师，共有393位志愿老师参与工作，他们累计贡献了20.2万个小时（折合25275个工作日）的志愿服务。专业支持力量渗透在这个项目的各个方面。几年来，出版、再版科学教育资料若干。科学课项目实施成果已经开始呈现，二〇一六年，教师自发性学习组织"桂馨科学教师工作室"在青海湟中县诞生。与此同时，在四川绵竹、什邡、汶川等地的桂馨科学课教师也都组成了自己的学习团队，各地教研中心组已经建成，并开始自主开展教学研究与地域经验交流活动。

这里有一组照片（图2），每一张的后面都有特别的故事。这是一次有160多个乡村老师参加的培训活动，现场竟然有一大半老师不知道显微镜怎么用。他们是科学教师，但都是兼职科学课教学。当我们拿出各类科学实验仪器的时候，老师们的欣喜让我们吃惊和心酸。而孩子们清澈透亮的眼神里闪现的对科学的陌生与惊喜，更坚定了我们实施项目的动力和信心。

桂馨科学教育项目的成功，让我们看到了南老师所说的实事求是、身教言传和潜移默化的力量，也让我们深切地体验到充满生命力和创造性的给予和分享，还有生命的互相激发和共同成长。我们感悟到这一切正是老师所说的教育的本质所在。我们以此告慰老师。

在桂馨的工作中最重要的是对乡村教师的支持和帮助。在中国乡村，大约共有 6500 万留守儿童，他们普遍缺失父母的关爱，330多万乡村教师陪伴在这些孩子身边。特别是那些边远的山区寄宿制学校，年幼的孩子如同一张白纸，为师者教他勇敢，他便强健体魄和锤炼内心；教他学识，他便明了周围世界，探究未知；教他道义，他便自知人人平等，他人不可侵犯；教他慈爱，他便知生命之宝贵，施恩于人并为他人奉献。那里的老师既是传道授业的师者，也是关爱体贴的父母，更是行为引导的兄长，还是儿童社会化过程的深入参与者。教师的品质决定着教育的品质。

二〇一〇年，桂馨实施了关注乡村教师、弘扬师德精神的大型项目"师魂"。二〇一一年在贵州、青海、甘肃、四川等地贫困山区实施了"代课老师薪资补贴""乡村教师子女奖学金""乡村教师视野之旅"等项目，在一定程度上缓解了老师的实际困难，提升了乡村老师的职业认同感和归属感。

二〇一三年三月四日，也就是四年前的今天，也是在我们的恒南书院，我们与南国熙先生见面，商定了由桂馨基金会和南怀瑾文教基金会合作设立"桂馨·南怀瑾乡村教师奖"，以倡导教育回归健全人格的培养、鼓励优秀传统文化传承和结合乡土的教育创新实践。该奖项两年评选一次，每届获奖 15 位老师。

该项目由桂馨负责组织、实施，获奖教师的奖金由南怀瑾文教基金会资助。这个基金的财务基础是南老师最初捐赠的 47 万元，经过几年面向全社会的持续筹集，到二〇一六年年底，这个基金已经达到了 330 万元。我们另设了一个"公益种子计划"基金，持续支持"南怀瑾乡村教师奖"的获奖老师。我们还会继续努力，理想是在未来五年内能够让基金增长到 1000 万元，这也是我们给自己的一个承诺。

南师奖从推荐、审核资料、初选、实地调查拜访、网络公示、专家评审到颁奖典礼，再到后续支持，有严格的制度和严谨的工作流程。到目前为止，已经举办了两届。第一届"桂馨·南怀瑾乡村教师奖"颁奖典礼于二〇一三年十月在北京举办，马宏达先生担任颁奖嘉宾并代表南怀瑾文教基金会致辞。第二届"桂馨·南怀瑾乡村教师奖"颁奖典礼于二〇一五年九月在上海恒南书院举办，南国熙先生到场颁奖并致辞，李慈雄先生作为论坛嘉宾发言。这两届颁奖典礼共有来自25个（市、自治区）109个县的236位乡村教师参加评选，最终有30位教师获得殊荣，有11位教师获得入围奖。这236位乡村教师由32家教育公益机构推荐，54家地方教育部门推荐，以及少部分毛遂自荐。二〇一七年的第三届"桂馨·南怀瑾乡村教师奖"有171位乡村教师被推荐参评，通过初选，40位教师进入第二阶段的实地走访调查。六月份将进行专家评比，颁奖典礼将于9月9日在广州华南师范大学礼堂举行。

在这儿，我插播一个广告。在座的诸位，有摄影和文字专业工作者，或者爱好者，有心做我们的志愿者的，欢迎你们参与，跟我们一起到大山深处去走访这40位教师。

从三届"桂馨·南怀瑾乡村教师奖"活动可以看到，申报人数越来越多，参与地域越来越广，推荐机构也越来越多，乡村学校中年轻有为的中青年获奖人数逐年增加。三届"南师奖"评选过程表明，"南师奖"正在成为有影响力和公信力的民间乡村教师奖。

大陆著名公益人、南师奖专家评委梁晓燕女士在第二届南师奖颁奖礼论坛上发表感言："'桂馨·南怀瑾乡村教师奖'不是一个简单的教师救助奖,它是一个教育理念倡导奖,是教育方向的引领奖。"这也是教育公益领域业内的共识。

这几年在众多的乡村教师奖评选中,奖金多寡凸显不了好教育的特点,评选人数多少也看不到对教育未来的影响力。我们在不断反思:到底什么样的乡村教师奖能给乡村教育带来深刻影响?我们怎么样能够独立并坚定地做有影响的乡村教师奖?"南师奖"正是在这种不断反思、不断修正中成长的。

正如梁晓燕老师在教育公益年会上所说:"在这个时代众多的乡村教师奖中,南师奖保持了初心和本色,是一个清醒且清晰的教师奖。"著名媒体人胡舒立女士,也是南师奖的专家评委,她在南师奖颁奖典礼上发表感言:"无论时代如何变迁,从这些教师身上看到了教师的本分就是教书育人,教孩子们了解未知,教孩子们学会担当和为人处世;这是教师的信念,也是教师的责任和骄傲。"

"南师奖"是一个充满了正能量的奖项,"南师奖"选择的老师是那些有教育情怀、有教育理想,对现今教育方式做了大胆变革,能够启发孩子们发觉人性善良和快乐,喜欢家乡,喜欢当下的老师。这样的老师教育出有根的人,他们可能走出家乡,但他们还会走回家乡,建设家乡。

"南师奖"与众多教师奖项的不同是鼓励和推动获奖老师持续有效地实践有价值的教育。桂馨认为,评选出优秀的乡村老师还不足以对乡村教育的未来带来影响和改变,必须举社会之力支持优秀的老师,影响更多人去实践教育创新,才能看得到乡村教育的未来和希望。

我们做了"公益种子计划",鼓励获奖老师自主设计资金使用方案。目前支持了两届"南师奖"10位获奖教师，二〇一七年有6位教师获得这项支持。我们相信通过我们的努力，"南师奖"将成为一个民间独立的、清晰的、笃定的乡村教师奖。我们充满信心。

最后，我介绍一下"师道·论语别裁"项目，这是恒南书院出资支持的一个公益阅读项目，这个项目的宗旨是通过《论语别裁》的阅读活动，推动基层教师和大学生群体，在学习中受到启发，学以致用，改善做人做事的修养，明了中华文化精髓之美，找回民族的自信心和文化的归属感。

这个项目启动于二〇一五年五月，到二〇一六年年底，参加阅读学习的共有2800多人，他们中有乡村老师、在校大学生、社会人士和城市学生的家长等，逐渐组成了41个读书会，印制了五本老师们自己编写的与阅读《论语别裁》相关的读物。有很多老师受益于阅读活动，也会给孩子们讲他们看到的道理、故事。这个项目正在进行中，目前已使8066人直接或间接受益，我们希望能够使更多人受益。

二〇一六年我们举办了一次交流活动，邀请《论语别裁》阅读推广的优秀教师、大学生社团代表、台湾和大陆的教育实践者参加"师道·论语别裁"项目交流研讨会，倡导、鼓励大家在日常教学和生活中做传统文化的传承和乡土教育的实践。山东的一些老师正在基金会的支持下把《论语别裁》里的历史故事，编辑成适合小学、初中孩子们阅读的校本教程。

南老师曾说，"我们虽失望，但不能绝望"。对于中国教育，特别是乡村教育的诸多问题，唯有不绝望，抱着"只问耕耘，不问收获""凡事我但尽心，成功不必在我"的情怀和信念，笃定地做事，一点一点创造条件去推动其解决和改变。

桂馨基金会在乡村做的这几件事，对老师、对孩子，从阅读到科学素养的提升，从教师的职业培训、生活关爱，到职业认同感的提升，都是从不同方面一点一滴创造条件，促使乡村教育发生一些变化。

七年下来，因为有老师在，我们更加充满了信心，我们相信这条路是有希望的。

最后，借用五年前送别老师时的两句话来结束今天的汇报：

愿耕耘了一生的老师获得自由自在的安息！

愿努力的桂馨用耕耘慰藉老师不朽的师魂！

谢谢大家！

（二〇一七年三月四日南怀瑾先生纪念活动讲稿）

教育的目的与实践

李慈雄

（斯米克集团创始人及董事长、恒南书院院长）

大家好！

老师回到大陆最后这十几年，常讲的课可分两方面，一方面是认知科学与生命科学，另一方面是教育与文化。老师临走之前出版的《廿一世纪初的前言后语》中，有一大半的文章都是在讲教育。我记得他还住在上海的时候，他老人家，每天晚上写《中国文化教育的自诉》，第二天一早交给同学们打字，像在做学生作业一样。他这种精神，有时想起来真是很让人感动。

很多同学可能也知道，在老师离世之前，最后几年他的眼睛不是很好，但他每天还是很勤奋地看书。有同学把他要看的书复印放大，老师就看那个大字书，一直坚持看书。老师走之前的三天，他还在批阅同学的心得报告。我觉得老师的这种精神，在在处处都是人师的典范。

所以，我们今天在这里纪念南老师，来研讨、回顾、反省、实践老师的教育理念，我觉得是具有特别意义的。

但是很惭愧，虽然我号称在老师身边三十六年，事实上，我可以说自己并没有真正地、仔细地、很深入地去反思"什么是教育"。

同时，我们也号称在中国办了很多类似教育的机构，也支持过很多与教育相关的项目，但自己本身可以讲并没有很深刻地反思，因为今天这个机会，逼着自己不得不从古到今、从老师的很多著作中，比较系统性地回顾教育的问题。

所以，今天给大家讲的是一个新的报告，题目叫作《教育的目的与实践》。

今天的报告分几个方面，一是讲教育的目的，从大方面来看，首先是转化气质。今天一开始，朱校长谈到我们的业力跟习气，我们之所以为人，包括这辈子的脾气，这辈子的各种果报，都同与生俱来的习气有很大的关系。其次，怎么在与生俱来的习气基础上开发潜能？最后，又怎么透过教化，改善社会风气，提升整个社会的人文水准？我想，这三方面可以讲是教育的大目的。

第二个方面是教育的实践，用什么方式来真正培养人才？第一是父师之教，也就是人师。刚刚我们听到武汉外国语学校的介绍，早上我们古大哥讲到教育方面，事实上，没有人师，只是教知识，是做不好的。第二，很重要的是自学成才。第三，学问与职业并重，这二者是不可能分开的，我们要重视它。大家不要误解，好像老师只是强调人格，不重视职业，他从来没有这么说过。老师在晚年的时候，还语重心长地提出要办农工商科技职业教育学校，他觉得年轻人要在这个社会上立足，本身的职业是避免不了的，而且与我们为人，做学问，包含人格养成，人生观的建立，实际上是没有矛盾的。

第三个方面，想侧面描绘南师的教化，包括老师在教化中的很多故事，我也想借这个机会和大家分享一下。

最后，我想谈谈恒南书院的初步构想。书院开张快五年了，我想也是时候步入正轨了。我们要开创恒南书院的一个历史新时期。

教育的目的

（一）转化气质

接下来我们先讲教育的第一目的，转化气质。那么，什么是气质？我们常常讲这个人气质好，这个气质本身是怎么来的？以佛法来讲，那是无始来的业力和习气的影响。假定人有灵魂——你相信不相信是另一回事，我个人是相信的。每个人从几万亿辈子过来，带来各种习性，反映在各个方面，有些人比较贪吃，有些人比较贪睡，有些人脾气特别大，有些人对某种事物特别痴心，等等。再加上后天的父母关系、家庭背景、社会环境，包括个人成长的经历与见识，综合起来，就形成了一个人的气质，但这个气质不是一成不变的，每天都在变化。所以好的教育，事实上可以转化气质。中国儒家的《大学》讲述了一套完整的体系，从格物致知，到怎么净化你的思想，怎么修正你的心念，如何调御你的情绪，直到齐家治国平天下。包括《中庸》《论语》，以及中国传统的、西方的，好的教育都是着眼于转化一个人的气质，核心都在于净化你的思想。因为这是我们所有教育的核心，所以我们不妨在气质方面再深入研究一下。

儒家讲性情，性可以说是后天认知的知性，先撇开不谈形而上的自性，性是后天对事情的认知，也就是唯识学所讲的见分。情包括了喜、怒、哀、乐、爱、恶、欲，这个情绪事实上是与生俱来的，有些人常常爱笑，有些人常常愁眉苦脸，有些人特别容易发怒，发怒的人，往往肝有问题，《黄帝内经》讲怒伤肝，喜伤心。所以这个情，和你的情绪、身体、思想是密切结合的，分不开的。

《大学》里面分析得更细了，讲到正心，提出心不正的种种表现，一个是忿懥，就是容易随便发脾气；一个是恐惧，你在恐惧之下会做出很多可怕的事情；一个是好乐，你对很多事情特别喜欢、着迷、情不自已；还有就是忧患，人太忧患，做事就容易走偏。所以，《大学》讲的正心，就是很清楚地分析思想情绪对于行为的影响。

有了正心的功夫，我们进一步来谈修身，这是另外一个层次，也是我们心理的情绪的反映。譬如有些母亲对孩子特别喜欢，结果变成溺爱，就害了他，这就是亲爱。或是对某些人、某些事，特别讨厌，看不起人家，这是贱恶。人与人之间，可能别人看不起我们，或是我们看不起别人，这些都是贱恶的心理。畏敬，我们当然应该畏敬天地，但如果看到地位比你高的，或者比你更有钱的人，就心生畏敬，这可能是不健康的心理。哀矜，有怜悯之心是对的，但是过了头，就难免有失偏颇。另外，年纪大的人，或者身份高的人，容易产生傲惰的心理。傲是骄傲，惰是懒惰，感觉自己了不起。有时我自己也反省，会觉得算了，何必这么辛苦呢，傲惰心理马上起来了。感觉自己好像已经够努力了，算了算了，对吧？还有觉得：天下我算不错了吧？不算天下第一，也总觉得很不错了，这都是傲惰的心理。所以你看，《大学》里面对气质的分析，是很细致的。

佛法另有一种分析方式，就是贪、嗔、痴、慢、疑。这个贪心本身就含了好乐，包括财、色、名、食、睡。"嗔"是什么？忿懥和贼恶都是"嗔"的表现。你的情绪固化以后，没有办法从思想上觉察出来的时候，习惯就变成习气了。我们讲，所谓修行，不管是东方的儒家、道家、佛家，或者西方的学问与宗教，事实上都强调要能够把这些贪嗔痴慢疑扭转过来。这个贪呢，谋一己之利，转而谋天下之利。你说你想成佛，是不是贪？当然是贪了。嗔，你说要斩断烦恼是不是嗔心？把这个嗔心从个人莫名其妙地被主导，转成能够有所觉悟的主导，去恶向善，这样转化过来，那么，你的人格生命自然就不断提升了，这是所有修行真正根本的地方。

但是虽然如此，要转化一个人的气质何其难啊！这也是为人师者的感叹，老师曾引用苏东坡的诗：

东风未肯入东门，走马还寻去岁村。
人似秋鸿来有信，事如春梦了无痕。

（二）开发潜能

我们了解了每个人的业力或习气不同，那怎么开发他的潜能呢？我想要通过教化，这是教育的根本。有些人天生喜欢画画，有些人喜欢唱歌，有些人喜欢分析，怎么样顺势而为？所以南老师常常讲要观察每个人的习气，才能因材施教。虽然南老师一辈子讲教育无用论，但是你有没有发觉，他一辈子，直到九十五岁还在从事教育。为什呢？因为教育是真正对人、对社会有帮助的大事情。教育使愚者变聪明，使顽皮的有自己的节操，使懦弱的晓得在世界上顶天立地，这就是因材施教，使"顽夫廉、懦夫立"。

《百法明门论》里讲到五十一种心所，其中有五个别境：欲、胜解、念、定、慧，也就是五种特别的境界，教育的目的就是要把别境里的各种智慧开发出来。这个"欲"是什么意思？就是你本身有这个希望，譬如要修道，或者希望成为一个很好的建筑师，这是欲，对不对？因为有这个欲望，就会建立这样的见解，你开始会去找很多这方面的书，请教这方面的老师，交这方面的朋友，念念不忘，天天在这里深入下去，日久功深，就开发出特殊的技能，特殊的智慧成就。所以说教育的目的，首先要有办法激发一个学生的志向，成就一番事业的欲望，在这个世界上能够顶天立地地做人，不只是想赚钱，并不是钱多就表示伟大了。如果有人说这辈子的目标就是财产达到多少亿，就了不起了，那他这辈子一定走偏了，事实上那是很可笑的事。这个五别境适用于所有的入世法，不管从事哪个行业，包括从事教育工作，怎么转化个人的业力、习气，进一步开发你的潜能，做一个顶天立地、对社会有贡献的人。在这基础上，从个人影响到家庭，再影响到社会、国家、民族、世界，这就是所谓的化民成俗。

（三）化民成俗

儒家常用很简单的四个字：孝、悌、忠、信，也许你觉得庸俗，但其实有很深的道理。我们从刚刚武汉美加分校的案例中可以看出，孝悌是内以持之。孝是什么？是子女与父母亲的关系。悌是兄弟姐妹之间的关系。这两个都做到了，内以持之，是从个人到家庭。然后是忠信，外以致用，再从社会到国家民族。所以从表面上看儒家讲的孝悌忠信，是那样简单，事实上真正做到了，整个社会，包括你的单位、家庭，不可能不太平，不可能不兴旺。"待人接物，无一事而不尽心，谓之忠。立身处世，无一物而不尽情，谓之信。"有这种心态，你说你的事情会做不好吗？你的朋友会交不到吗？不会的。所以你看，《论语》的核心就是孝悌忠信，也可以说是孔门学问的准则，内外备至，体用兼圆，是以化民成俗。

教育的实践

（一）父师之教

从转化气质，到开发潜能，再到化民成俗，这三个教育目的是要通过教育实践来做到的。我们来回顾一下，历史上最伟大的教育家是谁？孔子、释迦牟尼佛、老子，包括西方的苏格拉底、耶稣，还有穆罕默德，都是大教育家。他们在世时并没有说要建立一个宗教，他们带门徒，就像老师和我们在一起，从不搞什么组织，都是父师之教，并不是贩卖知识，一定是以身作则，跟学生朝夕相处，潜移默化。还有唐初的文中子，很多开国将相都是跟他学习的，宋代的范仲淹，也培养了很多文武名臣。另外，禅门里面的马祖道一禅师，当时门下号称有八十八位大善知识。后世少林寺的曹洞法脉之所以复兴，与宋代末年曹洞宗的万松行秀禅师关系很大，他当时培养了很多出家与在家的人才，包括当时的名臣耶律楚材，都是他培养出来的。

（二）自学成才

另一方面，真正伟大的人物都是自学成才的。你仔细看老师在讲述三千年中国教育史时提到，历代国家只管取才，而全国各地的年轻人，都是自学成才，教育是靠自发的民间力量。当时所谓的国子监规模并不大，而民间却有很多私人讲学。直到清代雍正年间，官方鼓励民间大量建立书院，最兴盛的时候达到三千多所，都是依靠民间力量来办学，成为为国家提供人才的主要渠道，在整个中国历史上发挥了重要作用。南老师常常讲到两首诗，说明人才培养是靠自己的努力。

> 雨后山中蔓草荣，沿溪漫谷可怜生。
> 寻常岂藉栽培力，自得天机自长成。

> 自少齐埋于小草，而今渐却出蓬蒿。
> 时人不识凌云干，直待凌云始道高。

真正了不起的人往往是靠自己启发、靠自己修炼出来，当然老师也很重要。一位人师，在你还没有了不起，别人还不了解你的时候，就能发现你的能力，又能针对不同的学生，因材、因时而施教，那才是真正的好老师。

（三）学问与职业

接下来，我们讲学问与职业。南老师常说，教育以学问为本，持身以谋生为务。我们在这世界上不可能没有职业，不管你是做老板，或是做老师，都没有关系，谋生与职业是持身的要务，否则你没有办法活下去，对吧？我们并没有说，你因为要学中国文化，就可以什么事都不管了，南老师也从来没有这么说过。另外很多人说南老师是国学大师，我说这是对他的冤枉，为什么这么说？他从来没说过只学国学，他一直强调东西文化精华的整合，出世入世要圆融。所以刚才朱校长在演讲中说，南老师和他见面，前三个小时都在谈佛法与科学。事实上很多人不了解南老师，他是很重视各种新潮思想和新鲜事物的。所以，我们在整个教育体系中，培养每个学生，不管中专、大专，或是本科，培养一技之长很重要。我记得南老师讲过，假定他办大学，一定要求每个学生有一技之长，不管是做厨子，或者做水电工，都没有关系，至少以后不要饿肚子，不要看别人的脸色，还可以生活下去。南老师在晚年的时候讲，要办"农工商科技职业技术学校"，你就可以体会到，老师是多么语重心长。

另外，学问之道，在自立立人，立身就是自立。这是南老师的话：教育在于造就一个人之所以为人，立身可以处世，我这辈子顶天立地，不管是作为一个司机，或做一个门卫，乃至去做总统，都没有关系，那是职业。但是，这辈子之所以为人，可以立身，可以自立了。然后可以立德、立功、立言，那是做伟人了。处世是什么？处世就是立人。你跟他人相处、打交道、处理事情，处理人际关系、人际的各种安排，做到随时随地，事事物物上体认，无一不是学问。

我们年轻的时候，因为受西方有些老师的影响，觉得人情世故好像太复杂，懒得管那么多。对传统礼数觉得烦，该怎么称呼长辈呢？反正就是一句话，后来就像西方一样直呼对方的名字。但事实上，所有的，不管是言、行，还是坐卧、走路，处处都体现了处世的原则。因此，我常常告诫自己，不要对人与事不耐烦，在不耐烦之中，往往就容易犯错误。所以怎么立身处世？我常常想到南老师教我们的两句话，也是一个警惕吧："世事洞明皆学问，人情练达即文章。"这是所谓的真学问，而不只是诗词歌赋而已。

南师的教化

（一）人师典范

南老师的一辈子，可以从这几个方面来看。第一，他是一无己私，义无反顾。他觉得一件事该做，就义无反顾，而且绝对没有一丝一毫的私心。譬如老师帮过我们很多，我们这边有很多同学曾经问他："老师，我怎么回报你？"老师的回答永远都是："你好好为社会做事。"我在老师身边听了无数次，也看得多了。所以在讲"诸恶莫作，众善奉行"时，回报老师的方法，就是多做好事，好好看住自己的念头。

你跟老师在一起，会感受到他以天下兴亡为己任的胸怀。在非典期间，老师为天下人忧心忡忡，天下人的忧患，就是老师的忧患。宋代大儒张载讲："为天地立心，为生民立命，为往圣继绝学，为万世开太平。"可以讲，这四句话是对老师最好的写照。

另外，老师视天下人为子女，视子女为天下人，这是他的名言。我跟小舜哥、一鹏哥、国熙在一起的时候，能明显感到，做学生的很受照顾，因为老师视天下人为子女。可是，你有没有想过作为子女是怎么想的？视子女为天下人啊。所以有段时间，孩子们觉得最好做学生。老师走了以后，老师的子女们共同成立了"南怀瑾文教基金会"，宣布老师所有的遗产，包含著作权，都将捐献给天下。子女们真的实现了老师天下为公的心量，我们号称老师的学生，应该对老师的六位子女致以崇高的敬意！

再者就是老师对学问的亲身实证。他对所有东西，包括医学，包括修道，都是亲身实证的。绝对不是只和你讲讲理论，让你自己去看，他自己不试。

（二）因人、事、时、地而制宜

老师常常因人、因事、因地、因时而制宜。针对不同的人，他会用不同的教导方式。不同的事，在不同的地点、不同的时间，他的说法也会不同。我想到几个例子。

第一个事情是有教无类，因人施教。以前在台湾的时候，我们看到有一个哑巴，老师很有耐心地跟他交流。那人事实上会讲话，只是人们听不懂而已，老师可以跟他交流，想要帮助他。你说这样对老师有什么好处？没有好处。老师纯粹是想帮助他。老师并不会因为你的地位高，就对你特别好。比如有些达官贵人，或者很有钱的人，老师却懒得理他。为什么？老师觉得那是在浪费时间。我们跟在老师身边，发觉老师是最在乎自己的生命时间与价值的人，真正感觉到老师对生命的珍惜，每一分每一秒都不容空过，他愿意自我牺牲，但不愿浪费生命。

第二个是及时现场而教。老师随时看到事情，看到问题，就随时教育，不是说事先准备一个理论教你，因为老师的资源是无限的，学问是无限的，经验也是无限的。我记得有一次还在台北的时候，那一年春节，老师请客，由另外一个学长主持，菜准备少了，他让他临时加了好几道菜。后来客人走了，老师就开始讲故事了：

以前有一个县太爷到一个新地方任职，刚好遇到饥荒，他就找当地最有钱的人募捐，但是这个人不愿意出钱，县太爷说：好啊，那你先回去吧。县太爷当然有办法了，第二天又以某个名义把他抓来了，抓来之后，就跟他讲：你犯了这样的错，要么打你一百大板，要么你吃一百斤葱，或者你赔一百两银子，你自己选择。这个富翁想想说：我吃一百斤葱吧。表面看，这个容易，是吧？他吃到五六斤的时候，实在吃不下去了。他说：算了吧，我宁可被打一百大板。县太爷给下属使个眼色：死命打。十几板子下去，屁股已经皮肉纷飞了。"算了吧，饶了我，我还是出一百两银子。"老师利用这个故事告诉我们，你明明早知道事情的后果，一开始就应该考虑周到。做事常常就怕葱也吃了，大板也挨了，到后来还是赔了银子。

事实上，老师的很多教育，都是点点滴滴的，生动活泼的。所以我们说，一个人师，就是这么一个样子啊。

第三个是不愤不启，不悱不发。他常常上课不给你答案。他会出题目，但不给你答案，是要逼我们自己去找答案。对此，我有两件亲身的经历。老师第一次希望我在大陆办学是二〇〇三或二〇〇四年，他还在香港的时候。我去看他。"慈雄，你来啦，"他讲了一些事情，又说，"假定你不在大陆办学，你以后不要来看我了。"那么严重！我说："好，我回去调查研究。"这是我们的标准答案。可是，他老先生一直记得这事，隔了几个月，我去看他，他说："慈雄，你的学校办得怎么样了？"这时候不是跟你客气了，脸摆下来了："上回我跟你讲的，你还记得吗？"我说"记得啊。"所以，当时老师让我们办学校，我敢不办吗？我再不办，就不要去见他了。

第二个经历是"雷声大雨点小"。以前在大学的时候，我在老师身边学了一年左右，老师要去闭关了，我觉得应该做点什么回报给学校的同学们，就办了一个国学小组，每个礼拜大家在一起念书，一个非正式的学习小组。我给老师报告，老师说蛮好。我以为老师听了之后，就忘记了，结果过了一个多月，他把我喊去了："慈雄啊，你那天讲的国学小组办得怎么样了？"我说："老师，正在找学生。"当时老师就说："我看你还是雷声大雨点小。"这就是老师的教化。现在想起来还回味无穷。所以很多事情，在老师的严格逼迫下，就逐步往前走了。

最后一点是春风化雨。我们跟在老师身边，老师是很慈悲，也很细心的。大事情他当然都看得很准，也都给你指出方向，细的方面，他也绝对比你还细心。以前在台北的信义路，还没有搬到复青大厦之前，当时那个地方很小，他住在二楼，四楼有一部分是教室，我们这些外地的学生，放假时候把课桌摆在一起，下面垫个棉被，就这么睡了。有一次，老师上课到很晚才结束，我和陈世志等同学还舍不得睡觉，号称自己好像通了什么东西，还在那边讨论研究。等到夜里十二点半的时候，他老人家上来了，他说："你们该睡了，要知道勇猛之心易得，长远之心难求。"你看他多慈悲啊！老师就是那么点点滴滴地春风化雨。我们这么多同学那么怀念他，绝对不是偶然的。在座有些做老师的，我想这是我们学习的很好的榜样。

（三）苦口婆心

另外，老师也真是苦口婆心，这里有些人学过呼吸法门。有一次，应该是二○一○年左右吧，老师非常感慨，他说安那般那，就是呼吸法门，这辈子他不晓得讲过多少次，应该超过一百次吧，有几个人真听懂了？他这话背后的意思是，有几个人真正在做了？但即使这样，他还继续讲，就像洞山祖师讲的：

> 净洗浓妆为阿谁，子规声里劝人归。
> 百花落尽啼无尽，更向乱峰深处啼。

这么苦口婆心地劝你，慈悲地劝你，一直到临走前三天，老师还在批学生的报告。

另外，老师常常劝人行善。有一次在吃饭时，他说：你们知道吗？不要以为做善事那么容易，假定今天每个人发十万元，你明天这时候回来报告做了什么事。不是把钱随便散掉，要能够做出一件有意义的善事，那是不容易的，绝大部分人做不出来。所以你有机会做善事，这是很好的缘分，要好好珍惜它，不要以为做善事是帮助别人，讲实话，做善事最终是在帮助你自己。

老师称自己的生日是母难日，在九十四岁母难日时，他有感言：

> 九四朦胧幻寄身，存亡恍惚旧非真。
> 岂图苟活浮沤界，只似灵明侍证真。

不管身、心，都是朦胧的、梦幻的，每一秒钟都在变化。老师是九十五岁走的，念兹在兹，希望中国文化不要断了，希望培养人才，他真是苦口婆心。

（四）三无老人，其为天乎？

老师回到大陆以后，往往在演讲的开场白中说自己一辈子一无是处、一无所长、一事无成。大家都觉得老师很谦虚，但这话里是有话的，当然这只是我的理解，对不对，还请同学们来评判。一无是处，却是无所不是，出世入世，圆融十方。大家看他的书，跟他学习，会发觉他无所不通。虽然他的毛笔字写得很好，但你叫他变成书法家，他不干的；生意他也会做，但是纯粹做企业家，他也不干的。表面上一无所长，却能无所不知，为世间解，所有世间的人，不管你是在家人或是出家人，去请教他，他可以帮你解答，可以引导你，足为天人师。一事无成，好像没有做成一件事，但是你看他影响了多少人，我相信千秋万世以后，南老师的影响会继续、会越来越大。所以大乘佛法有三法印，三个要领：无住、无相、无愿。无住：一无是处；无相：一无所长；无愿：老师没有说一定要怎么样，但是处处在做他该做的事，完成他未完成的心愿。

（五）桃李满天下

有一点大家比较纠结和想不通的，老师常说他没有一个学生，当然包含我在内，但是你看，他却桃李满天下。我们先给这个学生作一个定义，作为南老师学生的标准：第一，应该是读通老师所有的教化。这个不容易做到吧？我还没有做到。第二，实证老师所有的教化。这个更难做到吧？第三，还要超越老师。古德有言：见与师齐，减师半德；见过与师，方堪传授。这三个条件都做到了，才可以称得上是南老师的真学生了。我自己没有做到，所以够不上是他的学生。虽然老师并没有承认过某一个学生是他的真学生，但老师却是桃李满天下。我相信有很多人，看老师的书会有很多感触，受老师的影响，像萧总出来办学，古大哥出来讲学，以及善小基金会的筹建，一时一念受南老师教导而净化心行，一言一行受南老师启发而感化转变。做世间的好事，自己能够得到提升，也就是老师的学生。

（六）时代的课题

我记得在一九七七年，当时我还在上大学，老师就提出来，这时代有两大课题：第一，如何整合儒释道和科学、宗教、哲学，使人类摆脱唯心与唯物的迷惑，从而开拓出人类当走的大道。今天一早，朱校长在讲，佛法跟科学肯定要结合，宗教肯定要结合。不脱掉宗教外衣，以后就没有出路。第二，如何开拓出人类新的社会及经济发展模式，从而使人类身心能够真正地平安健康，而不是靠贪婪、消耗、掠夺、麻痹，追求所谓的经济发展。现在很多人，放假的时候出国旅游、购买奢侈品等，你说这样子真能得到身心安顿吗？我看很难说。这都是我们这个时代的有心人应该交出的答卷。这不是我说的，是南老师在二十世纪六十年代、七十年代提出来的两个课题，我觉得值得我们一起来共同探讨。

恒南书院的规划

二〇一二年，老师本来要来恒南书院住，待书院准备好的那天，他走了。之后，我们按照老师的指导，提出"身心性命、内修外用"八字要点，致力发扬古今中外人类文化的精华，结合现代科学,提升对身心性命的认知与调御。你只是认知生命,没有办法调御你的身心,事实上那还不是真本事。进而要能培养内修外用的人才,这是恒南书院一贯的宗旨,到目前为止,从来没有变过。

我们过去做了一些事情,但做得太少,现在我们比较有条件,和孙总,与书院的同事们共同努力,进一步加强书院的教育与人才培养。我们是按照老师培养人才的五大原则:文史哲武合一、工作生活与研究合一、教学合一、身教与言教合一、内修和外用合一。实际上本身都是彼此融通的,并不是闭塞的一个系统。

所以,我们准备开展几个研究所,什么时候开,怎么个开法,现在还没有定论,但我们会逐步开展。第一个叫作禅与生命科学的认知研究所,名字还没有最后定,是唯识、科学、哲学、宗教整合的研究,另外一个是教育跟身心性命的净化和提升。还有以后要开展的,医学与养生研究所、经史合参与企业管理研究所、人类生活模式与经济发展研究所、科学与中国文化普及研究所等。

尽不尽的思念与觉悟

最后,我想说的就是,尽不尽的思念与觉悟。今天我们怀念老师,对他有无尽的思念。但我们应该立定志向做我们该做的事,走该走的路。在《论语》中,颜回有一段对老师孔子的感言:

> 仰之弥高,钻之弥坚,瞻之在前,忽焉在后。夫子循循然善诱人,博我以文,约我以礼,欲罢不能。既竭吾才,如有所立卓尔。虽欲从之,末由也已。

"仰之弥高,钻之弥坚,瞻之在前,忽焉在后。"各方面的学问,研究下去就会发觉自己实在是太肤浅了,包括我今天做这样粗浅的对教育的报告。"夫子循循然善诱人,博我以文,约我以礼,欲罢不能。"跟着老师学习,真的有点欲罢不能。"既竭吾才,如有所立卓尔。"发觉还是不行,自己还是很粗浅。"虽欲从之,末由也已。"这是我的一种心情。

事实上到今天为止,可以说中国文化还是命如悬丝,我们很多同学秉持老师的教化,在各方面尽量努力,但是我觉得,我们的路还很漫长。世界文明走到了一个十字路口,东西文化的精华如何结合起来,开创人类新走的大道?我们中国人要有自信,但不是故步自封,未来领导世界是靠文化思想,而不只是倚仗经济与武力。我觉得作为这一代的中国人,这也是我们历史的使命,我愿天下有志之士,共同成就南老师与诸圣贤的心愿。

谢谢大家!

（二○一七年三月四日南怀瑾先生纪念活动讲稿）

南老师教育思想未成年人养成教育的实践报告

萧永瑞

（美加集团总裁、武汉外国语学校美加分校董事长、武汉市台商协会会长）

尊敬的各位领导、各位贵宾、各位同学、各位朋友：

大家好！今天与大家一起在这里纪念南老师的诞辰，我深感荣幸在这里做这份意义深远的报告。我生于台湾，大学毕业以后到美国留学，在华尔街工作。在我还没有出生的时候，我的父亲三十多岁时就跟着南老师学习庄子和佛学，渐渐我们全家人都跟着南老师学习，因此，由南老师做媒，我父亲就把我们家最优秀的二姐许配给老师的学生李慈雄博士，所以李总不仅是我的老板，也是我的二姐夫。因为家庭的原因，我真正跟着南老师学习，是从大学二年级开始正式听南老师的课，那是每个礼拜四晚上的特别课，就这样开始跟南老师学习，整整三十二年。南哥哥们、古大哥都是我们从小熟悉的朋友。

当我念大学的时候，《论语别裁》出版了，最初读《论语别裁》，像看小说一样，南老师说中国文化气若游丝，不能断绝了。我看了不禁有所感，我们这一代人就有这个历史责任。我相信很多南老师的学生，都是一样的心情，所以几十年来，大家以各种方式，共同努力，使中国文化薪火相传。天下兴亡，匹夫有责。

美加外校成立于二〇〇五年，我们学校整个的办学宗旨就是按照南老师的指导和嘱咐。我们在从事教育工作的过程中，深深感到南老师的《原本大学微言》太重要了，这本书对于教育的目标、方法讲得非常清楚，除此以外，到目前为止我还没有看到另外有哪一位能够把修身养性的理论与实践说得那么清楚，那么透彻，比方说"念头"，念头会影响情绪，情绪长期积累，就形成每个人的脾气，有的人脾气急，有的人脾气慢，有的人很开朗，有的人很郁闷，这个脾气经过长期不断累积，就形成性格，性格长期下来就形成人格。南老师交代得非常清楚，我们在办学的过程中受益良多，也是按这个精神来做的，诚意、正心、修身、齐家、治国、平天下。

这个学校的创办，是我们今天迈出的一小步，这一小步的背后，首先要感谢李总和我的姐姐。十二年来，他们对学校没有要求任何回报，当年投入的本钱还没有收回来。如果李总跟我讲：你三年必须平衡，五年必须开始有回报。那今天我们做不到这样初步的成绩，如果是那样，我们首先只能是求生存，一旦涉及利益，在教育目的的前面，就不好办了。另外，这么多年来，在座有很多老同学非常热情，非常关心，主动给我打电话，给我们建议，给我们指导，给我们帮助，万分感谢。第三，非常感谢学校全体的团队，我们的校长、干部、老师，多年来共同努力。

美加学校成立于二〇〇五年，与武汉外国语学校合作办学，现有小学部、初中部、高中部，共2800名学生，荣获武汉市教育局颁发的"群众满意的中小学"称号，校名是由南老师亲自题名，这是我们非常自豪的事。学校成立两三年后,还没有校训,我就去请教南老师,于是老师就给了我们"敬业乐群"这四个字——出自《礼记·学记》,意思是学习也好,做事也好,要尽心尽力,还要能够走进人群为大众服务,南老师的"用古老的智慧引领新科学的途程",我们也一直把这个目标放在心里,不断努力。

学校的教育理念,也是南老师交代的"中西合璧,文武合一"。培养孩子既要传承中国文化,同时还要能够吸收西方的优秀文化,要培养孩子能文、能武,有修养外,还要有勇气。当时就是这么一个初衷,在大家的支持和帮助之下,一直走到今天。

南老师一直教导,中国文化传统教育的目的是培养孩子健全的人格、健康的身心。现在国家教育明确,教育的目的就是立德树人。可以看到,我们的社会风气正在不断改善,我们真的很有幸,能够生活在这么好的时代。二〇〇八年,学校开始开展"中国传统文化教育",因为当时"十一"放假期间我在饭桌上被南老师骂了一顿,大家都知道,南老师在饭桌上骂人是不管情面的,也不管你是什么人。我回去就痛下决心,"十一"后,我们就开展经典诵读教育。九年下来,我们渐渐形成了一套"知行合一"的养成教育体系。读诵了经典,如果不能够应用,不能提升道德品格,不能转化气质,那只不过是另外一门应试学科而已。

为此,我校做了一个长期的统计,并且结合华东师范大学的专门课题组统计、调研,结果发现60%~90%的孩子记忆力和专注力提高了,60%~90%的孩子的道德水准及友爱、宽容、诚信的品质均有明显提高。其中有真实的数据,真实的案例,我们汇集成册,我今天向大家汇报一部分。

有个小朋友和爸爸妈妈、亲戚朋友一起在酒店用餐，服务员端了一大锅热水上来，小朋友调皮玩那个转盘，结果热水就泼到孩子身上了，那不得了，一时大人就找这个服务员扯皮，小朋友突然说："你们不要再吵了，她不是故意的，无心非，名为错。"出自《弟子规》。孩子又说："老师说凡事当留余地。"这是《朱子治家格言》里面的话，孩子这样一讲，这下子大人们也不好意思了。

二〇一六年我们学校过万圣节，trick or treat，"不给糖就捣蛋"，有个五年级的小朋友就找一个老师要糖，老师身上没有糖，五年级的小朋友就捣蛋，把旁边一个二年级孩子的糖全部抢走了，这个二年级的孩子就大哭了，孩子一哭，老师还来不及反应，旁边的一位同学赶快把自己所有的糖全都给那个哭的孩子，旁边其他的孩子看到，马上也把自己的糖拿出来再分给刚才给糖的孩子。更没想到的是，抢人家糖的孩子，后来又跑回来，把自己的糖拿出来分给其他人。当时，并没有老师说，你该做什么，不该做什么，这种孩子与孩子之间的友爱关怀互动，对孩子的教育，可以说，比老师的千言万语都管用。

诚信方面也有很多例子。有个孩子和妈妈坐地铁，妈妈忘了带孩子的乘车卡，为了赶时间，免得再买票又重新安检，妈妈说："跟我一起穿过去。"孩子坚决不肯："妈妈，我去买票。"妈妈说："已经没有时间了。"孩子说："那是不诚信的行为。我自己再去走一趟。"妈妈自己说当时她的脸都红了。这种故事太多太多了。

有了古文的基础，50%~70%孩子的阅读能力和写作能力也有普遍提高。另外，70%~94%的家长反馈孩子懂事了、孝顺了、会体贴父母了。有的小朋友刚来上学时，那是小皇帝来了，空着两手来上学,老师说:"你的书包呢?""在后面。"爷爷奶奶在后面拎着。一个学期之后,孩子变了,而且不只是一个孩子,而是一大群孩子,这就是中国文化的影响,我深切地感到,中国人的血液里,就是有中国文化的DNA。

我们也看到孩子们渐渐变得节约起来,因为《弟子规》里讲"衣贵洁,不贵华,上循分,下称家"。一位妈妈要出门,在衣柜里东挑西选时间都耽误了,要来不及了。孩子就说了:"妈妈,衣贵洁不贵华,上循分下称家,其实穿衣不在于好看,只要合适就行了,你这样把时间都耽误了。"我说这个孩子已经快要超过大人了,在家里做道德辅导员了。还有的孩子,父母亲生病,孩子在家里照顾,帮忙做家务。从媒体报道看到,有的妈妈要怀第二胎,孩子坚决反对,甚至威胁父母要跳楼。但是我们在美加学校看到孩子们常常很期待父母再生个弟弟妹妹,"兄道友,弟道恭"。妈妈怀了孩子行动不便,一个小学生还时时帮妈妈托肚子上下楼梯。另外有个二年级的孩子,妈妈本来答应他要出去旅游,后来妈妈怀孕了,那怎么旅游啊,妈妈想着要讲诚信,想给个正确示范,孩子对爸爸妈妈说:"妈妈,如果去旅游,所有的事由我负责,绝对不要妈妈操心。"结果一路上果真如此。到了酒店,电梯坏了,又没服务员,这个二年级的小孩子就自己搬行李,一阶楼梯一阶楼梯拖上去,孩子不仅信守了自己的承诺,最后平安到家,一点没让妈妈费心。

还有一个三年级的孩子作了一首诗,虽然写得很幼稚,但是内容很有意思。她说:"冬月深夜母亲忙,腊月清晨父亲忙,十月午时祖母忙,体谅家人很重要。"我们说看不懂,这是什么意思啊?原来她有一个小弟弟生下来了,她是女儿,现在家里有新生儿,姐姐觉得受到冷落，妈妈半夜照顾小弟弟，爸爸早上照顾，奶奶中午照顾，都没人照顾她了，所以她说：我体谅你们，弟弟太小，要多照顾他。这首诗是没有任何大人帮助，她自己写的。

有一个妈妈说家里要来一位新的保姆，怕孩子不懂得待人，就和孩子沟通，结果孩子反而说："凡是人皆须爱，我知道，妈妈你放心吧，我们会合作很好的。"这是小学二年级的小朋友。另外一个家庭，因为保姆没有把事情做好，妈妈就批评她，孩子就很严肃地跟妈妈说："妈妈你知道吗？我们在学校要日行一恕，你怎么这样批评她呢，你要宽恕她。"可以看出在这些孩子的心中，已经有一个宽大包容的观念了。

同时，根据我们的调查，学校85%的小朋友爱国情操、爱国心很强，很多小朋友写忧国忧民的心得，社会为什么不文明？很着急。有一些小朋友，回家跟爸爸妈妈讲：我们中国文化很棒！有些小朋友问爸爸妈妈：中国文化这么好，我们为什么还要学习英文呢？有一些小朋友说：我未来的志向，希望把中国文化推向全世界！自从中国传统文化进了校园，对孩子的影响完全超乎我们的想象，之前我们根本没有想到会是这么一个结果。

我们发现，孩子越小越好教。从初中开始，他会和你辩论，有些观点，他认为你不对；到高中，接受程度就更差一点了。我们也是阶段性地一面做，一面调整，一面实验。

有人说，花这么多时间读诵经典，还不如多背几个英文单词考个高分，多做几个数学爬坡题，考高分进北大，将来出国，有个好工作。那么，请问：这个素质教育究竟对孩子的教育是拖了后腿？还是帮了忙？二〇一六年的这届毕业生是第一届完整经历了传统文化的素质教育课程的学生，中考结束，分数线也划完，没消息了。我问："燕校长，怎么样啊？""萧董啊，好像，好像还可以哎。"后来我才知道，结果我们有47个孩子考进了武汉外国语学校，往年我们每届毕业的200多个孩子，永远都是10%，20多个孩子能够考进武汉外国语学校，这所学校是我们武汉很多孩子心目中的第一志愿。我们多年来突破不了的那个天花板，一下跳过去了。结果证明，孩子心理、身体素质好，学习效率提高了，有助于学习成绩的提高。

在传统文化的教育中，我们着重"知行合一"的素质教育，首先以国学经典为抓手，通过一整套的校本课程配合，建立小孩的价值观、是非观、荣辱观、世界观。要怎么做到"知行合一"？我们总结需要背得、懂得、行得和反省总结。首先要背得。第二个还要懂得，比如小学一、二年级那么小的孩子，怎么讲《大学》的修养，也是有很简单的方法让他容易懂得，明是非，要助人，要自省，基本道理。第三是行得，要去实践，学以致用。最后是反省总结，通过"功过格"的方式来做。同时，在南老师的指导下，我们还设计了动静结合的课程，以及学校、家庭、社会三位一体，家校携手合作无间。

美加是按照市教育大纲办学的，因此我们只能充分利用好我们的碎片时间，才能开展校本课程，在学校里我们每天经典读诵只有20分钟到30分钟，武当武艺30分钟，中午有毛笔书法。每周还有三节文化课，第一节课是由老师来讲解他们背诵的经典；第二节课是"说文解字"；第三节课是我的课，我每周给孩子们讲一节课。

国学经典怎么选？我们是根据南老师的指导原则，选最经典、最高效的篇目。现在全国有各种各样的做法，有的把经典片段剪辑成格言，重新归纳整理主题，这一主题专门是讲孝道的，那一主题是专门讲仁义的。糟糕了，《中庸》你不知道在讲什么，《大学》你也不知道在讲什么。我们和很多老师特别研究过，大家都觉得确实应该把完整的篇目给孩子，比如《大学》包括了完整的教育目标、方法。我们希望用古圣先贤完整的经典给孩子扎实的基础，根据南老师的指导原则，这些经典分为三类，其中一类就是生活教育，包括《弟子规》《朱子治家格言》，培养孩子洒扫应对、进退规范，把自己的生活收拾好，让孩子能够自立。我们会随便走进一个教室，打开一个孩子的桌子，可以看到里面的书本、文具，收拾得整整齐齐。

《弟子规》对日常生活的方方面面都有非常清晰的标准，孩子读了就会照着做，比如有的小朋友，他的桌子经常乱七八糟，读了"几案洁，笔墨正"，他就有意识去收拾文具，就像孙悟空的紧箍咒，老师不用再啰啰唆唆地反复跟他讲。当然还有《朱子治家格言》，我们发现在应用上都非常简单有效。

在品德教育和人格养成上，我们遵照南老师的指导，以儒家文化、儒家经典为主，目的是让孩子先打好基础。有一次，南老师跟我讲：你们要读《孝经》。我们在台湾读书的时候没读过《孝经》，我自己当时想：谁不知道孝敬父母呢？还要读《孝经》吗？但是南老师提示以后，我回去一读，哎呀，不得了，中国文化的这个孝字，不只是我们平时孝敬父母，那是小孝，对国家、社会要做贡献，这个才是大孝。后来，我们的孩子学了《孝经》以后，效果让我们想象不到。孩子懂得自己照顾自己，"身体发肤，受之父母，不可毁伤也"。一句话，孩子就晓得不要去做容易让自己受到伤害的事，也晓得不让其他孩子受伤。南老师也特别要求过《礼记·曲礼》要背诵，《曲礼》中有很多很重要的观念，对孩子有很好的影响。另外，我们还安排了《笠翁对韵》《千家诗》，丰富孩子们的文学素养。

每天读诵经典20分钟到30分钟，对孩子的记忆力、专注力培养很重要。同时，我们要求老师解读经典，南老师就说过，孩子太小，他们可以不懂，但老师不能不懂，只有老师懂，他才有办法引导孩子学以致用。老师要根据孩子不同的年龄段进行调整，小学一、二年级怎么引导，三、四年级怎么引导，初中生怎么引导，等等。通过这些老师的引导，一定要让孩子去实践，在学校怎么帮助同学，自己怎么管好自己，回到家里怎么孝顺父母，让他体会到行善最乐。

对于"说文解字"课，南老师特别交代，训诂学一定要学，打好文字的基础，当时我们开始准备这个课程的时候，我们学校的老师也是讨论了很久：孩子们消化得了吗？"说文解字"是不是很难啊？大家的意见无法达成一致，最后，我们只好用行政命令推动，结果又是没有想到的，小朋友们非常喜欢"说文解字"，说这门课像堆积木一样，又像侦探破案，中国造字的原理，摸清字所代表的意义，孩子觉得好好玩啊，原来文字的拼合背后，有中国文化的深意。比如这个"天"字，包含有容乃大的概念，"天行健，君子以自强不息"的概念。通过"说文解字"，孩子们不仅有兴趣，更以中国文化自豪，觉得我们中国人最棒，建立文化自信。同时，孩子们掌握了一字多义的原理，对他们学习古文很有帮助。

我每周四晚上给小朋友们上课，初衷是想到我自己小时候，虽然听不懂大人们讲话，但是南老师讲的故事很好听，我们就跟着听，故事背后其实有很多很重要的道理，对我们一辈子都有影响，所以我就这么开始给小朋友们上课讲故事。从小学三年级一直到高中，几年下来，我们发现对孩子们确实有帮助。我们学了南老师的一点皮毛，按南老师的指导，以经注经的原则，以南老师的讲解为原则，选取很多历史故事，小孩子们觉得很好玩，很有意思，而且很有用。同时我要求小朋友写一份半张纸的心得，目的不是要他们练作文，我是想知道他们到底听懂了没有，在这个过程中，孩子们就提出很多问题，其实经典就是生活，在生活中有很多矛盾的地方，孩子们不知道该怎么办，比方孔子说"唯仁者能爱人，能恶人"。小朋友说："我想当仁者，但是同学想抄我的功课，我是给他抄，还是不给他抄呢？"另一个小朋友说："我把我的小秘密告诉了一个同学，结果全校的人都知道了，我以后是不是应该不理他了？"在这个过程中，我们就看到，孩子们在生活中，想要应用经典，会遇到很多问题，看起来很幼稚，其实有时候想想，我们大人们遇到的只不过是另外的故事，人生的过程，只是不断地在解决困惑。

　　让孩子懂得怎么学以致用以后，我们按照南老师的要求，要孩子们实践"日行一善"，这太重要了。今天做了什么好事？我们要求孩子们每天写功过格。一个小学四年级的同学说："我从勉强自己去行善，到变成从心底自然地去行善。"这确实是孩子的改变，行为模式会改变，我们大人其实也是一样的。那么，孩子还说："我们学校要求日行一恕，宽恕包容，推己及人，己所不欲，勿施于人，我自己都讨厌做的事，为什么却要叫别人做。""在宽恕的过程中，常常让我看到自己，看到事实的真相。""人们遇到问题，首先认为都是别人的错，不是自己的错，你有包容之心，冷静一想，发现其实自己也有错。"这是小学四年级的孩子写的。南老师经常讲善是阳恶是阴，经常行善后，孩子的心性会转，相貌会转，气质会改变。

我每个礼拜都要和一个年级的正副班主任座谈，了解各个班的情况，看看我们的做法有没有问题，是否需要调整。我们学校有个初二的学生，特别好，周五孩子们都乘校车回家了，这孩子因为等父母来接，他留在教室里扫地。老师问他：为什么还不回家？他说："我是爸妈来接，所以我就要同学们先走，清洁我来做。"这个小孩子啊，一次是这样，两次也是这样，他竟然一直坚持这么做，反观即使是我们大人，如果做义工做到后来，反而变成是我们该做的时候，我们心里就不高兴、不耐烦，怨恨了。这个孩子没有，他继续做，当时我问老师："他的成绩怎么样？"老师不无遗憾说："成绩中等。"全年级200多个孩子，他100多名，我鼓励老师说没有关系，反正有好的德性嘛，有正确的态度，一辈子总是有用的。没有想到，最后中考的时候，他考到了武汉外校，换句话说，他从全年级的100多名，进步到45名以内了，这个进步是非常不容易的，从100多名进步到100名以内，那还容易，可是要进步到前茅，那是非常罕见的，所以足以证明善行养善心，善心改变思维，提高学习效率，这是我们亲眼看到的变化，绝对科学的数据。所以南老师常常讲到中国文化的教育，"积善之家必有余庆，积不善之家必有余殃"。在孩子身上也是这样。

南老师多次讲过《功过格》，有一千多年的历史，其实现在道家、佛家也还有人在做，历代最广为人知的就是袁了凡的《功过格》，记录得非常严格。对于《功过格》，我们做了一些调整，经过多次升级以后变成现在的版本，我们要求孩子每日的功课就是日行一善和日行一恕，通过这些功课，培养孩子三省吾身，推己及人，包容宽恕。有的小朋友写：我今天帮同学刷饭卡了，他没带饭卡，让我买饭。结果明天他又是帮人家刷饭卡，后天还是，刷了好久以后，慢慢他就开始反省了。当很多孩子真正用心写功过格的时候，我们看到他们一步一个脚印的进步，不仅体现在小朋友之间的相处，学习也进步了，所谓内化于心，外化于行。每天还有中华武艺、毛笔书法，我们的目的并不是培养武艺家、书法家，而是试图通过专心一意的练习，让孩子们的心静下来，虽然练习时间不长，但政教主任反馈有效果。另外还有音声瑜伽。我向宏忍法师请教学习，再教孩子们唱诵，调整身心，排解压力，对孩子们的帮助非常非常大。有个孩子小学二年级字就写得好，学习也好，老师讲上半句，下半句还没有讲，他就举手知道答案了。他才小学二年级，就要去竞选大队委，据说照例要三年级以上才可以竞选大队委，这个孩子后来变化很大，会去帮助其他人，主动关心别人，而且把这种气氛也带到家里了。到了五年级的时候，他是全年级的学霸，但他的心得反映却是："糟糕了，我现在常常不能专心，上课开小差，自己很害怕，不知道怎么办。"其实是他开始长大了，发生了变化，影响了情绪和专注力。我告诉他："你练习音声瑜伽，每天多加练两次，试试看。"几个礼拜之后，他告诉我：有用。现在这个孩子六年级了，还是学霸，我也希望他继续做一个乐于助人的学霸。

家教很重要，父母是孩子的第一任老师，我们现在站在学校的角度，要考虑怎么来推动家庭教育。首先，班主任的言教身教非常重要，教育能否落实，主要在老师身上。所以非常感谢我们的校长、干部、老师。很多事情和道理，如果班主任自己做不到，小朋友都是非常聪明的，就会说：你都做不到，还叫我们做？不做。下面会有反抗的，现在的小朋友的思维是非常活跃的。

第二，家校携手。国家也很重视文明家庭建设，中国文化怎么进家庭？习主席很重视文明家庭建设，我们学校做了一件事，是小学部的创举，要求小朋友每周回家都要行孝，开始家长对于学习中国文化只是不反对，现在90%的家庭都赞成，因为孩子确有变化，家庭确有变化。

另外，就是亲子诵读，每个礼拜安排半小时，让家长和小朋友一起读国学并检查小朋友做得好不好，这项活动，让国学进家庭成为顺理成章的事。这个时代，家长全是孝子贤孙。孝顺谁呢？孝顺孩子，孩子是家里的"小皇帝"。当孩子跟父母一起读国学的时候，我们看到了变化，学校小学部做得很活泼，还颁发"亲子诵读家庭奖"，有年级表彰，还有校级表彰。有个家庭受到了表彰，一天父母吵架了，小朋友就跑到房间，把那个奖章一放："你们不能再吵架了，再吵就不配拥有这个奖章了！"

可见，孩子在家里可以起到很大很好的作用，孩子已经长大了，如果家长没有主观能动性，很难改变他们，但是通过孩子，可以有效地影响家庭。

对于我们的工作成效，武汉市市委常委、市教育局工委书记在我们学校开过一个全市现场会，号召全市学习美加经验。同时到各校去抽查文化教育的落实情况，这在全国应该是少有的。因此，在这几年中，我们明显看到武汉的变化出来了，有小朋友告诉我："现在真的变了，街边经常可以看到有人在读《大学》。"有位妈妈带着小朋友出去玩，在游乐场排队，很多互不认识的小朋友都在排队，小朋友们就会互相交流："你背了什么啊？"这个说："我背了《大学》。"那个说："那你背了《中庸》没啊？"

一个社会、一个时代，小朋友们之间的交流居然是在问你读了《中庸》还是《大学》，这是很让人感动的现象，不管这个面有多广，但是看到文化振兴的迹象，来自整个社会环境的改变。有个朋友，他的小孩也在读《大学》，他说小朋友本来不收拾玩具的，但是自从读了修身、齐家、治国、平天下，他就知道：一室之不扫，怎么扫天下呢？赶快跑去收拾玩具了。这些，都是我们在武汉看到的变化。

我们到今天迈出的这一小步，完完全全是按照南老师的教育精神和思想的指导，同时，我们学校也是使用武汉市教育局的教学大纲，也就是说，美加能做到，其他学校也完全可以做到。在武汉市有很多走读学校，也按这种模式在实行，确实有效果。

这些，足以证明南老师教育思想的践行之路，我们确实看到小朋友有改变，家庭有改变，这条路不仅走得通，而且非常有效果，可以继续推广，大力推广，让更多的孩子受益。

（二〇一七年三月四日南怀瑾先生纪念活动讲稿）

附一

国学润童心

美加学校小学部　高　雄

尊敬的各位领导、各位专家、朋友们：大家好！

今天能在南怀瑾老师诞辰纪念活动上和大家进行交流，我深感荣幸。我们小学部的国学经典教育是在萧董事长提出的"知行合一"的理念下来开展的，下面我将从求知和践行两个方面向大家进行汇报。

求知——播下文化的种子

国学之美，美在境界，美在德操，美在悲悯。我们只想在学生的内心种下文化的种子，是传统的、纯粹的、正宗的中国文化种子，等这颗种子发芽之时，便是我们期待的"成人之美"。

诵读经典

我们的孩子每天坚持进行经典诵读，诵读的内容是萧董组织国学骨干教师精心编写的《美加国学读本》，里面选取了《弟子规》《论语》《大学》《朱子治家格言》《笠翁对韵》等经典内容，到目前为止一共编写了 3 册。小学阶段是孩子记忆力的黄金时期，这个时候记东西最多，最不容易忘记，所以我们让孩子多读多诵，大量积累，从量变到质变。我们期待孩子能够在诵读的过程中，获得春风化雨、润物无声般的浸润和熏陶。

对于诵读，我们追求的是孩子的熟记。文化种子要扎根，关键是一个"熟"字。所以每周五的早晨，学部政教处会组织各年级的国学诵读组长对学生的经典诵读内容进行抽查。每周抽查十名同学，一个月下来，班上几乎每一个同学都会被抽到，都会收到老师评定的等级。每学期的"诵读明星"，就是根据平时抽查的等级进行评比的。

校本课程

此外，我们还开设了"国学""说文解字"两门校本课程。小学阶段孩子的理解能力还不强，低、中、高每个学段的理解能力也有差异，但他们却需要明白行为规范、文明礼仪、行善为孝的道理，通过老师的讲解是可以达到"懂得"和"理解"的要求的，所以我们开设了"国学"校本课程。"国学"课每周一次，老师在课堂上针对学生近期背诵的内容进行讲解，低、中、高三个学段的要求不同：低段以背诵为主，老师主要是针对涉及行为规范的《弟子规》《朱子治家格言》等予以详细讲解；而中、高段教师则根据本学段学生的实际理解能力给予不同深度的讲解。因为是小学生，所以我们在讲解时力求做到生动有趣，挖掘典故，多讲故事，多联系学生的生活实际。

我们还有每周一节"说文解字"课程，是以《说文解字》这本工具书为标准，辅以《康熙字典》，让学生了解汉字的构字方式、一字多义等特点，感受汉字优美的形体、深邃的意蕴及其背后所体现的文化，来激发学生热爱祖国文字，继而传承中华文化。

例如"监"，"监"分为"臥"和"皿"两部分。"臥"的意思是"休也，伏也"；"皿"的意思是"饭食之器也"，后引申为"器皿"。整个"监"字在《说文解字》中的意思是"临下也"，俯视的意思。像一个人伏下身子对着盛满水的盆子，细细地查看自己倒映在水中的面影。这个字告诉我们人类最初没有镜子，只好用盆子装水照面修容。春秋时，人们掌握了青铜冶炼技术，并利用青铜磨制出了可以照面的铜镜，于是先后以"鉴""镜"表示，以区别原来的水盆镜子。今天，我们使用的镜子已不是铜的而是玻璃的了，但我们仍沿用"镜"字，这样我们也可以从中窥探出其历史文化的发展轨迹。

古人造字，把自己的很多道德标准也融入了构字之中，如"信"字，从"人"、从"言"，意为"人言须诚信"，诚信乃为人之本。"仁"字，从"人"、从"二"，人与人相亲相爱为仁，即仁者爱人。"忠"字，从"心"，"中"声，尽心尽力、赤诚无私为忠。"孝"字，从"老"省，从"子"，孩子尽心侍奉老人为孝。这些汉字折射出古人诸多的价值观念，通过对汉字的追本溯源，很自然地就渗透了中华传统美德的教育。

真乃"字小乾坤大"。开设"说文解字"这门课程后，我们能够感受到孩子们对它的喜爱，能够感受到他们对祖国文字的热爱，能够感受到这门课程给他们所带来的一些变化。有一个孩子在"说文解字"课后说："研究汉字真有趣，就像侦探破案一样。"一个国学班的孩子说："自从上了说文解字课，现在一看见字就想着它究竟是怎么来的。"还有一个三年级的孩子对老师说："老师，我们的中国汉字已经这么棒了，我们为什么还要学习英文呢？"我们一开始以为是这个孩子英语成绩不好才这样说的，后来问他老师，老师说英语成绩挺好的。我们后来一想，这应该是孩子内心真情的流露。这真情应该源自他对汉字了解后的一种自豪感，这就是文化自信。对于孩子们来说，学习汉字的过程，不仅是积累本民族语言的过程，更是在心田上播下民族文化种子的过程。

践行——收获"君子的修养"

生活就是经典，经典就是生活，真正的经典应该落实在我们的每一天，分分秒秒，每一个行为，每一个起心动念上，因为只有将经典"活出来"的人才是真君子。我们践行的举措，从形式上大致分为两种，一种是学生集体参与活动，一种是学生个体的自省行为。所谓集体参与活动，就是指丰富多彩地践行国学经典的体验活动。

活动陶冶气质

《论语·子张》中说："子夏之门人小子，当洒扫应对进退，则可矣，抑末也。"近几年，我们一直将"洒扫、应对、进退"作为德育行规养成教育的主题，提出了"勤洒扫育美德，晓礼仪懂应对，知进退明得失"。从生活能力、劳动技能、人际交往等入手，把养成教育与国学经典相结合。针对小学生的成长特点，设计多样的活动让学生践行经典。如每学期开展的"洒扫自理能力大赛""我是快乐小帮厨""环保小卫士""护绿小卫士",还有校园互助"大手牵小手"等活动。比如二〇一六年秋季开学时,六(3)班的一位同学参加了九月一号与一年级新生"大手牵小手"的助学活动,她是这样说的:"九月我参加了与一年级新生的'大手牵小手'互助活动,看着学弟学妹信任的眼神,心里真高兴,这不就是'兄道友弟道恭,兄弟睦孝在中'的温暖校园吗?"连续三年,我校全体学生参与了向川藏山区同学捐助衣物的"暖冬行动",捐助的衣物近万件,当三(1)班的刘镒菁同学在家里整理衣物时,妈妈问她为什么要参加这个活动,她说:"凡是人皆须爱,天同覆地同载。"让孩子们通过体验活动,感悟经典,从而内化于心,外化于行。

经典沁润家庭

国学经典的学习,家校携手很重要,家长越重视,成效就越好。我们有两项活动家长们给予了大力的支持。每周的"亲子诵读",孩子们将一周在校背诵的内容展示给家长听,家长和孩子一起诵读,那么家长是如何看待的呢?一位家长在心得里写道:陪儿阅读,既传播孝道,亦为自己补课!另一位家长说:通过"亲子诵读",我们得到一次促膝长谈的机会,不仅懂得为人处世的道理,也成为我们之间沟通的桥梁。1700多个学生,1700多个家庭。这一家校沟通的有效方式,将国学经典的课堂延伸至每一个家庭,让学生日常生活中的国学氛围达到最大浓度。

另外,依据寄宿学校学生每周回家一次的特点,我们开展了"周周行孝"这一比较接地气的践行活动。"羊有跪乳之恩,鸦有反哺之义"，很多孩子在学习心得中都会引用这句话，可见体会比较深刻。我们还每年评选出了"美加最美孝心少年"作为榜样。在这里和大家分享两个小故事，四（5）班的王子敦同学看到妈妈头痛，很心疼，连忙运用在学校中医课堂学到的知识，给妈妈揉太阳穴、搓肩颈，被妈妈催促离开后，还是有点不放心，他说《弟子规》中说过"亲有疾，药先尝。昼夜侍，不离床"。班会课上，老师问什么是孝，同学们说为父母做事、做家务，这就是孝。而五（1）班的吴美慧同学说："《孝经》上说：身体发肤，受之父母。不敢毁伤，孝之始也。我们要照顾自己不生病，不受伤，就是现在对爸妈的孝。"我可以很大胆地说没有一位家长反对推行孝道，这项活动就有了它的生命力。"亲子诵读"和"周周行孝"，我们已经推行了近四年，通过这两项活动，国学经典已经悄然沁润每一个家庭，每学期我们也开展了"诵读优秀家庭"的评选。

自省修身养性

除此之外，就是学生的个体自省的方式，书写《功过格》，这是我们萧董事长在武汉市中小学校的首创，并且在全市进行了推广。我们小学部学生每晚用十分钟书写《功过格》，对照每日的动心起念、言行举止，围绕着"日行一善、日行一恕、三省吾身"进行自我反省，践行经典所教。我们小学部有低年段和中高年段两种形式的《功过格》版本，我们起初设计的版式，低年段采用画笑脸的形式来记录，如"日行一善"这一项，如果做了一件好事就画一个笑脸，不好不坏画平脸，做了一件坏事就画一个哭脸，在实行一段时间后，发现低年段学生在画笑脸时受到了限制，有孩子说：老师，笑脸的位置不够画。我们又将低年段改成了现在的样式。

《功过格》的推行，老师的批阅尤为重要，我们美加的正副班主任每日都要批阅学生的《功过格》，及时了解孩子的行规养成、思想动态，这样我们才能做到教育的有的放矢，深入学生内心。在批阅的过程中，我们要时刻关注，及时引导。就"日行一善"这一项而言，一开始孩子们不知道怎么写，后来还出现为了写而写，他们不知道怎么样去发现身边的善。老师在批阅过程中发现后，我们提出了"心行一善、口行一善、身行一善"，心中有一个善的念头是善，给同学一句鼓励的话是善，帮助同学解决一道难题也是善，让学生体会到行善就是做自己身边力所能及的事，把"善"细小化、生活化。

中央文明网来我校采访时，我们五年级的学生关于书写《功过格》有这样一段感想："我们都知道水滴石穿、绳锯木断这两个词，这两个词呢，告诉我每天都要从小事做起，只有这样，日积月累下来，我们才能有更大的收获。所以写《功过格》这件事情虽然很小，动动笔头就可以了，但是呢，如果我们把它坚持下来就是一种习惯，每天学会去做一件善事，宽恕别人、反省自己，这都是很好的一种习惯，好习惯都会伴随你一生。所以我觉得这个意义非常大。"其实，国学经典对孩子的影响力真的不是简单的几句话、几个故事可以讲完的，当孩子们不再任性、不再焦躁，当孩子们学会了友善、学会了孝顺，为他人着想，我们不得不惊叹于国学经典的魅力，就在于潜移默化、润物无声，种子撒下去，总会在意想不到的地方发芽……

腹有诗书气自华，国学经典孕育的魅力不会随着时光消逝而褪色,只会日增月涨。教孩子一天,想孩子一生,作为一名教师,我们有责任将民族的宝贵精神财富传承和发扬下去,传承经典,我们仍在路上……

　　谢谢!

(二〇一七年三月四日南怀瑾先生纪念活动讲稿)

附二

国学助成长　润物细无声

美加学校初中部　刘　惠

尊敬的各位领导、各位专家、朋友们：

大家好！很荣幸能够在南老师诞辰的纪念活动上与大家交流、学习，今天我将向各位汇报我校初中部国学教育的实施情况。

自二〇〇八年来，初中部的国学教育在萧永瑞董事长的指导下，校长和老师共同参与，以正副班主任为主要推手，运用"知行合一""动静结合"的方式，以"学校、家庭、社会"三位一体立体式开展"生活教育"与"品德教育"，采取"背得、懂得、行得、反省总结"四个步骤，达到"知行合一"素质教育的目的，九年的国学沉淀，不仅在校园内形成了浓厚的国学氛围，更是将国学的核心精神内化成做人的根本。读国学、背国学，通过老师的讲解，理解其中的道理，并学以致用，在生活中践行，通过《功过格》进行反思总结，这便是美加分校"知行合一"的国学教育体系。

一、读国学、背国学

每天清晨 7:00 至 7:25 要求学生大声朗读，并熟练背诵，做到周周有计划,月月有考评,每月政教处对各班的学生进行抽背,抽背的结果与班主任的考核挂钩,下面是萧董亲自指导,精心挑选的诵读篇目,如七年级上册,《弟子规》《大学》《中庸》《千家诗》《千字文》《幼学琼林》等。

二、懂道理、明大意

给学生消化和理解的空间,初中部将国学课纳入课表,萧董率先垂范、以身作则,每周四晚给全体师生上国学课,并亲自组织教师集体备课,修订教材,有针对性地安排教学内容,其中国学讲解课是对诵读的内容进行详细讲解;说文解字课是老师讲解每一个字的意义,学生借助《康熙字典》查询字的构造,了解字的变化,在不断的探索过程中,感受中国汉字的无穷魅力与文化自信,通过深层字义了解,指导做人、做事的道理。

学生每周学习国学的时间:每天诵读25分钟,说文解字课一节,国学讲解课一节,董事长国学讲堂80分钟,国学心得10分钟,《功过格》每天10分钟,周测10分钟,合计6小时。每周辅助身心锻炼的时间:武当武艺每天25分钟,书法练习每天20分钟,书法教学每周一节,音声瑜伽每天10分钟,合计4.5小时。武当武艺是为了学生强身健体,音声瑜伽、书法是让学生达到心静的状态,学生利用零散的小段的时间,吸收着古代先贤的智慧,做到文武合一,并将所学"内化于心,外化于行"。

三、国学践行

子曰："好学近乎知，力行近乎仁，知耻近乎勇。知斯三者，则知所以修身。"美加分校以生活习惯入手，通过洒扫应对进退，养成学生良好的生活习惯和行为习惯，其次，为人格养成打下良好的基础。

《朱子治家格言》开篇讲道，"黎明即起，洒扫庭除，要内外整洁"。朱熹提出："人生八岁，则自王公以下，至于庶人之子弟，皆入小学，而教之以洒扫应对进退之节，礼乐射御书数之文。"早上起床，十分钟整理好自己的床铺、衣柜，按时上课，一切做到井然有序。课桌整理干净整齐，餐后擦餐桌，餐盘归位整齐有序，在家做力所能及的事情，假期做到一日一孝、一日多孝。

中国文化的教育精神在人格养成，学生的是非、善恶、美丑的观念，皆在成长中累积，并逐步形成其人生观、价值观。校园内学生拿起砂纸清洁墙面，争当志愿者。学校开展"交通安全与文明活动"时，走到街头倡导安全通行。在武汉市教育局的帮助下，我校初中部与贫困学校联谊，我们的学生给他们上外语课、手工课，他们的学生教我们做农活，潜移默化中学生的行为悄悄地发生着变化，这种变化带入家庭，并辐射到社会。初二（4）班一位同学讲道：和父母出去旅游，司机不讲规矩，差点撞到我们的车，爸爸很恼火，想与之理论，被我制止了，我引用了老子的一句话，"善者吾善之，不善者吾亦善之"。爸爸听后愣了半晌，方若有所思地点了点头。

学生自发倡导城市文明，"知行合一"国学班面向武汉市发出了"建文明家园做文明市民"的倡议书,《武汉晚报》登载了"2600名中小学生集体起草4000字文明须知"的报道,如何通过学习中国优秀的传统文化,指导生活实践,帮助他们树立正确的价值观、人生观,这是我们思考了很久的问题,在实践中我们采用了《功过格》。

四、《功过格》

围绕"日行一善、日行一恕、三省吾身"三个维度进行自我反思、总结。日行一善要求每天做一件或多件好事,是行动上的而不仅仅是停留在内心。"积善之家必有余庆,积不善之家必有余殃。"教会学生以善心养善行,做善良之人。学生在《功过格》中写道:今天中午回来时,帮其他还没回寝室的同学把衣服晒了,同学们之间应该互帮互助,将心比心,以后有困难,她们也会帮助我的。"躬自厚而薄责于人,则远怨矣。"对待他人的过失能理解、宽恕、原谅,做一个有宽容之心的人。

一位同学在《功过格》写道:"爸爸不小心把我的东西给扔了,我对爸爸说以后扔东西说一声,没有像原来那样大吼大叫,也原谅了爸爸。"老师说:"你能够顾及爸爸的感受了,说话注意了方式、方法,变得成熟懂事了!"妈妈说:"孩子,结果不是最重要的,你应该享受这个过程,好好地努力做自己,我们相信你一定会进步的。"

曾子曰:"为人谋而不忠乎?与朋友交而不信乎?传不习乎?"每天反省自己的行为是否达到预期的目标,是否做到忠、信、习。

运动会上，朱同学发现班上的板凳不够，要求班干部与啦啦队全体起立，把座位留给运动员们，刘同学在《功过格》中反省："我错了，没有把座位让给运动健儿们"。初二有一名男生从小与家里矛盾不断，父亲曾写了八页纸的长信，没想到儿子一眼没看，把信撕掉了，母亲常常以泪洗面，孩子闷闷不乐，作为老师多次设法改善他们的关系，但效果不大，突然有一天他在心得中这样写道："重资财，薄父母，不成人子。这才意识到这是多么严重，以至于不成人子的地步，我现在要改变这种现状，从身边的每一件小事去做，去感受母亲的爱。"于是每次回家会坐在母亲的身边，陪她聊天，用一杯水、一句问候、一句晚安，开始这种改变。

"随风潜入夜，润物细无声。"学生的内心触动了，行为才会随之发生变化。作为老师，我们正在做的便是引导学生，让他们学会静心思索，坦然面对自己的不足，认真反思总结，指导自己的行为，从而达到自我管理的过程。要实现这一目标还需要老师、学生、家长三位一体，形成合力。

首先，老师以身作则写《功过格》，认真批阅学生的《功过格》，在潜移默化的过程中引导学生的行为，赢得家长的支持。家长也配合老师，一起给予孩子正面的引导。老师通过《功过格》可以及时了解到孩子的动态。初二（1）班一位同学在《功过格》中写道："今天下课有一位同学让我给他抄作业，我不同意，他扬言要扣我分，我没有理会，希望他不要这样。"老师是这样批阅的："这个问题很严重，可以和我说说。"《功过格》不仅只有班主任批阅，还有年级组长、政教主任、校长查阅，此外萧董每月与正副班主任座谈，深入了解学生的动态，促进国学教育长效机制的形成。

通过学生自省、老师引导、家长配合，形成了三位一体的家校共建合力，正面引导学生的价值观，从而指导学生行为上的变化，并将这种变化带入家庭。

二〇一六年，初三年级一位同学"以孝为先，献髓救父"的故事，感动了武汉市民。当得知父亲不幸患白血病，只有自己的骨髓与父亲匹配时，他主动要求配型。老师关心地问："你经常请假，考试怎么办？"他平静地回答："这次考不好，还有中考，爸爸等着我救命呢。"去年配型成功，顺利完成手术，然而就在中考的当天，爸爸去世了，老师和母亲瞒着他直到中考结束，可喜的是通过努力，他顺利地考上了许多学生梦寐以求的名校——武汉外国语学校，与此同时他荣获了"湖北省时代楷模"的称号，也是唯一一位获此殊荣的中学生。

初二年级李宇恒的父亲反馈给学校这样一篇文章《孝的教育》："临近春节三天，我才出院回武汉，孩子的母亲因为劳累照顾我而病倒了，于是孩子负责照顾卧床的我。每天早上儿子都会早早给我倒尿壶，然后买回早餐，煮好鸡蛋，热好牛奶，再递给我拐杖，帮我起床。早餐之后又端来洗脸刷牙的水，帮我洗漱，作业间隔，还给我准备水和水果，伤口拆线之后，每天晚上给我打洗脚水，让我泡脚，增加血液循环。"父亲说从学校的国学课中，孩子懂得了"什么是孝""什么是爱"，从"父母唯其疾之忧"中明白要关心父母的健康，从"孝悌谨信"中了解到德与智的关系，美加的国学教育让孩子的孝心和责任心都有了提高。老师说从开学到现在，孩子外向了许多，乐于帮助他人，不怕吃苦，成绩也从119名进步到56名。

二、教育篇

《大学》讲道:"大学之道,在明明德,在亲民,在止于至善。"所有践行都要围绕着"日行一善、日行一恕、三省吾身"这个中心思想,不断地自我反省,从小事做起,从小养成良好习惯。时间长了,自然会形成正确的是非观、荣辱观、价值观、使命感,培养出良好的道德品质。

一位同学在《功过格》中写道:"学习上我们应该互帮互助,相互学习,只有集体优秀了,我们才会更加优秀"。

诚信考场的学生说:"考试时不能抄别人的,也不能让别人抄你的,否则就失去了诚信,虚假的成绩也不会光荣,也许会有一丝内疚。"

"帮同学擦黑板,同学有洁癖希望她能尽量减少洁癖,我们不是娇生惯养的孩子,要吃苦耐劳!"

"升旗仪式上关于'中国人素质与文明'的问题引发了我的思考。我认为素质与文明的培养要从小时候就开始践行,从而提高国人素质。"

从学生的《功过格》中,小的方面反映出他们的孝道、交友、学习,大的方面则涉足积极上进的思想、满腹激情的正能量,体现出他们的荣辱观,热爱集体的意识、主人翁的意识、爱国的意识,这也正是美加分校所倡导的品德教育,通过生活教育与品德教育的培养,使学生"身心健康、健全人格、自立立人、自利利他、爱国爱家"。

习总书记说:"一个国家、一个民族的强盛,总是以文化兴盛为支撑的。没有文明的继承和发展,没有文化的弘扬和繁荣,就没有中国梦的实现。"

激活传统文脉，传承中国文化，践行核心素养，任重而道远，作为教育工作者，责无旁贷。我们要做的就是埋下这一颗颗希望的种子，使之在社会的沃土中生根、发芽、开花！

谢谢大家！

（二〇一七年三月四日南怀瑾先生纪念活动讲稿）

三、生命篇

唯识佛法与因果

遗传学与生老病死

唯识佛法与因果

宗性法师

（中国佛教协会驻会副会长、
中国佛学院常务副院长、成都文殊院方丈）

序言

今天各位到会的同参道友，大家上午吉祥，阿弥陀佛。今天是一个非常值得纪念的日子，是我们大家敬仰的南怀瑾先生诞辰的纪念日。说来很惭愧，我和南老师结缘也有好几年，但是中间自己各种杂事比较多，所以向南老师当面请教的机会不是很多。尽管南老师这一生的悲愿短暂地结束了，可无论是在大学堂，还是在恒南书院，从南老师待过的地方，所开创的这些事业，我觉得南老师的凝聚力非常强。这是什么样的力量？这是文化的力量，也是南老师这种悲愿的力量。今天我们大家在恒南书院，沿着南先生生前所传承的文化精神，沿着南老师关于人类未来走向的一些指引和思考，一起来继续学习和分享。我觉得最需要感念和感怀的，就是南先生一生的功德和教化，它把大家凝聚在一起，来探索我们每个人个人的人生前途和未来，也是整个人类未来的前途和命运。今天在恒南书院，尽管它刚启用，但是我觉得这个地方真是"草木含瑞气，厅堂沐恩光"。我们依然能够感受到南老师的精神和力量,它依然还在这个地方再现,让我们大家一起沿着南先生开创的这些事业和精神,来继续学习和探讨。

今天,我和大家分享的是我个人的一些学习体会,可能和大家平常所关注的方向不太相契,但我觉得对这些题目的关注,对我们真正去理解佛法、理解生命、理解人生,是非常具有积极意义的思考。去年南老师走之前,有一次朱清时校长回成都,我们有过一次面谈,我们两个当时共同的思考就是,佛法既告诉我们世界所有现象不真实的观念,同时它还有"业果不失"的主张,而这两个方面是统一的。一方面它具有不真实、虚幻性,另一方面业果和轮回又和我们的生命和人生交织在一起。只有这样,我们的人生才会有方向和希望,才有积极努力的可能。如果要把业果和轮回的东西建立起来,唯识学在这方面是说得比较透彻的,也关注得多。因此今天我想借这个机会和大家一起分享的就是"唯识佛法与因果"。

因果是宇宙法则

实际上学佛法学到底,修持功夫修到最后,都不出"因果"两个字。我也常跟一些不管是信仰佛教的人还是不信仰佛教的人讲,就是学佛、修行,到最后落到实处,如果"因果"两个字不能够彻底地建立起来或深信起来,那么你修行也好,最后落到实处也好,都会存在一定程度的问题。所以我有时候甚至跟他们讲,一个人的信仰是不是真正彻底地真信,就看因果观念有没有。因果观念真正落实了,真正融入你的心性,你的信仰才不会动摇,你才会真正去落实佛法的很多精神和思想。

  这样讲可能人家就会觉得因果是不是一个很高不可测的观念，实际上不是的。可能普通社会大众对因果的概念往往跟报应联系在一起，特别是我们普通社会大众讲的这种报应又和过去讲的十殿阎王、鬼神联系在一起。很多层面上就会认为因果是不是属于玄学的范畴，是不是一种神秘的范畴。实际上我个人的体会是，因果本身既不属于真正神学的范畴，也不神秘，也不玄奥。我的一个基本看法就是，因果实际上是宇宙的一个根本法则。这个宇宙间的任何事物都处于因果法则的运行之下，它不仅仅跟我们的生命、投胎、轮回联系在一起，我们干任何事情，任何事物的存在都在因果法则的轨道上。

  举个很简单的例子，比如大家早上吃完饭，现在听了一上午课，一般体能都消耗得差不多了，肚子就开始饿了，这是我们当前大部分人的心理状态，那么一会儿，在这个地方，大家分享完了以后就要去餐厅吃饭。饿了吃饭，其实就是一个因，吃下去以后饱了就是个果。世间上任何事物绝对有它的因果规律和法则，比如我们世间，你要生活条件好，那你自己就要努力，你自己努力是因，最后通过努力能够有收获，那个收获就是一个果，这就是因果。

  因果既不属于宗教神学范畴，也不仅仅是一个很玄学的范畴，它实际上是一个世间普遍存在的根本法则，任何事物、任何现象都没有离开因果这样一个基本规律。

  我后面会谈到，很多人老是担心我以后好不好、我将来能不能达到一个什么样，老是去关注结果，而从来没有考虑从因上去怎么种，没有种下因，很多时候不关注这个。

凡夫世界很大程度上就受这个无明烦恼的左右，更多关注另外一个层面的东西。所以大家要有一个基本的认识，因果法则是一个宇宙普遍的规律和法则。

世间因果律

世间有世间的因果规律。既然因果法则是一个一切世间、宇宙间普遍存在的法则，那么我们可以把它从佛教的角度简单地分成两个层面，一个是世间的，一个是出世间的。从世间法的角度来讲，比如花生，它和它上面的花生苗实际上就处在一个因果关系中。我们看起来好像是两层关系，实际上各位要注意，这里应该是三层关系，在花生长出苗之前，还有一个花生的种子，它和现在这个长出来的花生是一对因果关系，当然它是通过苗和藤作为枢纽环节来把这两个东西联系在一起的。这后面有一个隐形的因，就是我们播的那个花生种，它长出苗以后，再结出这样的花生，这就是果。

世间任何一件事物都离不开因果关系。比如这个讲台、这个桌子，它们都处于因果当中，它的因中最基本的就是木材，这是主因；除了木材以外，它还得有工具，还得有工人，这些在佛教里叫缘；有了这些条件以后，这个桌子存在了，桌子也是处于因果规律当中的。世间任何一个事物都是在因果法则下存在的。

出世间因果律

世间法如此，出世间法同样也如此。佛法认为有五乘佛法，当然其中人天乘讲的是世间的，我们大家可能比较熟知的罗汉、菩萨和佛，是出世间的生命状态，它同样也是在因果律的规则下面存在。佛法里面讲出世间，罗汉也好、菩萨也好、佛也好，用我个人的说法，就是一种超越普通规律的生命状态，用更普通的话讲，就是高级的生命状态。世间的还有两种，就是人和天，就是普通的生命状态。这些生命状态不是天然生成的，也不是外部的其他力量把它造就起来的。真正成为罗汉、菩萨或是佛这种超级的生命形态，要有相应的因，这样才能够最后成为这种果。成为罗汉这种超级生命形态的因是什么？按佛法讲要修四谛法，南老师的书里也讲得很多，就是你要修四谛法，修十二因缘，你就能够证得罗汉。你要成为菩萨，除了自身修养以外，你还要度人利他，那就有菩萨道的修法，比如四摄法、六度法。什么叫"六度"？就是六条通往菩萨这种生命状态的大道。这就是因，你懂了这个因，你才能够最后达到这个生命状态。佛，一般通俗讲，叫福慧圆满，佛法的根本修证路线，就是要修福德，修智慧，这两个东西加起来福慧圆满，最后才能够成为佛这种最圆满的生命状态。我们一般刚开始入门学佛法的人，对佛和菩萨的生命境界很羡慕，那个境界多自由、多自在，功德那么大，可以任运自在。特别很多大乘经典，《法华经》也好，《维摩经》也好，也描述他们在宇宙里面飞去飞来的，一念，念头一动，就马上十万八千里过去了，哪还像我们一个飞机飞几个小时还达不到。这都是有障碍的生命形态，而佛也好，菩萨也好，罗汉也好，他们已经到了一种超越一切障碍的生命状态，其中只有佛是超越最彻底的；菩萨相对还没有最彻底；罗汉还更不彻底。但是总的来讲，要成为这种超越的生命状态，就是出世间的东西，你就要种这方面的因,我们常常学佛法的时候,只是想到佛、菩萨、罗汉的生命状态多么好、多么自由,我们应该去追求,可是很少在因上下功夫,去种,很少想怎么去种这个因。

很简单,你在银行没有存款,你还天天去,还想要取钱,这可能吗?等于抢银行差不多,那是犯罪的。你要到银行去取钱,你必须得在银行里存钱,存进去是因,在提款机里提款就是果。学佛法,出世间法也是这样,你要真正达到那种生命形态,但你自己不努力种这个因,那你不可能达到这种结果。出世间法实际上也是靠因果规律来成就的,你成就佛,有成佛的因。密教里头讲得很清楚,比如三主要道,那就是成佛的因:出离心、菩提心、空性见。密教的《大藏经》里头很重要的三句话,其实就是在谈这个,"菩提心为因,大悲为根本,方便为救济"。你从发心里头没种这个因,你就不可能达到这样一个超级的生命状态。

世间所有一切事物和现象都出于因果法则之下,世间这些事物和现象,有这些事物和现象的因果;出世间的这些法,有出世间的因果。

学佛与因果

不仅仅佛法提倡因果,我们中国文化实际上也有因果观念。南老师《易经杂说》里讲过很多。普通的世间的因果观念可能受《周易》的影响比较大。"积善之家必有余庆,积不善之家必有余殃",就是因果。你种了善因,有余庆,这个就是果;你种了不善之因,这个不善就是恶的,那你有余殃,这就是造出恶的果报。这是《周易》中的一个观念，对我们中国人影响很大，普通的大众心里有根深蒂固的因果观念。

普通因果观念——自作他受和他作自受

中国社会普通的因果观念，最后可以得出的结论：第一，自作他受。中国人在这个观念下面就发现，你要积点德，积德干吗？你要给子孙积点德，你是父亲，上辈，你干了好事，子孙后代都可以感受到你这种功德的庇佑和护佑。这种观念实际上对社会的伦理秩序和道德规范有很大的说明。第二，他作自受。他作，别人干的，你也可能会分一杯羹，你也可能会感受到。

佛法的因果观念

佛法的因果观念和普通的不一样。那么佛法的因果观念是什么？就是普通老百姓讲的"种瓜得瓜，种豆得豆"，这才是佛法的真正的因果观念。一般人认为佛法讲因果是不是太玄、太神秘，其实很简单，一点都不神秘，一般老百姓谁都懂得这两句话，"种瓜得瓜，种豆得豆"，这就是佛教的因果观念。在普通社会大众，它就通过这两句话，深入民间、深入民心。有了这两句话以后，所有人心理上、行为上就有敬畏。在乡下那些普通老太太，没上过学，但是她有这个观念，她教育子女都是"不要干坏事，干了坏事可有报应的，你看那个戏上都演了"。最后她顶多能说两句："种瓜得瓜，种豆得豆。"这个观念对我们人生社会产生的实际积极意义非常之大。

佛法的因果观念就是"种瓜得瓜，种豆得豆"，由此产生的结论是"自作自受"。不可能你干了好事，别人还可以在你那儿得到一点好处；或者你干了好事，别人还可以从你那儿得到一点儿关联，这是从普通规律讲，不能够深究。从深究来讲，"自作可以他受，他作可以自受"，估计在某种特定的情况下也是可以的。如果你把这个打破了，我们中国人可难受了，就不积阴德了，那可不行。从普通意义上来讲佛法的原则是自作自受，但是估计也有例外的时候，比如修行力量大的时候。我后面会谈到，如果它一点都没有改变，没有例外的话，那我们这个生命就没法改变了。有些时候生命的状态是可以改变的，那就是有特例的。普通的因果观念，"积善之家必有余庆，积不善之家必有余殃"，它的结论就是"自作他受，他作自受"；而佛法讲，"种豆得豆，种瓜得瓜"，就是只能"自作自受"，这些是从普通意义上讲的一个规律。但是不能够绝对化，它在某种层面上也会有特殊情况存在，不过不是我们今天展开讨论的范畴，我只是想借此说明，因果观的落实是我们修行、学佛法中最重要的环节。为什么重要？接下去会讲到。

二者的差异

下面转入第二个层面的讨论，正因为世间普通因果有"自作他受、他作自受"的观念，佛法有"自作自受"的观念，那么一比较，这其中就存在差异了，这个差异表现在我们具体的修行过程当中，就是很多学佛法的人都知道的，"菩萨畏因、凡夫畏果"，我把它倒过来，"凡夫畏果、菩萨畏因"。

一般人在修行过程中总是关注结果多，南老师的书里经常讲，有很多这样的人。我天天在庙里也碰到很多问题，那些念佛的也好、修禅的也好，统统跑过来问："师父啊，你看我什么时候能够成呢?"我说:"哟,我不知道。"他说:"你都不知道,还当什么方丈呢?"我说:"哪本经书上规定当方丈就一定知道你什么时候能够成呢?"我老被这些问题纠缠多了,也变聪明了,他跑来一问:"师父,你看我什么时候能够成?"我说:"很简单,你背块石头跳到河里马上就成(沉)!"这就是典型的光关注结果,从来没注意心性上的因有没有种下。所以,我后来突然明白,《六祖坛经》里头有几句话"有情来下种,因地果还生,无情既无种,无性亦无生",跟这个东西就有关联。

可是菩萨不一样,菩萨不管最后成不成,他只管每天发心。南老师一生,我看他就是很典型的榜样,他一生在乎后面那些结果怎么样吗?他好像都没在乎过,但是他一天都没懈怠过,到他生命最后都在努力,都没放弃,都在为大家做事情。他就是在种因,管你结果有没有,他只要把这个因注意了,那个结果是自然的。可是我们老去管结果,不注意心性上的因,竹篮打水一场空,最后不会有结果的。

实际上要把这个理论用在我们现实生活当中。有时候我在机场走,看摆书摊的地方放光盘、卖书,最多的就是关于企业管理的,那些东西很畅销。有一次,看到那个人在上面说,细节决定成败,过程比结果重要,这不是佛法里早就说了的嘛,"菩萨畏因,凡夫畏果",注意那个因就是细节,就是过程,佛教几千年前就讲了,你今天才说,还"我跟你们讲一个最高明的管理哲学",哪里是你发明的,你是偷来的,是不是?这是佛的智慧,几千年前佛法早就告诉你了。

第一个部分主要讲"学佛与因果"。我们要懂得在学佛的过程当中，世间怎么看因果，佛法怎么看因果，他们的差异在哪里。我们在普通的修行过程当中，应该怎么注意，我们要在"因"上去努力，而不要把所有的关注都停留在"果"上，那没有太多的实质性意义。

因果与三世

第二部分主要讲因果要和我们人生和生命发生关系，我是一步一步地缩小来讲。一开始讲因果是宇宙大法则，宇宙有生命的、无生命的现象很多，而到了第二部分，我就要讲佛法通过三世两重因果，把因果同我们的个人、同生命、同人生联系在一起，我们就必须对自己负责任了。如果我们自身不能够明白地认识因果，你在你的言行、举止、起心动念里头不能去觉照，不能很好地警惕，你的因一种错了，那你生命的长河就全盘皆输。就像世间下棋一样，你只要一步棋走错，就步步维艰，因果其实最后就是透出这么一个思维来的。

佛法讲，因果和人生发生关系，跟生命发生关系，就是透过三世两重因果。这是我们普通都知道的，三世就是过去世、现在世、未来世，过去为现在的因，现在是过去的果，这是一重因果；现在又是未来的因，未来是现在的果，这又是一重因果；这些连起来就叫"三世两重因果"（图1）。我估计下午林教授谈得会更深刻，我们人的生命，就是在过去和未来之间，现在我们叫遗传学，叫基因。刚才那位道友问朱校长："你说物质和精神可以分开，精神可以跑到这个以外，它最后又来了，来了它怎么指挥这些玩意儿的？"

佛法对此有彻底的描述,《瑜伽师地论》,特别是前面两卷,在"意地"里讲,一个人的精神怎么投胎的。我原来也有过一篇文章,就是谈怎么投胎的问题。我们普通的生理学观念认为,一个精细胞和一个卵细胞结合在一起,就有生命了。可是这里问题太多,你们请教林教授,这不是我讲的范畴,我也不敢讲,怕讲错了。佛法认为在精细胞和卵细胞之外,还有中阴身,投胎。阿赖耶识怎么样最后跟精细胞、卵细胞结合,结合了以后怎么样七天一个变化,甚至什么时候开始有眼睛,什么时候有耳朵,什么时候开始有心脏,佛经里头都有描述,刚才那位道友问它怎么指挥的,你看,它就那么一步一步指挥你,指挥到你死,指挥到你生,指挥到你老,最后还指挥到你下一世再来。

因果与三世

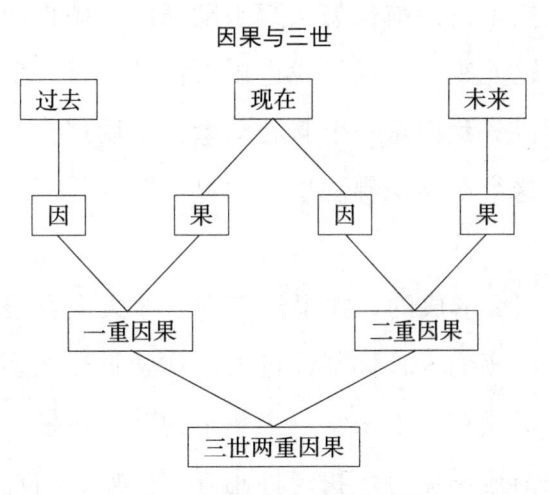

```
    过去              现在              未来
     │                │  │              │
     │                │  │              │
    [因]    [果]    [因]    [果]
       \   /             \   /
      一重因果          二重因果
           \               /
            \             /
           三世两重因果
```

图1　因果贯穿生命的全过程

三世因果把人世串起来,而能够把三世因果扩充开来,讲得最彻底的就是"十二因缘",无明缘行,行缘识,识缘名色,名色缘六入,六入缘触。名色和六入之间,就是你前生和这一生生命的连接交汇处，今天我们没有办法展开来讲。前世和后世，过去世和现在世，现在世和未来世中间，真正能够连接，把它们串联起来的，就是刚才所讲的那个阿赖耶识。我们讲唯识，讲八识，实际上在《瑜伽师地论》里，它第一地讲五识身相应地，谈前五识，即眼耳鼻舌身，这些是我们容易感受到的。第二部分讲意地，其实"意地"中就包括了唯识学讲的六识、七识、八识，都包含在其中。我们的生命，三世两重因果之间，能够连接它们的枢纽就是阿赖耶识，那阿赖耶识是个什么状态？我觉得很难用现在的科学给它下一个定论，说它相当于什么、像什么，很难的，所以一般在讲的过程当中，我只能说"阿赖耶识"是信息的仓库、能量的总和，只能这么给它一个比方。你前世的生命，你前世过程中所有的起心动念，当然，一般人搞不清楚前世怎么起心动念的，搞得清楚的人，我估计都不会坐到这儿来了，反正我也搞不清楚，但今生你是可以搞明白的啊。我常讲，我们每一个起心动念，最后都会有一个信息或能量留存下来，这个在唯识佛法里叫"习气"，叫"种子"，我下面还会谈到它。

具体它是怎么形成的，如果没有它，今天人类很多事情就成问题。比如今天在座的人，你都读过书，你学过那么多东西，最后这些东西以什么形式存在下来？一个一个的字，点横竖撇捺，都在你脑子里吗？恐怕还不见得。我老打比方，比如我们现在这个叫什么玩意，这个叫一朵小花儿吧，这个小的东西，我们现在在场的每一位，要问这是什么，你们都知道。可是刚生下来的小孩，或者刚开始学说话的小孩，你问他这是什么，他说不出来。我们每个人其实都有这个经验的，你回忆回忆小时候，还在地上爬的时候，大人就拿着这个东西问:"小朋友,这是什么东西?"你眼睛愣愣的:"这什么玩意儿?不清楚。"大人就开始和你讲:"这是矿泉水。"你脑子里就"哦,矿泉水"。有些人就像刚才朱校长讲的,他脑子里头是半导体,聪明一点的,一会儿就记住了,等会儿大人问:"小朋友过来,这是什么?""矿矿矿泉水。"一下就知道了。可是有些小孩你就是和他讲十回,他眼睛还是愣着的,大人就开始发火了:"你看你这么笨!"老实讲,他本来就那么笨,你发什么火,耐心点教就行了嘛,他没熏进去啊,是不是?所以从小你还不知道它是矿泉水的时候,大人告诉你,这手里拿的这个玩意儿,我现在没法跟你讲这是什么东西,它只能是个玩意儿,这个矿泉水,这个名称概念是后来给它加上去的,是你后天给它取的名称概念。你要知道小孩没有那个意识的时候,实际上他看到我手里的东西,跟你现在成年人看到手里这个东西是两回事情的。为什么《摄大乘论》告诉你要"名前觉无",什么意思?就是你要真正觉悟到,这些事物没起名之前的状态,没有语言、没有文字、没有概念以前的状态是什么。到了禅宗时说,要让你参本来面目,就这个玩意儿。有了名称和概念就坏事情了,有了这些东西,它就产生另外的东西了。可是注意,我刚才讲他开始不知道这个是矿泉水,你告诉他拿的东西是矿泉水,"矿泉水"这个名称和这个具体的事物就在那个小孩的阿赖耶识里,这么一个形状和这么一个概念就熏在一起,就熏在阿赖耶识里成为一个信号。下一次,他再看到这个具体东西的时候,他那个观念马上就有了:"哦,那个就是矿泉水嘛。"应该是这么一个过程。如果没有一个东西来保存信息和信号的话,我们就永远不可能学会东西。为什么?如果你看一个东西,就像猴子掰玉米一样,掰一个丢一个，那就不可能有思想家，也不可能有文学家、科学家，都不会有。为什么？你学了东西没法储存，从这个意义上讲，我们每一个起心动念，就像刚才说那个小孩从小学认矿泉水一样的道理，你都会有一些信息或能量保存在那个地方。有些时候我会从内心深处来理解这些东西。各位有没有这样的经验，比如有一样东西，你从来没见过，可有天突然看到它，觉得那个东西我挺喜欢的。这个概念只要在那个地方了，下一回你再看到它的时候，那个念头马上又会起来，哎呀，那个东西我好喜欢的，它怎么还在那个地方，这个念头实际上就是你最早看到，喜欢它的那个念头存下来的信号，重新又再发生作用起来的。

我们生活当中的每一个细节，每一个起心动念，都会有这样一个信息或能量储存在阿赖耶识里，阿赖耶识储存的这些种子就是"因"，我们现在的所有的生活当中的际遇，就是过去世阿赖耶识储存的你所有的言行举止的信息和能量，在现在所产生的"果"，这是一重因果。反过来，现在我们的一举一动，又会成为未来的"因"，阿赖耶识会把它集中起来，所以我只能讲阿赖耶识就是一个信息库，就是一个能量库，它就负责把所有的东西收集在一起，来贯穿我们整个生命过程。

有了这个观念以后，就明白佛法为什么讲"活在当下"，我有句话，"你老是回忆过去，可它已经成为历史了，哪怕它都是不好的，你要改变也从现在啊。"我挺不赞成那些一天到晚纠结过去，"哎呀，我曾经不行……"我们修行很大程度上被这个观念纠缠。有些人跑到庙里来说："师父，你教我怎么修行。"我说："你好好修行吧。"他说："哎哟，我恐怕不行。"我说："法讲人人都可以成佛，人人都可以成祖师。"他说："那恐怕都不是我干的事情。"我说："为什么？"他说："你看我这一生笨，我前面那一生肯定没干好事，所以这一生是没希望的了。"遇到这种人，我常常就骂他："你没出息，即使过去干了坏事情，你要想把它扭转，就像那个买股票要翻盘嘛，你也从今天开始嘛。"你老是去纠缠过去："哎呀，我过去业障深重啊！"你看三祖见二祖："我有罪！""你拿来给我忏悔一下，你拿来嘛，我给你忏。"三祖说："想了半天，我找不到！""找不到就忏悔完了，没了！"我跟各位讲，这是学不得的。他说找不到就没有了；你说找不到，你那个还在的。这就是刚才朱校长讲的不可复制性，佛法里东西是不可复制的，他那样可以，你这样不可以的。

佛法讲你老是纠缠过去不行，可是你老是憧憬未来也不行。今天有些学佛的人说："我这生没学佛，我将来认点真，努点力。"今天都搞不好你还说将来？指不定你明天在哪儿，你还搞不清楚呢。祖师为什么跟你讲："今朝脱下鞋和袜，不知明朝穿不穿？"别总寄希望于未来，未来是个泡，未来是个梦，只有今天当下这一念，你是抓得住的，我后面要讲的唯识的"因果同时"思想，就是让你怎么抓住当下一念的。

佛法的因果观念，是贯穿于整个生命始终的，因果是贯穿生命的全过程的，也就是把三世两重因果换了个说法。要说三世两重因果，过去现在未来，不大容易理解，所以我就把它换成今天的话，就是"因果是贯穿生命的全过程的"，这就是三世因果的一个基本观念。

唯识佛法因果思想的基础

我今天最主要要讲的就是"唯识佛法因果思想的基础",第三和第四部分都是今天的重点。唯识佛法因果思想的基础就是我刚才讲的阿赖耶识,它是信息能量的总和,相当于仓库一样,它要保存这些信息和能量,这些信息和能量在唯识佛法里有一个特别的术语,叫"种子"。这是唯识佛法的特点,就是你播种的种子,当然我把它翻译成今天的话,就是信息和能量。有些人也曾经和我讨论,问"种子"是物质的还是精神的。刚才那个道友要问我的话,我的回答和朱校长一样,这个还有待研究。估计我说它是物质的,那你说拿来我看,你把脑袋打开看看,我种子在哪,找一下,有芝麻那么大吗?

我曾经听到一个修行人讲,他说他发现第七识了,像密密麻麻的芝麻一样。我一听,哎呀,不知道是真是假,只能打个问号。但是你说它完全是精神的吗?估计也只能叫它信息和能量。

按照佛法讲,八个识分成两类,一个是第八识,一个是前七识。前七识跟第八阿赖耶识互相作用,前七识提供信息和能量,第八识保存信息和能量,第八识里装了很多信息和能量,它们两个之间很微妙。很多人在这个过程当中常问我:"师父,你说佛法讲因果平不平等?""因果是最平等的,对谁都是一样的。我说这个因果比法庭还公正。"他说:"可是不是。"我说:"为什么?"他说:"你看那家伙干坏事,可是天天吃得好;可是你看那干好事的人,还没吃的。"他说:"这个还平等啊?"后来我就跟他讲,因果你不能光看当下,刚才我们不是讲了嘛,因果是贯穿生命的全过程,贯通过去现在未来的，所以你就不能光看现在这一段。另一方面，在做事情的过程当中还要看你用心的程度，如果你用心的程度不够，信息和能量储存的力量就弱。简单的例子，你认真的时候干事情，那个储存进去的信息和能量就强，就像手机一样，在服务区，它就快，它就打得通；可是有些时候，我不知道各位有没有那种"半打盹儿"的状态，迷迷糊糊的，你也在想事，可是想了事，人家问：你在想什么？忘了！为什么？信号弱，不在服务区，它就装不进去。信息和能量能不能在阿赖耶识里存在是有条件的。

所熏四义

第一个条件是所熏四义。首先不管那些乱七八糟的名词，我跟你一讲你就明白。我们现行的言行举止、起心动念能不能够形成信息和能量，装在阿赖耶识？首先难下结论，很难用今天的这一套东西来对应。所以，我对阿赖耶识是有条件的，这个是对所熏的要求。前七识和第八识的关系，相对来讲第八识是"所"，因为它是保存的地方，前七识是"能"，能够为第八识提供信息和能量。换成我们现实生活，言行举止是"能"，它能够提供信息和能量；阿赖耶识能替你保存，是"所"，处所。但是它能不能够保存，对它来讲是有条件的。有哪几个条件？有四个条件。

第一个，坚住性。就是阿赖耶识本身处于工作状态，不像我们刚才讲的那种打瞌睡的状态，混混沌沌的状态。那个打瞌睡的状态，你想的事情，人家把你惊醒以后一问："你在想什么？""好像是这样吧，或许是那样吧？"你不能有确定的思维。所以，对阿赖耶识的第一个要求就是它处于工作状态，坚住地，力量是强的。其实就是我刚才说的那个打手机，它在服务区，不在非服务区。

第二个，无记性。这一点是最重要的，为什么？所谓无记性就是没有善恶色彩，如果阿赖耶识作为保存信息能量的有善恶色彩就麻烦了。只装好的，那些坏的别来，那你可高兴了，巴不得把好的装进去，坏的一个也不要装，我干尽坏事，一件好事也不干，人都有这种期望，但是不行的！阿赖耶识是无记的，它没有善恶色彩，你要是起的好心，拿进来的就是好信息，你一起坏心，拿进来的就是坏的，统统都给你保管，它可不徇私舞弊。还要给你讲点人情？"谢谢你，好的你给我存下，坏的你可别给我存下。"阿赖耶识可不干这种事情。它为什么不干这种事情，它本身的属性是无记的，没有善恶色彩，它必须是这样子，才能够充当这个储存信息能量的仓库。如果它有倾向性，它就扮演不了这个角色了。

第三个，可熏性。就像仓库一样，它还没装满。它要装满了也不用装了。为什么大学之道最后要至善？到了至善的阶段它没有善恶对立了，不是说不分善恶是非观念，而是在它那里没有善和恶这种对立面了，它是圆满的、至善的。所以佛教常讲的四句话——"诸恶莫作，众善奉行"，这是相对的；"自净其意，是诸佛教"，那就超越善恶了。可是在最先的时候，没有超越的时候，善还是善，恶还是恶，这两个是对立的，阿赖耶识还没有彻底地装满，还可以再装，它必须是这个状态才能装的。

第四个，与能熏共和合性。阿赖耶识要在工作状态，同时你现在起心动念也要在工作状态，这两个东西要配合。举个最简单的例子，你穿这个衣服，有一天洗完了，挂在衣柜里头，为了防止衣服生虫，你就在那个衣服里放一包熏衣草。如果衣服上要有那个香味儿，就必须将熏的香和衣服放在同一个空间。不能衣服挂到讲台上，熏衣服的香放到恒南书院外面河里，那你熏一万年它也熏不上啊，它两个不在一个平台上。这就是很简单的信号不对应，就像发射台一样，那儿发信号，可是电视台的频道没对准，收不到信号。所以必须是这两个处在同一个工作状态才可以保存的。

这是第一个条件，对阿赖耶识的要求。

能熏四义

第二个条件是能熏四义。能熏就是我们现行的言行举止，就是前七识。它也要有四个特点，才能够真正地把信息和能量输进去。

第一个有生灭。这是有为法，就是我们的言行举止是生灭的，很简单，我一说你就明白。你的念头是不是一天到晚都只一个念头？一天到晚不知道你的念头变了多少！要按佛法讲，一刹那都有多少个念头，它是生灭变化的。

第二个有胜用。就是刚才讲的言行举止的力量要大。比如有些时候你打个小妄想是熏不进去的，成不了信息和能量的。比如你去坐公交车，那公交车在路上开，你突然看到窗户前一棵树，哎，这个树，也没什么感觉，就像白开水一样的。那种东西在阿赖耶识里的信息和能量就不强。必须是动了念头，比如那棵树特别值钱，罗汉松，五百年，要值几十万元。你一看，这棵树可好，哎呀，我家就缺这么一棵，怎么样弄到我那个房子，你一路都在想，想得你走到办公室都还要三回头，一步一回头，这种力量就大，睡觉都还在想，那个念头都还会冒出来。这就叫有胜用，就是信力特别强，才能够成为信息和能量。

第三个，有增减。就是它要有变化。

第四个，与所熏共和合性。这个原理和刚才那个一样的，就是它要跟阿赖耶识处在对应的状态。

各自具备这四个条件之后，才能够真正地成为种子，才能成为"因"，你看这个因果多微细啊，不是简单的一起心动念，因和果很复杂的。起心动念是什么样的因，最后是什么样的果，里面有很多变量的。

种子六义

有了能熏和所熏，这些条件都具备，是不是就能够真正成为因？还要有条件的。那条件是什么？就是"种子六义"。我举个简单的例子你就懂。比如刚才说的那个花生，我们每年到季节要去种花生，可是在仓库的花生不算种子，唯识佛法的严格就在这个地方。为什么？虽然严格意义上讲仓库里装的就是花生种，它怎么不是种子呢？不见得。为什么？虽然有了花生在仓库里，它理论上是种子了，理论上仓库里头的种子是花生种，播到地里头是可以发芽的，但它只是有可能性，万一你播下去以后，天干，现在不是新闻联播天天报道说哪儿又没水了吗，你那花生再好，播下去，天干没水，隔不了几天烤焦了，它就发不出芽来，这样它就还不能算种子。那真正的种子是什么？要播下去，在地里和土壤、和水分、和阳光结合在一起，要发芽的那一刹那，才能算真正的种子。要发芽的那一刹那，就是我后面要谈到的，因果同时的观念。有些人问因果不是过去现在未来三世的吗？它怎么又是同时的呢？这个里面很微妙。种子要具备六个条件才能叫"种子"。

第一个，刹那灭。就是信息和能量保存在阿赖耶识以后，阿赖耶识在变化，种子也会跟着它变化。就像旅行背个包一样，阿赖耶识等于那个背包客，种子等于背包客身上背的包，他走到哪儿包背到哪儿，他没有停止过。所以别抱侥幸心理，你说我干了坏事，说不定哪天给我抵消了？不会的。阿赖耶识虽然在刹那变化、生灭，但是种子是一直在跟随它，和它相伴的。

第二个，果俱有。就是我们今天下一步要重要谈的，因果同时的思想。因和果是同时的，就叫果俱有。那么这是什么状态呢？就像刚才图片里花生和苗，就那个状态，有点像刚才朱校长说的那个不确定状态。两种交织在一起，没有明显切割开的，下面我会具体谈到。唯识佛法讲因和果是同时的，其实大家应该有个观念，比如，你种一粒花生下去，不要待它长到很高的苗，只要它发了芽以后，你把土刨开，就那个状态，就是那个花生，你看还有两个瓣儿，还有花生的皮儿都还在上头，可是苗已经出来了，两个在那个状态下就叫果俱有。

第三个，恒随转。就是你多生、多世，生生世世，那些熏的信息和能量，它一直都会伴随阿赖耶识，直到它条件成熟产生现象以后才会消失，不然它不会消失的。

第四个，性决定。普通观念"善有善报，恶有恶报"，这个话有问题的。你一听，哦完了，这个还不对那怎么办呢？善因不得善报，恶因不得恶报。这不是跟佛法相违背的吗？不违背。佛法讲，因有善恶，果是无记的。你种的因有善和恶，有善的种，有恶的种，可果报是无记的。你这个身体就是果报，就是原来种的因，这一生感的这个果报。请问：有善身体和恶身体吗？没有的。但是恶因感苦果，善因感乐果，不是善因感善果，恶因感恶果，性决定就是指这个。果报没有善恶色彩，但是你有痛苦和不痛苦的感受，就像这个杯子一样，它本身没有善和恶，就看你怎么用。你要拿去打人，你说你这个家伙太坏，老子气死了，我一杯子砸下去！它就成了干坏事的帮凶。可是你说我口渴了，我要喝水，这个杯子就是帮你的。它本身没有善恶色彩，它是无记性的果，只是它有快乐和不快乐的感受和果报。

第五个，待众缘。这些信息和能量储存在阿赖耶识里，它要根据条件成熟了，才会遭受果报的。就像播种一样，你不可能今天早上播下去，晚上就去把土挖开，哪能有收成？不可能的。所以春天播种，《千字文》写的嘛，"秋收冬藏"是不是？春天种下去秋天才能收成嘛。如果春天播下去你马上就去挖，不会有收获的。为什么？各种条件来支撑它，它才能够成熟。

第六个，引自果。果报不会紊乱，你种的善因，最后感的乐果，这两个是匹配的。不可能种小的因，将来感大的果，也不可能种大的因，感小的果，因与果之间是对称的。

要把信息和能量真正地储存好，里面有很复杂的程序和过程。但简单来说，其实就是一念，比如你现在脑子里头有一个善念："哎呀，那个人挺可怜的，我要帮他。"这善念就成了一个信息和能量，储存在你的阿赖耶识里了。可是我们要是按照唯识的理论一分析，这个过程很复杂。这还不算复杂的，复杂的还在后头。

唯识佛法的因果同时思想

前面我讲的是基础，就是因为有阿赖耶识，有信息和能量，因果才能够建立起来。唯识佛法的特点就是讲因果是同时的。我这样讲是有根据的，我还特别把这些根据都找出来了，在唯识很重要的典籍《摄大乘论》里"复次阿赖耶识与彼杂染诸法"，这些概念你不懂都没关系，"杂染诸法"就相当于"前七转识"，就相当于我们现实的言行举止。"同时更互为因，云何可见？譬如明灯，焰炷生烧同时更互，又如芦束互相依持同时不倒。应观此中更互为因，道理亦尔。"（《大正藏》卷31，134页下，玄奘译本）

这张图（图2），我特别让我身边的人选了这张灯的图片，其实找个更大的、烧大火的就更能说明问题，这个太小，我估计后排的人不一定能够看见。这个是灯芯，中间这个是火苗，叫火焰，燃的这个叫火焰，火焰之所以能够燃，是下面有个灯芯，可是灯芯为什么能够燃烧，就是灯芯上有油。这个有油的灯芯就等于是"因"，它成了火苗就是果。它们这几个之间的关系，灯、灯芯、灯柱，它一烧，只要一点着，就成为火焰，火焰就是果，灯柱就是因，可是

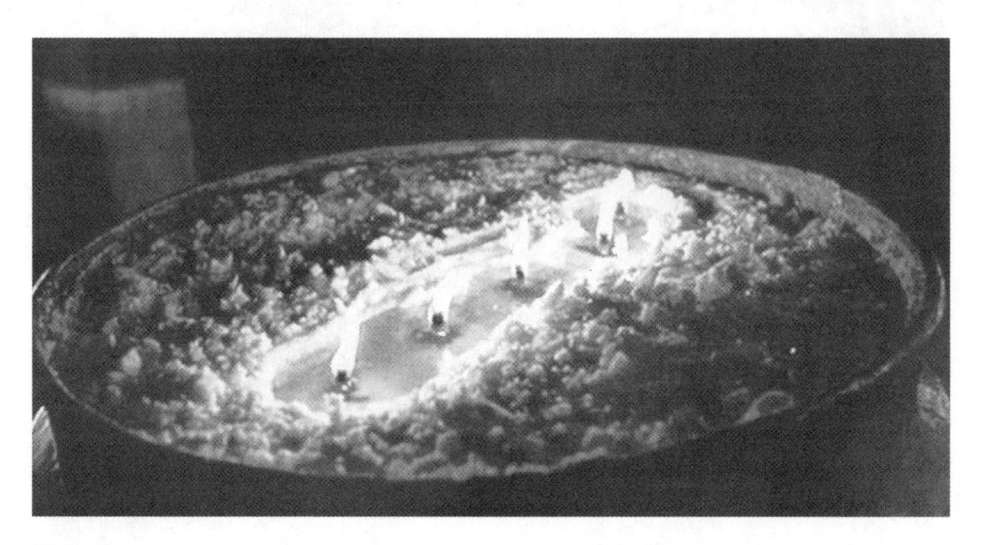

图2

火焰反过来它又会燃烧灯柱，反过来火焰又成了因，灯柱呢，燃烧一节少一节，它又成了果。所以《摄大乘论》说它们之间是互相的，是依持不倒的。你再看它那个状态，就是灯柱的燃烧和火焰是同时存在的，这就是唯识讲的因果同时思想。不可能灯柱燃了一会儿，火焰才冒出来，它不是这样子的。

《成唯识论》里头也有这个说法。"能熏识等从种生时，即能为因复熏成种，三法辗转，因果同时。如炷生焰，焰生焦炷，亦如芦束，更互相依，因果俱时，理不倾动。"（《大正藏》卷31，10页上，玄奘译本）

我就不具体说了，看这个图片（图3），芦苇荡的芦苇，实际上经上这个地方讲的是什么？看到没有，这两个字——"芦束"。这儿可能有些当过知青的，在乡下劳动过的都有经验，过去收稻子的时

图3

候，谷子给打弄完以后，要把稻草绑起来，我没法和各位描述，你有劳动经验就知道了。你把稻草全部一捆，一绑，稻草就立起来了嘛。这个能够立起来的稻草，是互相支撑的，你可以慢慢去体会，我不能展开来说。总的来讲，它就是要告诉我们一个基本的观念：唯识佛法主张因果是同时的。

下面我要具体跟各位谈，这个图你们一定要记住，外面没有，是首家独创，这个不是自吹自擂，不然我看你们要打瞌睡了。我就把刚才的理论，用这个图来表示（图4）。

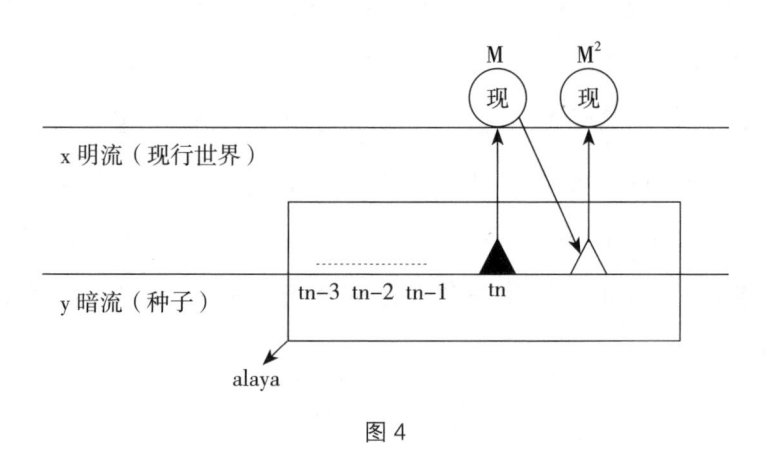

图4中，上面标有 M 和 M^2 两个"现"圆圈，下方横线标注 "x 明流（现行世界）"，矩形框内从左到右标有 t_{n-3} t_{n-2} t_{n-1} t_n，下方横线标注 "y 暗流（种子）"，矩形框引出箭头指向 "alaya"。

图 4

你看到这里有两条线，上面一条线，下面一条线，用唯识佛法讲，这个长方形的框框，我写了"alaya"，其实这个"a"字上面还有一个横杠，表示长音，是梵文，代表阿赖耶识，这个长方形的框框代表阿赖耶识。阿赖耶识中间我插了一根杠，我把它标为"y"，叫"暗流"，也就是我们讲的"种子"，也就是我刚才一直强调的信息和能量。上面这根杠，我给它起了个名字叫"x"，明流，就是现实世间，就是我们现在看到的一切现象和事物，都在这根线头上。

下面这根就代表阿赖耶识里头的种子。当然大家如果有点哲学基础，也千万别用本体和现象来套，虽然有点那个味道，但不完全是对等的。这个地方表明因果同时，你要注意这个关系，这个地方我把它画成一个实体的三角形，用今天物理学的概念，我给它起了一个名，这一刹那，是个时间概念，叫"t_n"，就当下这一刹那，按照唯识佛法讲，只有这一刹那的种子，才能够真正地成为"因"，由它生起现行，就是这个现实世间，我用物理学的办法把它标了一个名词叫"M"，就是物体、物质。我们刚才讲那个灯柱火焰生烧相互为因，你看，这一刹那的种子生成这个现行，现行同时又要干什么？还要熏回种子，就等于刚才那个灯柱，烧成了火焰，火焰反过来又要燃烧灯柱。按照唯识佛法讲，只有在这一刹那，它产生现实世间的这一刹那，这一个种子才能叫种子。这个前面我打了无数个点点，$t_{n-1}/t_{n-2}/t_{n-3}$，我只是表示，就是在这一刹那的前一刹那，再前一刹那，再前一刹那这些所有的状态，它们都不能够叫作"种子"。

  为什么？因为这个时候它们并没有生起现行，没有为现行就是现象界提供支撑。只有在这一刹那，提供现象界的支撑的这一刹那，这个东西才能叫作"种子"。实际上经典中还有一个比方，叫作"如秤两头，低昂时等"，你们称过秤没有？就像称秤一样，这头是一个秤砣，这头挂的是一个物品，你只要把物品放上去，秤砣这一头马上翘起来；你只要把物品这一头拿掉，这个秤砣马上就跌下来。所以"如秤两头，低昂时等"是同时的，不是把物品放到秤盘里头，秤砣隔一会儿才起来，它是一刹那之间完成的。种子和现行之间，就是我们讲的因和果之间也是如此的。

我们后面要谈到的，你怎么能够改变你的因果，就跟这个有关系。为什么能改变呢？只要在它们发生作用之前，如果你今天用功修行的力量，能够超过原来你种的，原来的信息和能量的力量的话，它是完全有可能改变的。这就是修行过程当中你容易把握得住的。那么这里面有个问题，实际上我原来有篇文章，你别看就这么一点，我原来有个差不多将近两万字的文章，就讨论因果同时思想，中间还有很多问答。这一个现行，生起这个现象以后，它肯定马上熏成种子的，可是熏成的这个种子，它能不能马上再生起现行，不一定的，这又要看条件，它生起什么样的种子也要看条件。我们这个生命，你修行的过程就是一个不停地改变因果的过程，你只要能改变它，你生命的未来就有希望。当然这个图是十几年前我跟着韩镜清先生在民族大学学习的时候，我们一起创造的，到现在我也还用它，因为我觉得用它能说明信息能量和现行世间的关系。

我们所有的起心动念都处在这样一个交替的过程当中，都处在这三个环节中。种子、信息能量到现行世间，现行世间到信息能量，到这个环节中，它就不可能马上再起来。它有可能马上起来，也有可能不是马上起来，这都有可能性。所以禅宗里修行讲"觉照"，功夫在哪里？我常讲就在这三个转换的环节之间，就是你原来保存在阿赖耶识里的信息和能量，你是改变不了的，它已经成为一个事实，可是它产生作用的时候，对这个作用的感受你是可以改变的；同时让它再重新形成信息能量回去的时候，你是可以掌控的。所以禅宗的"觉照"，就在这一念，在种子起现行的过程当中，你如果能够"觉照"，马上回去的这个信息和能量就改变了，从此你的生命之流就改变方向。所以我常讲生命的这条河，这条长流你要改变，不亚于当年三峡截流，我当时写这篇文章，正是长江三峡截流的时候，报纸上天天赞扬"那个好伟大，全世界从来没有过，你看把河流都给它截了"。我说你能够把你生命的那条大河截流了，这才是真本事。生命的这条大流怎么截得下去？就在它生起，产生现实的过程当中，你能够觉照这一念。

举个简单的例子，我们过去都有无明烦恼，无明，就是没有智慧，你认为世间上的东西都是真实的，你把这样一个信息和能量存在脑子，它就成了种子。所以当这个种子，这个信息能量，再回馈到这些现象和事件上的时候，哎呀，这个东西多么真实。这种真实的感觉再用信息能量保存回去的时候，它还是真实的感觉，所以你永远都不觉悟。但是如果在这个信息能量重新生起现行的时候，就是产生现实世界的时候，你突然一念觉照，这些东西都是不真实的，都是靠不住的，这一念一改变，它再重新以信息能量回去的时候，就跟原来不一样了，它就改变了。为什么过去祖师修行，包里头放两袋豆子，白的一袋，黑的一袋，善念起了一个，我就把白豆子拿一个，恶念起了，我就把黑豆子拿一个，为什么？其实就是一个觉照的功夫，他就在现行的当下改变，这样重新形成的信息和能量的性质才会改变，这个生命才会有希望。

因果同时与自我修持

今天来之前，有人说："你要讲唯识，那可难懂了。"我说："我只讲一个小问题。"实际上就是讲一个小问题：唯识中的因果同时思想。因果同时思想不仅是理论，它跟我们自我修持也是联系在一起的。怎么联系？第一个，为什么禅宗参禅中要注意当下一念的修持功夫，实际上不仅禅宗，所有佛法的修持法门都是如此，包括念佛也是这样。有的知识文化人还瞧不起念佛的人，我告诉各位，念佛的真修成功，跟参禅一样难。当然有些祖师也说念佛是易行道，是易行，操作起来方便，走到哪儿都可以念，是容易。但是你要真正修成，要按那个《阿弥陀经》讲的若一日、若二日，到若七日，一心不乱，那谈何容易！诸位，你想，从早到晚，别说七天，就是二十四小时，还不说睁开眼睛，就是闭着眼睛，每一秒钟都是"阿弥陀佛，阿弥陀佛"你能办得到吗？我反正是办不到，念两句"阿弥陀佛，阿弥陀佛"，哎呀，饿了，念头起来了，念佛也是功夫。祖师为什么告诉你"打得念头死，许汝法身活"，"打得念头死"就是指当下这一念，就是念头当下生起的那一刹那，你就能够真正把它看破！它马上再熏回，再回去的信息和能量就不一样了，就是出世的，就是清净的，就是菩提的因，就是成佛的因。可是我们一般呢，就是世间老百姓总结的，"事后诸葛亮"，经常有些交流修行经验的，说："我明明知道那个是假的，可是我做的时候就是不知道，过了以后又说后悔死了！"过后方知是没有用的，修行就是当下这一念的功夫，这个是靠训练出来的。你现在没达到没关系，反正每天就不停地搞它，祖师为什么说妄念多，那它搞它的，我搞我的。来一个妄念你就跟着它跑，好了，妄念指挥你，今天包括我自身，在这个过程当中我们都犯这个毛病。祖师教你别管它，它搞它的，你搞你的，自然它就指挥不动你了，你就跟它两个断交，但这个不是跟联合国断交啊，是自己跟自己断交，跟它没缘了。

因果同时，正因为它是同时的，所以我们在当下一念用功夫，才能够真正改变我们生命的方向。如果因果不同时，这当下一念的功夫，就靠不住，就不能成立。为什么南老师早期讲很多禅宗，晚年一直提倡唯识这一套，这两个东西完全可以打通，用在我们实际的修行过程中。南老师给我们指了个方向，并不是让我们去搞理论、去搞研究，研究来研究去，最后要跟我们的修证联系起来，要挂钩的，如果不挂钩，那我们人类一天到晚都在文字上打转转，最后跟我们的生命本身没有关系。因果同时的思想跟禅宗一结合，就是我们自我修持的功夫，你就能够有很大的进步。你要注重当下一念的修持功夫，它的理论根据就是唯识中讲的因果同时思想。佛法很多时候，像朱校长刚才讲的一样，不是迷信，它都有道理和根据，只是我们现在的思维，现在的这些结论，现在的这些判断还不能够完全靠近它而已，等到你哪天靠近它的时候，你才觉得，哦，原来是这个样子。

改变业报的可能

因果同时思想用在我们修持当中还有一种作用，就是改变业报的可能。我们很容易形成一种宿命的观念，认为既然是因果，那就不可动摇不可改变了。如果没有能动性，反正都是因果决定的，那就等着它来，我该干嘛干嘛，这样这个人还有主观能动性吗？佛法还讲精进干嘛？你精进什么呀？其实从因果同时思想，还有另外一种在修持过程当中改变业报的可能。但诸位注意，所谓改变业报，要注意这两句话："重报可以轻受，受无痛苦。"不是说业报不来，它要来的，但是如果你这一生，你的言行举止、起心动念，你发着大愿，有这种大悲心起来的时候，你原来的那些果报也还会受。举个简单的例子，释迦牟尼佛在印度成佛的时候，有一次在山边路过,他有一个很大的障碍提婆达多,老跟他作对。今天有些人学佛不是这样子的,"我要去修行去了"。我问:"为什么?""这个世界上的障碍太多,我去找个没障碍的地方。"这个就是错了,有障碍你才好修行,没障碍你怎么知道你在修行呢?有些人说:"你看那人多好,从来不生气。"我说:"是的,因为没人惹他。"可能有些人你一惹他,那火冒三丈比你还大,甚至你打119都灭不了。有些人要找个没障碍的地方去修行,佛法的观念,真正菩萨行的观念,菩萨道的观念,就是要借着障碍来修行,就是因为有障碍,有对立面,才能够促进你修行。释迦牟尼佛在世还有个提婆达多天天跟他捣乱,释迦牟尼佛也不讨厌。可是今天的人老是想着那些对立面,那些障碍者,怎么这些还不死!他死了我就解脱了。这些观念都是不对的。当然这是我的看法,真正学佛法修行,哪还会有这个想法呢?永嘉大师有句话我最推崇:"观恶言,是功德,此则成吾善知识。"把这个话扩大来不就是所有对立面、障碍全是我们的善知识,是来度我们的,是来帮助我们成就的,没有这个还不成,正因为有这个才有佛,才能成佛。所以有魔才有佛,没有魔成不了佛,当然这个话只能在这个圈圈里讲啊,出去讲老太婆会骂我:"你这家伙乱说,我要克服魔,你还说有魔才行。"那不是一个层面讨论的问题。释迦牟尼佛都成佛了,提婆达多还老跟他作对。他有次从山边走的时候,提婆达多要收拾他,在山上堆石头,知道他从那儿过,看到他要来了,就像演电影一样,把石头往山下一推,石头滚下去,把释迦牟尼佛脚趾头砸出血了。按理说,他成佛了,他怎么还被人打呢?还打出血了呢?你要注意,佛就说了,我们前世,有这个恶缘,今生我最后还要偿这个报。如果我们有个人,你走的那个地方，山上有个人推个石头把你砸一下，你什么感受？你就在那骂，说："咦，这个家伙，我又没惹你，无缘无故你干什么？"你马上火就起来了，还有你会有很疼的感受。可佛陀当时讲：第一，他没有动嗔恨，就是没有嗔恨心；第二，他虽然流点血，不疼的，没有痛苦感。因为佛已经超越了我们根境识的范畴，他不是用我们那个触觉、那个思维来承受这件事情的。

如果你能够领会因果同时的思想，无论过去世多大的业障，多少的恶业，都不去管它。你现生能够发大愿，有大修行，能够发大心，哪怕你过去造的所有恶业都到今生要受这个报也没关系，你都会有一个坦然的心面对，并且不会有痛苦感。可是如果你没有大修行，没有大愿，没有大福德，你会痛苦不堪的。所以，同样要遭受这个果报，有大愿力和没有大愿力，是不一样的。那么这个大愿力在哪儿完成？就是当下一念，周老师昨天谈到南先生当年在峨眉山闭关的时候发那个大愿。几十年，有了这个愿力，什么事情没做成呢？都可以改变，有些事情，你认为干不成的事情，他就干成了。为什么？有了这个大愿力，其他的所有东西，原来的障碍都可以改变，还有善缘它自己就会来，你所为之事就会成功。我们讲修行，弄去弄来，就是当下这一念最重要。我们起心动念，如果你不注意的话，任何一个念头最后都不会空过，都逃不了。我开始就讲，因果是天下最公正的法庭，最公平的法则，谁也逃脱不掉的。你每一个念头就是一个因，所以《法华经》上才讲："心念不空过，能灭诸有苦。"为什么？我过去念的时候不觉得，后来懂得这个道理，一念这句话的时候，感触太深了。我们每天那些念头都空过掉了，什么意思？你说我没有空过啊，我脑子里天天想着很多事情呢，所谓"空过",就是你善念没有起来,就算空过。你起了很多歪心眼,起了坏心眼,天天想整人、想害人、想骂人、想打人,就像我们成都,演戏的老太婆唱戏的一样,"三天不骂人,走路没精神",你每天都是那个状态,就算是空过,辜负自己,辜负生命。只有把念头转过来,发大心发大愿,成为菩提的因才算没空过。这个因一起来,当下你只要起来这一念,一切都会改变,善缘也会成就,顺缘也会来,哪怕原来的障碍,它最后来的势力、势头都会减小。

这个旁边我配了两张图(图5、图6),你看这张,虽然有点草,稀稀拉拉的,为什么?地是干的,最后种的苗长得干瘦干瘦的;下面这张你看,有水、有土壤,它长的草一片碧绿。同是土地,为什么那个地和这个地最后就不一样呢?因不一样啊。我们的心也是一样,一颗心就是一块田,我这个人也挺麻烦的,以前有一年不小心,过年我发了个短信,说了两句祝福的话,他们后来每年都等着要,现在每年我都发几句话。今年我也发了几句话,估计有些人收到过,但是这个短信发去发来发到最后有人也转到我这儿来了。我讲什么呢,"心地是良田,勤耕种善缘。癸巳新春至,平安

图5

图6

幸福年"。过年都想听点好听的话嘛，平安啦、幸福啦、吉祥啦、恭喜发财红包拿来，都要这么几句好听的话，但我想我要光说这么几句好听的话，我和大家不都成一样了？当然，我也不是讲鹤立鸡群，和大家不一样，我只是想这个时候，既然想听好听的话，要听平安、健康、幸福、吉祥，可这些从哪儿来？心地是良田，勤耕种善缘，你只有这样，平安、幸福自然而然地就会来。为什么？如是因如是果，你那个心地是良田，这是一个条件，勤耕种善缘，你的田里种的善缘是因，最终你果就自然好，就是因果同时。你只要种下这个因，那个果自然就跟它已经联系在一起了。

结语——起心动念皆因果，转变心性是修持

最后做个总结，"起心动念皆因果，转变心性是修持"。就是你一心、一个念头，都有因果，你善的念头就有善的果，恶的念头，就会有恶的果。你发的菩提心的因，将来就是菩萨乘的果；如果你只是自我了脱，罗汉境界，你发的那个心就只能种罗汉的那个因，你将来就当个自了汉，只管自己。不管怎么样，你起心动念都是有因果的，这一点是我们学佛法也好，不学佛法也好，我觉得都应该有的观念。有了这个观念就有敬畏，心存敬畏，这个世界上很多问题都好办了。我们现在很难的问题，什么伦理的问题、道德的问题，什么毒奶粉的问题，什么瘦肉精的问题，全是因为没有敬畏。只有喜欢，喜欢什么？喜欢钱！其他都没有了，没有这种敬畏，不觉得我干了件坏事，将来要遭受果报的。如果他有这个观念，他还敢去干坏事情吗？

起心动念都有因果，有了这个观念，就要开始注意这个心，这个念头里不能有坏思想。我们要想改变人生，改变生命，改变我们现状，怎么办？转变心性，就是把你心性里头，这些不好的、肮脏的、染污的去除掉，就是唯识讲的"转识成智"，把染污的"识"要转成"智"，"识"就是有分别，"智"就是无分别。无分别的状态就是"智"会起作用的状态；我们现在是有分别的状态，都是"识"的状态，就是染污的状态。我们现在的心，就是染污的状态，所以我们修行根本的一点，落脚的最后，就是从千经万论，磕头作揖，烧香拜佛最后落实到一点，要把你这颗心给好好地观照，先要第一步，看护根门也好，最后要超越这个根门也好，都落实它上头。但是声明一句，我不是说只管心了，也不烧香磕头，也不作揖拜佛了，没关系，该干嘛干嘛去，如果说我不干那个也不对，你一定要干那个也不对。佛法讲你要根据自身那一刹那的心念，如果是拒绝的状态，那个心念也不对。我们如果能够认识到这一点，最后把因果律落实到自己的心性上来，我想我们的人生和生命，就自然会有另一番风光的。

今天上午借这个机会谈一些我个人的学习和理解。我这个人反正说话没谱，就乱说一气，反正没有界、没有边，请大家批评指正。谢谢各位，打扰你们各位的耳根了，让你们耳根不清净，阿弥陀佛。

（二〇一三年三月十七日南怀瑾先生纪念活动讲稿）

遗传学与生老病死

林德深

（医学博士、香港医学专科学院院士、香港养和医院医学遗传中心主任）

序言

非常感谢主办单位，尤其是慈雄兄给我一个机会做这个报告。我站在这里做这个报告，跟我到太湖大学堂见南老师一样，战战兢兢，一点都不轻松，一定要做好。怎么才能做好呢？一开始慈雄给我一个题目，让我讲"遗传学和佛法的关系"，我们知道佛法是包罗万象的，遗传学只是其中之一。说起遗传学，我们最近几十年的发展，主要就是怎么样用遗传学的各种工具，去了解在佛法里面已经阐述过的事情。不过在这个方面的认识，最近十几年科学已有很大的进步。所以，我相信在这两方面，佛法跟遗传学的理念方面，我们可以分享一下。有这个题目的时候，我就跟彭嘉恒先生探讨，他对佛法有非常深的认识，有二十多年修证的经验。我就跟他说：应该说些什么？因为我有很长的目录，有十几方面遗传可能跟佛学、佛法是有关系的。

他就说，最好从根本开始。那我就选择了释迦牟尼佛的"苦"

这个观念，苦集灭道。

苦，最苦的是什么？佛说，苦就是生老病死，生老病死就跟遗传有莫大的关系。所以，今天我的报告分三段：第一段，我会简单地介绍一下，遗传学怎样用各种的工具来看我们的生老病死；第二段就主要讲生；第三段讲老病死。

遗传学与生老病死

生老病死，是苦的最关键的部分，也是我们要解脱的，我们常常都要解脱生老病死，这是佛法里面最关键的概念。怎样了解生老病死？最重要的就是明白什么是生命。人是生命的最高层次，早上宗性法师跟我们说，我们人有两个很重要的概念，第一个就是信息，其次就是能量，这两个就是生命最重要的。第三个，就是物质。

你看这个细胞（图1），本身有个细胞膜，里面有一个细胞核，这是一个动物细胞，核里面就有我们等会儿要介绍的染色体和基因，染色体和基因就是信息。它的运作就是把信息作为一个很重要的工具，使细胞再克隆（clone）自己，通过这个克隆，我们可以生存下去，是第一步。

那要怎样才能生存下去呢？当然就是"四大"（地、水、火、风）了，就是我们所有物质的关键。细胞本身有一个信息以后，还需要其他的物质，怎样可以生存下去就靠这个物质。当然了，我们刚才还说能量，细胞怎样产生能量，就靠很多线粒体。你可以见到有几个、十几个线粒体在这个细胞里面。线粒体是什么？就是在很古的时候，人类的细胞有一个机会就吞噬了其他的细胞。是什么细

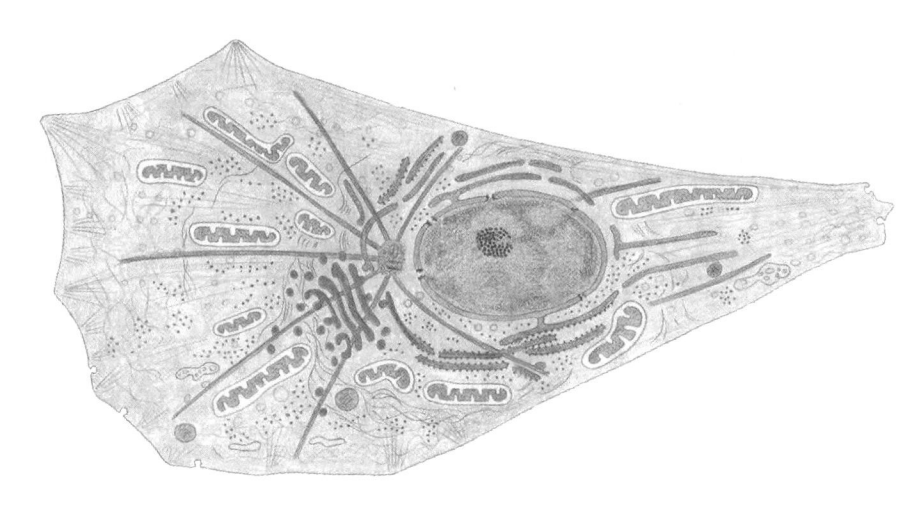

图 1

胞？就是细菌的细胞。我们每一个细胞里面都有细菌的，所以不只是我们的肠——大肠、小肠有细菌，我们每一个细胞里面都有细菌。所以说，众生是什么？我们是众生，这个细菌也是众生。这个细菌为我们做什么呢？它就是发电机，它就是能量，它就是我们赖以为生的能量的一部分，它是创造这个能量的。所以，现在我们有三个东西，第一就是宗性法师今天早上讲的信息；第二就是能量，细胞里面已经有了；第三个就是我刚才说的物质，整个细胞都是"四大"，都是物质。有了这个概念，我们就可以一层一层去看。第一，信息怎么样一代一代地传下去，第二，能量怎么样可以发展出来，另外这个能量怎样帮助我们的细胞活下去。

我们在实验室里看细胞的方法，最简单就是把我们的血液拿出来，经过简单的培养过程，放在玻璃片上，可以看到每一个白细胞都有核，我们把这个核染一点颜色，可以见到它黑黑的，如果用一个方法可以向细胞灌入很多水的话，就可以在显微镜下面看到核里

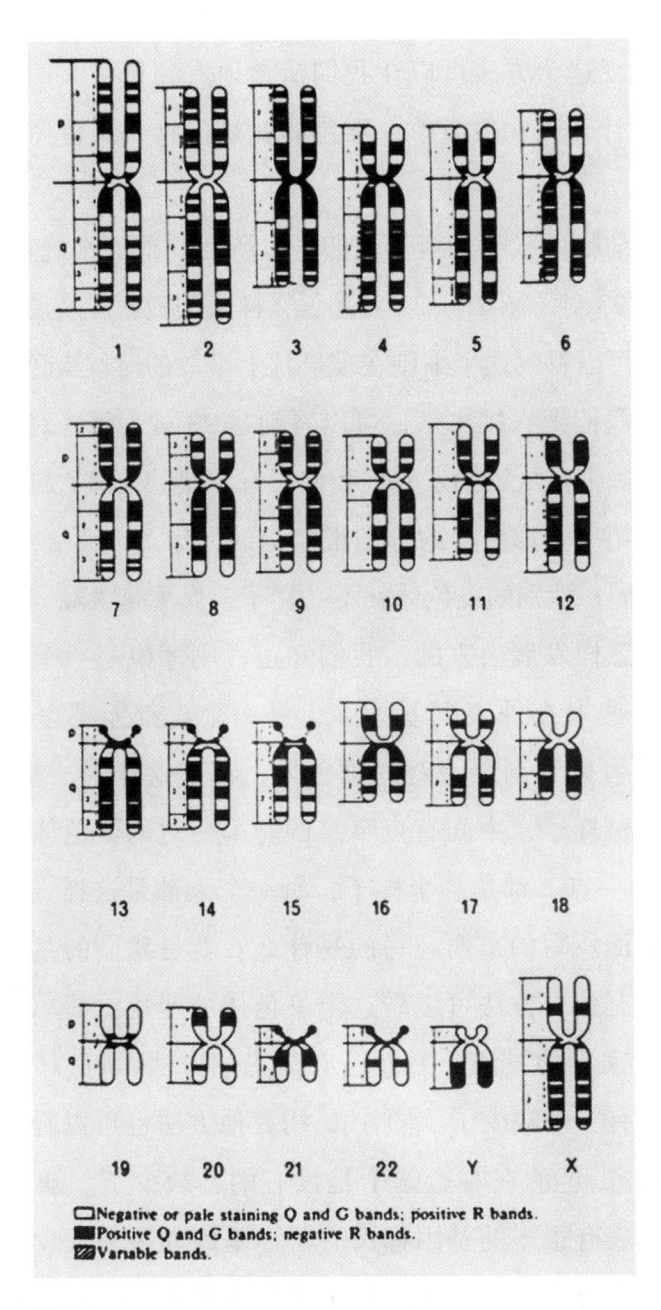

☐ Negative or pale staining Q and G bands; positive R bands.
■ Positive Q and G bands; negative R bands.
▨ Variable bands.

图 2

面的染色体。这个技术是由一个中国人发明的,一个在美国姓徐的博士,他发现这个方法可以让我们清楚地看到核里面的染色体。这个染色体是什么呢?很简单,染色体就是信息,染色体就像一本一本的书。

我们的细胞里,除了精子和卵子,所有其他的细胞都有46个染色体,就是23对(图2)。23对是怎么样来的呢?在实验室,我的同事用显微镜可以看到这个细胞在玻璃片上平放的时候染色体是一条一条的。如果我们把它排出来,可以看到是23对,每一对,一个是从爸爸来的,一个是从妈妈来的。我们所有需要的信息大部分都放在里面,这个是第一。那男女的分别很简单的,除了前面22对是常染色体,男女相同;性别的染色体就不一样了,女生是XX,男生是XY。

信息是怎样发展出来的?我们知道,刚才说每一个染色体都是一本书,这些书在外表上差不多,每一个人都差不多。所以,在显微镜下面可以看到第一对的染色体,都是这样子,都是白、黑、黑、黑、白这样子,中间有点窄窄的。第一对的染色体比较长,这22对比较短一点,都是一个样子,每一个人都是这样。每个人不同的,就是里面所写的东西。写的是什么?就是我们的基因了。在实验室里我们有什么方法可以看这个染色体的变化?简单地说,除了我刚才给大家看的方法,另外还有荧光的方法,可以看到第15对染色体上面有一个缺少了(图3),用其他方法也可以看到,在左边的第15对,黑色的在右边这个是没有的,缺少了。缺少了一段的染色体,代表有很多的基因都没有了。基因太多和太少都不好,太多太少的信息对我们细胞的运作不是最理想的。所以,在每一个细胞都运作不好的时候,整个人也运作不好。当然还有其他的检测方法。我们的同事用这个荧光的机器,可以看到有很多不同的颜色,也是我们平常常用的。

细胞里面染色体与 DNA、与基因的关系是什么?这是很重要的信息,一定要解释清楚。我刚才说,染色体就是一本一本的书,DNA 就是字母 ABC,基因就是句子。每句话就藏在里面。这个 DNA 跟基因、跟染色体的比例,可以用这个卡通看一看(图4),就是很多很多的 DNA 都转在一起,转了很多圈,变成基因。染色体、基因和 DNA 的关系就是一本书,跟一句话,跟字母三个层次的关系,这样信息就能很明确地表达了。

宗性法师今天说,信息就是这样子,我们的生命其中最重要的一部分就是信息,那信息有什么用呢?光有信息,还不能构成一个细胞,不能构成一个人。

DNA 跟基因就可以作为一个信息,可以产生蛋白质(protein),这个蛋白质,就是用来构成了我们骨骼的蛋白质。心脏、肌肉里面的蛋白质都是蛋白质,多种不同的蛋白质,不同的基因负责制造不同的蛋白质。

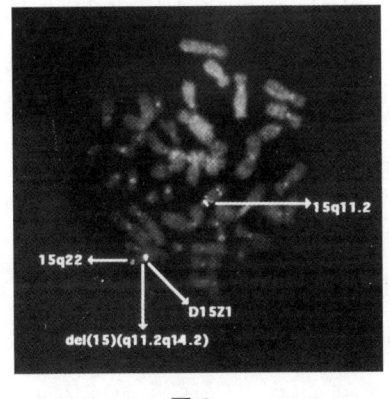

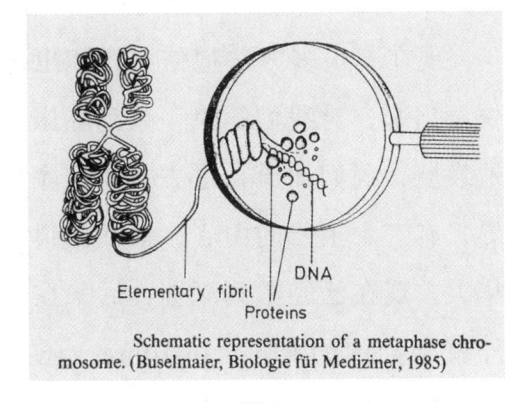

图3

图4

信息有什么用？是怎样发展出来的？我们可以分三个方面做研究：第一就是染色体的研究，我们叫细胞遗传学（cytogenetics）；第二，研究和基因的科学，就是分子遗传学；第三就是蛋白质的研究，就是生化遗传学。所以分三个方面来了解信息和它的功能。

要做分子遗传方面的研究主要是用这一类的工具。可以看到有几个二十世纪七十年代、八十年代、九十年代和最近十多年的序列，DNA序列排列的种种方法，现在可以用各种工具来做检查。不但如此，还有其他的，最近十年，芯片方面的发展非常快，在国内也出了很多著名的研究报告。这方面可以看到技术和科学两方面的结合。在临床方面，我们也可以充分地利用这种芯片的工具。在我负责的实验室里面，工作人员在努力用arryCGH这个工具来检查很微小的DNA多余或者是缺少的问题。因为太多太少都不好，我刚才说信息很重要，太多太少都会引致混乱。

比如，有一个病人，他出生的时候有很多先天性的缺陷，我们对他的血液做检查的时候，发现他的第22对染色体上面有一段缺少了，每一个应该有两对，但他这一段少了一个。另外一个病人不是少了，是多了一点，就是第12对这个染色体上面多了一点。

现在有很多方法把信息解读出来，一两天、一个礼拜就可以很快读出来，对我们解决一系列临床方面的工作非常有用。技术不断地发展，我们知道在过去几年，序列方面的工作越做越多，在全世界，有三个主要的中心，都在做很大规模的序列工作，一个是北京华大，现在已经搬到深圳，后来在香港也开了一个很大的中心；另外就是美国的Broad Institute，还有英国的Sanger Institute，这三个就是现在国际上最大的序列公司或者是序列中心。应该说去年做得最多的是我们的华大,所以中国在这一方面做得非常好,非常先进,对信息的掌握,对人类以及我们的 DNA 的基础掌握得非常好。现在流行的 Next-generation Sequencing 就是"下一代"序列的仪器越来越普遍。以前很大的仪器,现在在一个小的实验室里放在桌上面就可以了,我们也买了一套。所有这个系列的工具都可以帮助我们多了解一点,就是个别的病人他缺失的,或者是多一点的信息是什么。但要了解整个细胞发展的话,还要再看一看这个细胞的功能是怎样的,刚才已经看了一个细胞,再看一次细胞核里面 DNA 跟基因跟染色体;在核外面这个细胞还有其他的,比如说是细菌,古代的细菌,现在已经变成我们的发电工厂,就是提供能量的工厂;还有其他的不同的部门一起做工程,就是生命的工程、人类细胞的工程。

可以说,有很多其他的低等动物或者植物的细胞也有我刚才说的所有功能,不过可能有点变化。

这个可以这样来解释一下:我们都吃过午餐了,吃午餐的时候,有人吃肉,有人吃菜,我们知道代谢的过程,蛋白质、氨基酸、脂肪和糖都可以在同一个地方表现出来,比如说我们在过去五十年对代谢病方面的研究,已经给我们很多信息,就是关于我们刚才吃的不同的东西,它们的互动是怎么样的,这是比较复杂的系统,这是我们身体里面其中一个系统,不过这个系统比较完整,我们在它的生物研究方面已经掌握得比较好。

这个系统里面,脂肪、糖分跟蛋白质、氨基酸,它们都是互动的,每一个都可以走到另外一个圈的,所以吃糖分,吃植物,吃菜的时候,它本身也可以创造很多氨基酸、蛋白质,所以吃素的人不会因为长期吃素就没有蛋白质，因为素食里面都有很多的蛋白质。另外，通过每一个细胞做的工作，这个糖分可以转变成脂肪，变成氨基酸。我们在第一年医科大学的时候，有一个老师出了一个题目考试，就是黄牛吃了青草，但你可以从它的身上取得白色的奶，黄牛、青草跟白色的奶，这中间是怎么样转换的呢？这所有的系统上的关系都包括在里面，糖分、氨基酸还有脂肪，几个都有，这个是很好的题目，让我们想这个关系。

我刚才说彭嘉恒先生给了我很多鼓励，他对下面这个例子有非常深刻的认识，因为他的孙子就有葡萄糖6-磷酸脱氢酶缺乏症（glucose-6-phoshate dehydrogenase deficiency）。这个酶有很多香港的男孩子都缺乏的，那里面当然有很多比较复杂的问题，不过最重要的是有这种问题的孩子有蚕豆症，他们不可以吃蚕豆，等一下我会在下一节再介绍一下。另外跟氨基酸有关系的酶，比如说有很多男生可能有痛风，痛风就跟DNA有关系，因为DNA里有很多嘌呤，DNA本身结构里有一半就是嘌呤，我们吃了含嘌呤多一点的食物，比如我们吃肉、喝啤酒，嘌呤就积聚在身体里面。如果我们有一个遗传的病，比如说有一个酶的缺乏，这种酶叫AMP deaminase，它缺乏以后，嘌呤就多起来，所以有这种酶缺乏的病人就最好不要吃这么多的肉和啤酒等。研究这一方面的生物工程，要用不同的工具，以下就是我们在实验室用的工具，要研究脱氢酶，就用这个，另外氨基酸可以用串联质谱仪。

现在科技这方面的发展很多很大，对我们认识信息的说明也很多，不过要进一步认识生老病死，还不是用刚才的几个工具就完全可以达到，因为越来越多的数据表明，我们现在对遗传学认识还处在一个开始阶段,要完全认识生老病死,还要用很长的时间去研究。刚才我花了大概二十五分钟介绍了现在已有的工具,不过我可以说还要准备很多新的工具、新的方法,才可以让我们进一步去研究生老病死。

生

生是一种苦,为什么?在两千五百年前,佛经已经把生的过程说得很详细了,这就是《佛为阿难说处胎会》,父精母血,父母的和合因缘。早上的时候,关于因缘、因果宗性法师已经讲过很多。在这里,父亲的精细胞和母亲的卵细胞结合,本身就是因缘。在生的过程除了我们这个精子和卵子的和合因缘,还要有这个识,宗性法师也说了阿赖耶识就是在这个时候进入我们的和合因缘,就是说光精子和卵子是不够的,还要有识。

以下我就介绍一下两千多年前释迦牟尼佛已经说得非常好的"生"。我们生命在每一个七天的过程,是很有意思的。我们的科学还是最近几十年才把这个过程,用胚胎学和其他科学的种种方法研究清楚的,印证了释迦牟尼佛两千多年前说的话。我们知道,父精母血,和合力故而便受胎。受了胎以后怎样?跟父母亲差不多了,就是四大,就是物质了。四大是什么?地、水、火、风,大家都明白。根本上,我们身体所有的结构,我们所有的物质都是四大。除了我们刚才说的信息跟能量,其他就是四大。当然可以说风可能就是能量、动性。

第一个细胞是怎样做出来的?就是通过父亲的精子跟母亲的卵

子结合，和合因缘，成熟以后变成第一个细胞。同一个时间，中阴身，早上已经讲过，同一个时间走到我们第一个细胞里面。父亲的精子，这个核，里面有DNA、有染色体，跟母亲的核，合起来以后变成同一个核子，里面就是46个染色体，包括我们所有需要的信息，就是这样开始的。

第一个细胞怎么样变成一个人？靠克隆，它自己克隆。一个细胞变两个，两个变四个，四个变八个。到了第三天的时候已经是八个细胞了，继续下去当然就越来越多了。这个是一个皮肤的细胞，三十多年前我做实验，也把我的皮肤割了一块，放在这个培养液里，很快就生出来了，它的细胞可以生到整个瓶上面，每一个就是从一个细胞里培养出来，克隆出来。每一个的DNA、染色体跟上面一个都一样，就是这样子。我们身体的每一个细胞，都有一种动力，可以生出其他的细胞来。当然我们的DNA、我们的基因里，有足够的信息，有序地做这个事情，不是乱来的，乱来的时候就不行。

比如说，我们可以用显微镜，在实验室里面看到整个过程，这个精子是怎样进入卵子的。精子进入卵子，进去了以后合起来。因为有这种方法，现在我们可以在第三天八个细胞的胚胎发展阶段，把其中一个细胞拿出来，拿出来做什么？研究它有没有病，有没有什么我们关注的一种或者几种先天性的病。如果没有病的话，那其他七个细胞完全可以让这个胚胎发展下去，变成一个人。所以，现在有这个技术可以让我们做胚胎方面的产前诊断，这方面在香港我们做了很多了，在内地也已经有很多中心开展这个工作了。所以现在的遗传技术发展很快，不用等胎儿到十几周才做产前诊断，就在胚胎的时候，还没着床，还没把这个胚胎放回母体的时候就已经可以做了。

两千五百年前，释迦牟尼佛已经很清楚胚胎和胎儿每一个星期的变化。应该说胚胎就是从受精卵开始，到第十周，还是胚胎，往后叫胎儿。所以，胚胎跟胎儿的过程应该是同一个过程，不过在医学上就分开来两段。可以说第一个细胞很清楚了，就是这个样子。到了第二个七日的时候（图5），《佛说入胎藏会》上面已经很清楚地介绍了胚胎怎么生活、感觉。这个在医学上、在科学上目前还是没有办法了解的。它感觉是怎样的呢？壮热煎熬，极受辛苦。苦就是这个时候已经开始了，就是煎熬，当然我们不知道它是怎么煎熬，医学方面也没办法知道它受了什么苦，不过佛已经告诉我们那个时候已经开始苦。

当然，往后也有很多苦的机会，以下有几个重点的时刻，就是介绍一下每一个七天，我们见到胎儿或者是胚胎它的发展是怎样的。

第五个七日（图6），已经开始有手、脚了，还没分开手指。第六个七日已经分开手指了，可以清楚地看到。到第八个七日，可以很清楚地看到二十指。第九个七日，耳朵、眼睛、鼻、口、大小便处，九相就出来了。这个非常奇怪，两千五百年前，佛已经把这个在他的经里说得非常详细了。我们到上一个世纪才通过不同科学的方法来认证同一个事情。

到了第十个七日的时候，我们可以用另外一个方法做产前诊断。就是十周的时候，有个结构我们叫绒毛，这个绒毛，再过几个星期，就会变成很厚很硬的一个组织，就是胎盘。胎盘我们不可能动了，因为太硬了。这个胎盘还是绒毛的时候，十周的时候我

图5　第二个七日　　　　　　　　图6　第五个七日

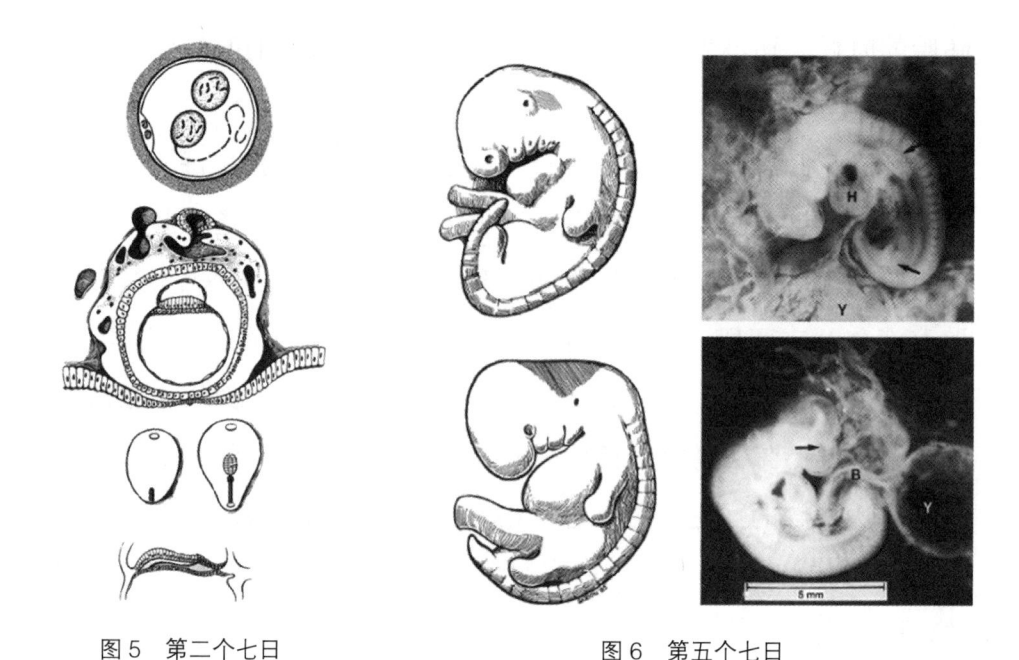

们可以抽一点出来，看看里面是什么。这个技术，也是中国人发现的。一九七六年的时候，世界上第一个用绒毛做产前诊断的就是鞍山医院，就在中国，全世界第一例。所以中国在遗传学方面、信息方面，做得非常好。我们可以在显微镜下面看到绒毛是这样子（图7），可以把它培养出来，可以做染色体检查或者是DNA基因的检查或者是生化的检查，所以这是非常好的工具。产前诊断的结果当然就是知道胎儿有没有先天病，比如说唐氏综合征，或者是其他的如地中海贫血，等等。

十一周、十三周、十五周。到了十五周还有另外一个工具在医学上可以用，就是羊水。我们可以通过B超的检查看看羊水够不够，在羊水多的地方抽取一点羊水来，做同一个染色体或者DNA或者是生化的检查，为了同一个目的，看看孩子有没有先天的病。

十七个七日，都是这个样子。刚才我给大家看的是人类知道男女和合以后有因缘，父精母血，通过和合因缘变成一个人，都是有男有女的。那有人会问：可以将单细胞变成一个人吗？这个技术是有的，过去十几年，我们知道多利绵羊已经在英国创造出来了，它的概念是很简单的，开始的时候从一个母体，一个雌性绵羊的乳腺上面取了一颗细胞，把这个细胞的核拿出来，再用另外一个绵羊的卵子，把里面的细胞核扔掉，把第一个乳腺细胞核放在第二个绵羊卵子的细胞里，变成一个细胞以后，它就可以克隆了，一个细胞变两个、两个变四个，变成一个新的绵羊胚胎，新的绵羊胚胎放在第三个绵羊的母体里面就很快变成了多利。当然他们做了很多实验才成功，做了270多次实验才成功。不过说明了一件事就是，我们可以用这个技术来做平常我们没有办法做的。比如说，在浦东，几年前我参观了一个中心，曾溢滔院士，他在遗传学界里面是个非常有名的人，他在浦东建立了一个中心，做了很多研究，包括我刚才说的绵羊这一方面的研究，另外就是细胞跟胚胎的研究。整个目的是什么呢？就是改良我们农业方面的发展。怎样呢？比如说，我们可以引进一些外国的乳牛，这个乳牛是很贵的。我们把这个乳牛的乳腺细胞拿出来，做了一种技术工作以后，放进黄牛的母体里面，让黄牛可以成功地克隆乳牛。这个是在国内做得非常好的。所以，在科技方面，可以成功地把生物改良，也帮助我们在农业方面的发展。

图 7

不过如果说，有人问一个道德伦理方面问题：既然我们有这个技术，怎么用它呢？比如说，我们应否克隆人类？如果有人说希望把他自己克隆出来，那作为一个社会我们怎么看这个事情，为什么我们要克隆？所以在过去的十年里，有很多正反两派的意见在讨论。这个也是道德、社会、伦理跟基因的发展，也跟我们对生物、生命的尊严的问题有关，这个问题大家可以讨论一下。

病

我刚才说了生，另外还有很大的题目就是病。生老病死，我先讲病，病有很多种，孩子一出生可能已经有病。我是一个儿科医生，后来做了遗传科医生，所以我看的病人有差不多60%都是孩子。比如说唐氏综合征，就是染色体的问题。我们知道唐氏综合征，差不多所有的民族都有，每700～800个新生儿里面就有一个是唐氏综合征。它是怎么样一回事？就是多了一点信息，它多出来就是第21对的染色体，可以看到这里不是两个，是三个，它的每一个细胞都是三个。他的信息不好。他的心脏不好，智力低下，他的肠脏有问题，所有的细胞都有问题。所以，病在这个尘世来讲是个很大的苦。

其他，刚才我说的葡萄糖6-磷酸脱氢酶缺乏症——彭先生认识很深的一个病，是在华南比较多一点，在上海很少，在北京、山东几乎没有，所以说有很多病跟环境有关系。这个葡萄糖六磷酸脱氢酶缺乏症在比较热的地方才有，所以在广东、广西比较多一点，这些孩子有什么问题呢？他们的血细胞里缺少这个酶，所以不能分解一些化学物质。他们不可以吃蚕豆，另外有很多的中药、西药都不行，另外就是樟脑，樟脑里面如果有一个化学物质叫萘（Naphthalene），他们就不可以接触，因为一接触那些化学物质就将红血球都破坏了。所以，生、病、老、死都是苦，每一个环节，都是一个苦。

比如说这个脊椎膨出症，除了基因方面，还有一个增上缘，和我们吃的东西有关。在陕西省，过去有很多脊椎膨出症，差不多一千个新生儿有二十多个是这种症。后来我们发现，是因为他们的母亲缺乏叶酸。植物里、蔬菜里有很多的叶酸，不过陕西省的水土方面可能有限制，植物里没有叶酸，所以过去有很多环境的因素加上基因，导致他们的发病率很高。最近比较好一点，加了叶酸以后，他们的发病率已经少了。所以你可以看到，第一，每一个族群都有他的基因方面基本的因素让他们可能发病比较多一点。另外还要加上其他的增上缘，我们说增上缘就是环境的因素。比如说，另外一个环境因素的例子，就是唇腭裂，我们见了很多了，我们现在知道是本身有基因的问题，有很多家族比较多一点；另外这个妈妈如果在怀孕的时候吸烟的话，发病率就更高。所以，可以说是本身基因因素加上其他因素就可以使得发病率增加。

另外，母亲如果在怀孕的时候喝酒，也是一个大问题，尤其是现在两个大国，中国和印度经济发达了，喝酒的习惯越来越多了，所以几年前已经有一个报告在探讨，说这个问题越来越严重，有很多人都喝酒，包括孕妇，孕妇喝酒以后会怎样？酒可以通过胎盘进入胎儿的血液，使得孩子的智力低下，另外也影响他的心脏、脑袋。所以环境的因素对胎儿有很大的影响。基因是一方面，另外外因是增上缘，就确定了我们新生儿会不会有缺陷，在佛法里面讲得很清楚，第一有个基本的因素，另外还有外来因素，两个因素加起来就产生缺陷。

刚才我说的大部分是新生儿的苦，他们生出来时候的病的苦。过去十年来，从人类的基因组，我们发现有很多系统上的问题，我们每一个人都有遗传病，我们每一个人的基因都有问题，可能有人有糖尿病，有人有高血压，有人有心血管的病，所有的这些病都跟我们的基因有关系，这个理论和证据都是过去十年来才知道的，因为我们现在对人类基因组越来越了解。

大部分死亡的因素都是成人的。其中最多的就是恶性病，恶性肿瘤，恶性肿瘤就是 Cancer，有很多种的 Cancer。在古代希腊的时候，Cancer 就是蟹，希腊的蟹叫 Cancer，蟹怎么样走的？它是横走的，它没有界限的，什么地方它都走。Cancer 就是这样子，整个身体每一个地方它都走，所以 Cancer 就是恶性肿瘤，和良性的肿瘤不一样，良性的生长得很慢，发展很多年都不变。恶性的肿瘤每一个地方都走。肿瘤是什么？就是基因的问题，基因突变以后，它的发展不受到限制，发展起来就变成一个肿瘤，开始的时候可能是良性的肿瘤，后来发展成恶性的肿瘤。过去十几年我们对大肠癌有很多这方面的认识，开始的时候一粒小小的良性的肿瘤，后来就变成恶性的，都是基因的问题。所以，我们说每一个人都有基因的问题，每个人的信息都可以在某一个阶段发生突变。

老

每一个人都不可以避免的就是老，老也是基因发生的突变。我们的基因到了某一个时期出现越来越多的突变，这个变异，开始的时候很慢的，大部分人都不知道自己已经进入老的阶段了。彭先生从香港的报纸上摘出一个图片，他说眼睛衰老的时候是四十岁的时候，我们有同感吧，四十岁已经老花了。皮肤二十五岁以后跟二十五岁以前也不一样了。味觉、牙齿等，每一个器官都可以说差不多在十五岁、二十岁以后就慢慢地走下坡路了，开始老化。这个是不可避免的，为什么？生命嘛。我们说皮肤不好看了，要多一点打坐。我的太太有一个体验，今天打坐得好，皮肤就好，不打坐就不好了。那这是苦吗？因为我们要保持青春，青春是我们整个社会都追求的，所以有很多整容，还有其他的方法来保持我们的青春，都是苦，老就是苦。

还有什么致老的因素？第一有很多外因，我们吸烟的时候，烟里有很多一氧化氮，自由基；另外我们本身的基因也可以发生种种的变化，第一个细胞开始的时候是受精卵，这个细胞非常地活络，它活了很多年以后，开始衰落了。怎样衰落呢？我们现在知道每一个染色体的两端，我们叫终端，我们用DNA探针可以清楚地看到每一个染色体的终端。保持终端的长度是个大的工程，每一个细胞克隆自己以后，这个终端就短了一点点。所以每一个细胞，比如说脑的细胞，克隆自己到几十个以后，这个终端就很短了，短到一定程度就不可以再克隆了，这个细胞死亡了。所以，每一个细胞本身已经有一种方法让自己不可以永久地活下去，这就是佛法里面说的生灭，有生就有灭，灭的过程已经在我们的基因里设定了，就是一定要灭。为什么要灭？就是生灭法，我们每一个身体都有生长跟灭的过程。

我们知道有很多人比较年轻的时候，脑袋就已经不行了，比如美国的总统里根。另外患唐氏综合征的孩子们，他们也有这个问题，脑细胞很早已经开始衰老了。所以可以说我们每一个细胞都有方法让自己保持一定程度的活跃，到达某一个程度的时候，它们就要衰老。另外有很多病就是过早的衰老，所以，这一类的病，我们很有兴趣做研究看看衰老的过程是怎样的。

另一方面，也有细胞不死亡，在美国东部的一家医院 Johns Hopkins 医院，几十年前，有一个女生去看病，她患了子宫颈癌，后来，她死亡了，死了以后她癌症的细胞却长期保存着，现在差不多全世界所有的实验室都有她的细胞，我们称之为 Hela Cells，就是她的名字。为什么她的细胞不死？这是个很大的、很有趣的问题。第一，它是癌症，癌症细胞本身已经就有不死的倾向；另外，可能就是多年来，培养再培养，我们都保存得很好。所以她现在是个"名牌"，在国际上，几乎每一个实验室都有她的细胞。

死

带出一个问题，就是我今天最后要讲的，死的定义。我跟南老师的缘分很短，差不多四年前我才认识他。第一次我去太湖见他的时候，他的第一堂课，给我两本书，其中一本就是《佛说入胎经今释》，他知道我是一个医生，最好就是给我看佛法里面早已经谈到的我认识的东西。非常好！我读了以后想：应该要早一点认识佛法。后来再见到他的时候，他问我一个问题：你是研究基因的，那基因后面还有没有什么东西？我说肯定有，基因不是结果，基因本身只是一个工具、一个信息，基因背后肯定还有其他的东西，这个是他的第二堂课。当然我后来做了很多的报告给他，他非常慈悲，每回都很认真很详细地批改。

我最感动的，或者应该说是感受最深的，就是最后一课。这一课是我和我太太李丹医生一起去学的，因为我们两位变成南老师最后的医生，我们去验证他的死亡，或者是涅槃。那个时候还不知道他还有没有生命，南老师从上海医院回到大学堂，过了十天了，我们两个就负责跟小舜哥、宏忍师、国熙一起去看他、验证他。

死亡对医生来讲不是一个新的概念，我们常常都要面对死亡，对于死我们有一个临床标准。但是通过我们检查或者是验证老师死亡的过程，或者是涅槃的过程，我们对死亡有了全新的认识。

死亡是怎样定义的？在法律上，死亡很简单的就是三部分：第一呼吸没有了，第二心跳没有了，第三神经方面的一点活动都没有了，比如说，刺激他的眼球，看看他的眼球有没有反应。三部分，脑袋呼吸跟心跳，很简单。大部分的国家都是用同一个定义的，三部分都停下来了就是死亡。不过看南老师这个过程，对我来讲，对我太太来讲是一个很深刻的课。为什么？还有其他的同学，包括马有慧。马有慧在吗？马有慧在。另外还有其他的同学，他们都跟南老师有感应的。所以说，就是我们现在用的这个死亡的定义，是一个准确的定义还是一个方便的定义？我们知道有很多国家，现在用的就是脑死亡的方法。脑死亡是什么？就是大脑不再活动。脑死亡以后，这个家庭就可以合法地把病人的内脏，心啊，肺啊，肝啊都捐出来。

在国内当然还有另外一个定义，就是心死亡。脑死亡以后心还可以跳，我们的习惯就是心不跳才是死亡。所以有两个定义，怎么样把不同的定义合起来应用，这是一个关键。据我所知，二〇〇六年以前，国内已经有个法律，死刑犯行刑前同意的情况下，我们可以用他们的器官来捐赠移植，二〇〇六年以后就不可以了。现在我知道，还在讨论，就是心的死亡还是脑的死亡才是最后死亡的定义呢，这还是一个问题。

不过这个是应用方面和法律方面的，在我们学佛的人来讲，这个也不是最后的，就佛法而言，还有个识的问题。宗性师也说了阿赖耶识，这个阿赖耶识什么时候才走的？我们什么时候才可以说，这个人已经是死亡的？这个是一个很大的、有趣的研究项目，我没有答案。不过我希望通过我对佛学的认识，对遗传、细胞跟各种研究的工具的认识，把所有这些问题都提出来，让大家一起研究讨论。谢谢大家！

（二〇一三年三月十七日南怀瑾先生纪念活动讲稿）

图书在版编目（CIP）数据

恒南书院讲演录.第一辑/恒南书院 编.—北京：东方出版社，2019.10
ISBN 978-7-5207-0243-0

Ⅰ.①恒…　Ⅱ.①恒…　Ⅲ.①社会科学－文集　Ⅳ.① C53

中国版本图书馆 CIP 数据核字（2019）第 031511 号

恒南书院讲演录（第一辑）

恒南书院　编

责任编辑：	王　艳　　葛灿红
出　　版：	东方出版社
发　　行：	人民东方出版传媒有限公司
地　　址：	北京市朝阳区西坝河北里 51 号
邮　　编：	100028
印　　刷：	北京楠萍印刷有限公司
版　　次：	2019 年 10 月第 1 版
印　　次：	2019 年 10 月第 1 次印刷
开　　本：	710 毫米 ×1000 毫米　　1/16
印　　张：	21.75
字　　数：	243 千字
书　　号：	ISBN 978-7-5207-0243-0
定　　价：	56.00 元
发行电话：（010）85924663　85924644　85924641	

版权所有，违者必究
如有印装质量问题，我社负责调换，请拨打电话：（010）85924602　85924603